作者简介

杨源哲，男，湖南人，现就职于广东技术师范大学，为该校广州知识产权研究与服务中心研究员，法学与知识产权学院教师。中山大学工学学士，中国人民大学法律硕士，中国政法大学法学博士，华南理工大学法学博士后，香港城市大学访问学者，台湾东吴大学访问学者。研究方向为知识产权法、社会法学和法律制度史。已在《知识产权》《人民论坛》《法治论坛》《求索》《澳门研究》等刊物发表论文十余篇，主编教材一部，出版学术著作一部，主持中国博士后科学基金面上资助项目、广东省社科基金后期资助项目、广州市社科基金青年项目等省部级研究项目多项。

Yang Yuanzhe, male, from Hunan, is currently working in Guangzhou Intellectual Property Research and Service Center, School of Law and Intellectual Property, Guangdong Polytechnic Normal University. Bachelor of Engineering from Sun Yat-sen University, Master of Laws from Renmin University of China, Doctor of Laws from China University of Political Science and Law, Postdoctoral in Law from South China University of Technology, visiting scholar of City University of Hong Kong, visiting scholar of Soochow University in Taiwan. His research direction is intellectual property law, social law and legal system history. He has published more than ten papers in core journal and presided over a number of provincial projects.

沈玮玮，男，湖北人，华南理工大学法学院副教授。华中科技大学法学学士，中山大学法学硕士，中国人民大学法学博士，美国韦恩州立大学法学院访问学者。研究方向为法学、中国法律史、中国传统法律文化、比较法律文化、法律社会学。已在《政法论坛》《当代法学》《知识产权》《广东社会科学》《人民法院报》《民主与法制时报》等核心刊物及报纸上发表论文数十篇，主持教育部哲学社会科学研究后期资助项目、广东省社科基金项目等省部级项目多项。

Shen Weiwei, male, from Hubei, associate professor of South China University of Technology. Bachelor of Laws from Huazhong University of Science and Technology, Master of Laws from Sun Yat-Sen University, Doctor of Laws from Renmin University of China, and visiting scholar at Wayne State University School of Law. His research direction is law, Chinese legal history, Chinese traditional legal culture, comparative legal culture, and legal sociology. He has published dozens of papers in core journals and newspapers. In addition, he presided over a number of provincial projects.

汉初淳于意案研究

⊙杨源哲　沈玮玮　著

湖南师范大学出版社
·长沙·

图书在版编目（CIP）数据

汉初淳于意案研究/杨源哲，沈玮玮著.—长沙：湖南师范大学出版社，2021.12
ISBN 978-7-5648-4413-4

Ⅰ.①汉… Ⅱ.①杨… ②沈… Ⅲ.①淳于意（约前205—前150）—人物研究
Ⅳ.①K826.2

中国版本图书馆CIP数据核字（2021）第252450号

汉初淳于意案研究
A Study on the Case of Yi Chunyu in the Western Han Dynasty

杨源哲　沈玮玮　著

出　版　人｜吴真文
责任编辑｜廖小刚　周基东
责任校对｜吕超颖　姚佳怡

出版发行｜湖南师范大学出版社
　　　　　地址：长沙市岳麓山　邮编：410081
　　　　　电话：0731-88853867　88872751
　　　　　传真：0731-88872636
　　　　　网址：http://press.hunnu.edu.cn/
经　　销｜湖南省新华书店
印　　刷｜天津画中画印刷有限公司

开　　本｜710 mm×1000 mm　1/16
印　　张｜13.75
字　　数｜248千字
版　　次｜2021年11月第1版
印　　次｜2024年8月第2次印刷
书　　号｜ISBN 978-7-5648-4413-4

定　　价｜48.00元

内容简介

此书试图打通法学界、史学界和医学界的门户藩篱，全面系统研究中国西汉文帝十三年（前167年）发生的、在中国古代法制进程中具有里程碑意义的标志性案件——淳于意案。该案不仅是一起重大的司法案件，而且是汉初一起重大的政治事件。汉文帝运用高超的政治智慧，将一起"执行难"的司法问题变成了革故鼎新的立法事件。此书全面分析了淳于意案发生的时代背景、具体原因、案由、罪名、刑事审理过程，着重对淳于意案进行了刑事法律的范式分析，考察了淳于意本人的经历与本案的关系，对其小女缇萦代父求刑救父的过程、原因和成功因素进行了独到剖析，对汉文帝处理此案的应对考量进行了认真的探赜索隐。此书指出，汉文帝通过本案全面废除肉刑标志着中国奴隶制五刑向封建制五刑的转变，标志着"汉承秦制"的基本结束，标志着汉初法制指导思想上儒家思想登堂入室，标志着皇帝录囚制度的萌芽。此书还提出，任何法律均有滞后性，应及时弃旧创新，立法和司法应服务于国家发展大局，应该善于运用新型重大个案推动立法，应善于运用法律挖掘、扩大、保护战略性医疗资源。该书史料翔实，观点新颖，具有较强的可读性和学术性。

This book attempts to break through the barriers of the legal, historiographic and medical circles, and comprehensively and systematically study the landmark case that occurred in the 13th year of Emperor Wen of the Western Han Dynasty in China (167 BC)-Chunyuyi Case. This case is not only a significant judicial case, but also a important political incident in the early Han Dynasty. Emperor Wen used his superb political wisdom to turn a judicial issue of "difficult execution" into a revolutionary legislative event. This book comprehensively analyzes the historical background, specific reasons, causes, charges, and criminal trial process of the Chunyuyi Case. It focuses on the analysis of the criminal law paradigm of the Chunyuyi Case, and examines the relationship between Chunyuyi's own experience and the case. The process, reasons and success factors of her daughter Tiying's plea for her father's punishment were uniquely analyzed. This book carefully explored and concealed the considerations of Emperor Wen's handling of the case. This book pointed out that the complete abolition of corporal punishment by Emperor Wen in this case marked the transition from the five penalties of Chinese slavery to the five penalties of feudalism, the basic end of the "Han inherited the Qin system", the flourish of Confucianism in the early Han Dynasty, and the budding of the emperor's system of recording prisoners. This book also proposes that law has a lag and should promptly discard the old and innovate. Legislation and justice should serve the overall situation of national development, should be good at using new major cases to promote legislation, and should be good at using laws to tap, expand, and protect strategic medical resources. This book has full and accurate historical data, novel viewpoints, and strong readability and academicity.

目 录

绪 论
淳于意案研究的对象、意义、现状与路径

　　绪论的内容主要是阐明研究淳于意案究竟研究什么，这些研究的具体对象从现有哪些史料中可以揭示；淳于意案已逾两千多年，今天对之进行研究还有什么学术价值或现实意义；接着分析已有的关于淳于意案研究四个方面的严重缺陷，作者并试图说明在淳于意案的研究中有何突破和创新；最后探讨进一步研究淳于意案应该厘清的研究思路，应该坚持哪些研究方法。

一、淳于意案研究的对象

公元前167年，即汉文帝十三年，一个偶然的个案——淳于意案突如其来，鼎铛有耳。文帝凭借高超的政治智慧因势利导，力挽狂澜，大刀阔斧地改变了"汉承秦制"的传统，推行法制改革，废除了肉刑。淳于意案不仅是一起刑事案件，而且是一起政治事件。这种个案的发生具有深刻的社会历史背景，反映出当时社会的突出矛盾。淳于意案作为中国古代法制进程中里程碑式的标志性案件至今仍为法史学界津津乐道，对其全景式的研究方兴未艾。

淳于意案研究的对象包括淳于意案的案由、起因、经过、结果、影响以及本案在古代中国法制进程中的里程碑意义。淳于意案的核心要素有三个：一是被告人淳于意因何被起诉定罪，二是罪犯家属即淳于意小女缇萦代父求刑为何感动了汉文帝，三是汉文帝如何通过立法手段废除肉刑解决了司法难题。围绕这三个核心要素可以展现淳于意案的全貌，例如：淳于意是被纠举或告发的，为什么要告发他，本案是在地方司法机关还是中央司法机关进行审理，廷尉给淳于意定的什么罪名，淳于意小女缇萦如何申请代父受刑，为什么父女自认罪行，缇萦申诉的理由和成功的原因是什么，她有救父的能力吗，汉文帝如何审时度势运用高超的政治智慧处理本案涉及的央地关系、司法与立法的关系，汉文帝如何通过本案全面废除了肉刑，废除肉刑在法制史上具有什么重大的意义，为什么说淳于意案是古代中国法制史上里程碑式的标志性案件，淳于意案给了后人哪些启迪？这些问题都应该探赜索隐，通过挖掘、分析有关的历史史料予以厘清。

本案的基本案情可从有关史料中大致得到揭示。可供研究的基本史料是《史记·扁鹊仓公合传》和《汉书·刑法志》，另外其他正史中如《史记·孝文本纪》有只言片语的记载，一些野史、文艺作品和民间传说中也可寻到蛛丝马迹。以下收录《史记·扁鹊仓公合传》《史记·孝文本纪》和《汉书·刑法志》对淳于意案的案情介绍：

1.《史记·扁鹊仓公列传》对淳于意案原始资料辑录

太仓公者，齐太仓长，临菑人也，姓淳于氏，名意。少而喜医方术。高后八年，更受师同郡元里公乘阳庆。庆年七十余，无子，使意尽去其故方，更悉以禁方予之，传黄帝、扁鹊之脉书，五色诊病，知人生死，决嫌疑，定可治，及药论，甚精。受之三年，为人治病，决死生多验。然左右行游诸侯，不以家为家，或不为人治病，病家多怨之者。

文帝四年中，人上书言意，以刑罪当传西之长安。意有 5 女，随而泣。意怒，骂曰："生子不生男，缓急无可使者！"于是少女缇萦伤父之言，乃随父西。上书曰："妾父为吏，齐中称其廉平，今坐法当刑，妾切痛死者不可复生而刑者不可复续，虽欲改过自新，其道莫由，终不可得。妾愿入身为官婢，以赎父刑罪，使得改行自新也。"书闻，上悲其意，此岁中亦除肉刑法。[1]

2.《史记·孝文本纪》中的有关史料

五月，齐太仓令淳于公有罪当刑，诏狱逮徙系长安。太仓公无男，有女五人。太仓公将行会逮，骂其女曰："生子不生男，有缓急非有益也！"其少女缇萦自伤泣，乃随其父至长安，上书曰："妾父为吏，齐中皆称其廉平，今坐法当刑。妾伤夫死者不可复生，刑者不可复属，虽复欲改过自新，其道无由也。妾原没入为官婢，赎父刑罪，使得自新。"书奏天子，天子怜悲其意，乃下诏曰："盖闻有虞氏之时，画衣冠异章服以为僇，而民不犯。何则？至治也。今法有肉刑三，而奸不止，其咎安在？非乃朕德薄而教不明欤？吾甚自愧。故夫驯道不纯而愚民陷焉。诗曰'恺悌君子，民之父母'。今人有过，教未施而刑加焉？或欲改行为善而道毋由也。朕甚怜之。夫刑至断支体，刻肌肤，终身不息，何其楚痛而不德也，岂称为民父母之意哉！其除肉刑。"

---

[1] 据《史记·孝文本纪》，文帝废除肉刑当在文帝十三年，前文所说文帝四年与此有出入。

3.《汉书·刑法志》对淳于意案的案情记录

即位十三年齐太仓长淳于公有罪当刑，诏狱逮系长安。淳于公无男，有五女，当行会逮，骂其女曰："生子不生男，缓急非有益！"其少女缇萦，自伤悲泣，乃随其父至长安，上书曰："妾父为吏，齐中皆称其廉平，今坐法当刑。妾伤夫死者不可复生，刑者不可复属，虽后欲改过自新，其道亡繇也。妾愿没入为官婢，以赎父刑罪，使得自新。"书奏天子，天子怜悲其意，遂下令曰："制诏御史：盖闻有虞氏之时，画衣冠、异章服以为僇，而民弗犯，何治之至也！今法有肉刑三，而奸不止，其咎安在？非乃朕德之薄而教不明与？吾甚自愧。故夫训道不纯而愚民陷焉，《诗》曰：'恺弟君子，民之父母。'今人有过，教未施而刑已加焉，或欲改行为善，而道亡繇至，朕甚怜之。夫刑至断支休，刻肌肤，终身不息，何其刑之痛而不德也！岂为民父母之意哉！其除肉刑，有以易之；及令罪人各以轻重，不亡逃，有年而免。具为令。"

丞相张仓、御史大夫冯敬奏言："肉刑所以禁奸，所由来者久矣。陛下下明诏，怜万民之一有过被刑者终身不息，及罪人欲改行为善而道亡繇至，于盛德，臣等所不及也。臣谨议请定律曰：诸当完者，完为城旦舂；当黥者，髡钳为城旦舂；当劓者，笞三百；当斩左止者，笞五百；当斩右止，及杀人先自告，及吏坐受赇枉法，守县官财物而即盗之，已论命复有笞罪者，皆弃市。罪人狱已决，完为城旦舂，满三岁为鬼薪、白粲。鬼薪、白粲一岁，为隶臣妾。隶臣妾一岁，免为庶人。隶臣妾满二岁，为司寇。司寇一岁，及作如司寇二岁，皆免为庶人。其亡逃及有罪耐以上，不用此令。前令之刑城旦舂岁而非禁锢者，完为城旦舂岁数以免。臣昧死请。"制曰："可。"是后，外有轻刑之名，内实杀人。斩右止者又当死。斩左止者笞五百，当劓者笞三百，率多死。

齐太仓长淳于公有罪当刑，诏狱逮系长安。淳于公无男，有五女，当行会逮，骂其女曰："生子不生男，缓急非有益！"其少（小）女缇萦，自伤悲泣，乃随其父至长安，上书曰："妾父为吏，齐中皆称其廉平，今坐法当刑。妾伤夫死者不可复生，刑者不可复属，虽后欲改过自新，其道亡（无）繇（由）也。妾愿没入为官婢，以赎父刑罪，使得自新。"书奏天子，天子怜悲其意，遂下令曰："制诏御史：盖闻有虞氏之时，画衣冠异章服以为僇，而民弗犯，

何治之至也！今法有肉刑三，而奸不止，其咎安在？非乃朕德之薄，而教
不明（欤）！吾甚自愧。故夫训道（导）不纯而愚民陷焉。《诗》曰：'恺弟（悌）
君子，民之父母。今人有过，教未施而刑已加焉，或欲改行为善，而道亡
（无）繇（由）至，朕甚怜之。夫刑至断支（肢）体，刻肌肤，终身不息，
何其刑之痛而不德也！岂称为民父母之意哉？其除肉刑，有以易之；及令
罪人各以轻重，不亡逃，有年而免。具为令。[1]

表 1　淳于意案（缇萦救父）主要史料记载情况表

出处	内容
《史记·孝文本纪》	（十三年）五月，齐太仓长淳于公有罪当刑，诏狱逮徙系长安。太仓公无男，有女五人。太仓公将行会逮，骂其女曰："生子不生男，有缓急非有益也！"其少女缇萦自伤泣，乃随其父至长安，上书曰："妾父为吏，齐中皆称其廉平，今坐法当刑。妾伤夫死者不可复生，刑者不可复属，虽复欲改过自新，其道无由也。妾愿没入为官婢，赎父刑罪，使得自新。"书奏天子，天子怜悲其意，乃下诏曰："盖闻有虞氏之时，画衣冠异章服以为僇，而民不犯。何则？至治也。今法有肉刑三，而奸不止，其咎安在？非乃朕德薄而教不明欤？吾甚自愧。故夫驯道不纯而愚民陷焉。诗曰'恺悌君子，民之父母'。今人有过，教未施而刑加焉？或欲改行为善而道毋由也。朕甚怜之。夫刑至断支体，刻肌肤，终身不息，何其楚痛而不德也，岂称为民父母之意哉！其除肉刑。"

---

[1] 译文：孝文帝在位十三年后，齐国太仓令淳于公有罪应当判刑，奉诏令逮捕捆送长安。淳于公没有儿子，有五个女儿，当要被逮捕的时候，他骂他的女儿说："生孩子没有男孩，紧要关头没有用处！"他最小的女儿缇萦，独自哀伤悲泣，就同他的父亲一起到长安，给皇上写信说道："我的父亲为官吏，齐国中都称赞他廉洁公平，现在犯罪应当受罚。我哀痛那些死了的人不能复生，被行刑的人不能恢复，即使以后想改正过错重新做人，也没有道路可走了。我愿意被没入官府为奴婢，以此赎解父亲的刑罚，使他得以重新做人。"信到了天子那里，天子哀悯她的心意，就下令道："制诏御史：曾听说有虞氏的时候，用画着不同图文标志的衣服帽子表示不同等级的制服作为刑杀的象征，而百姓不去犯罪，这是何等的太平！现在刑法有三种肉刑，但邪恶仍然没有停止，过失到底在哪里？难道是朕的道德浅薄，教化不明确不成！我很惭愧。因为训诫引导不正，愚民就陷入罪恶了。《诗》上说：'和乐简易的君子，是百姓的父母。'现在人有罪过，还没有进行教育而刑法就已加上来了，人们想改正行为去做善事，却没有道路可到达，朕很哀怜他们。刑罚致人截断肢体，刀割肌肤，终生都不能再生长复原，这种刑罚何等的痛苦而又不道德啊！难道合乎是人民的父母的含义吗？我命令废除肉刑，予以改替；现令罪犯各自根据轻重，不逃亡的，满了年数就免为平民。以上作为条令。"丞相张苍、御史大夫冯敬上奏说道："肉刑用来禁止邪恶，所据由来已久了。陛下下达英明的诏令，怜悯万民中一旦有过错被处罚的人终生受苦不息，等到罪人想改正行为去做善事却没有道路可以通达，这样盛大的恩德，是臣下等人所比不上的。臣等谨慎地建议请求确定刑法为：所有应当处完刑的人，把完刑改为城旦刑舂刑；应当处黥刑的，把剃去头发而以铁圈束颈的刑罚改为城旦刑舂刑；应当处劓刑的，用竹板打三百；应当斩左脚的，用竹板打五百；应当斩右脚的，以及杀了人先自首的，加上官吏犯了接受贿赂而枉法，看守官府财产物品而自己盗取，已被判罚而又犯笞罪的人，都要处以弃市。罪犯的案件已判决，服完刑改为服白天守城门的城旦刑和舂刑的，满三年改为服鬼薪白粲刑。服鬼薪白粲刑满一年的，改为服隶臣、隶妾刑。服隶臣、隶妾刑满一年，就免罪为平民。服隶臣、隶妾刑满二年，就改为服司寇刑。服司寇刑一年，以及服如同司寇刑的刑满二年，都免罪为平民。其中逃亡的以及犯有重罪的，不适用这个法令。在此法令之前服城旦舂刑但没有禁锢的，与完刑改为服城旦舂刑一样免除刑罚。臣等冒死请示。"皇帝下诏说："可以。"这以后，在外有刑轻的名声，在内实际上在杀人。斩右脚的人又要被处死刑。斩左脚的罪犯要用竹板打五百，应当服则刑的用竹板打三百，服刑的人大都被打死了。前述译文引自赵增祥徐世虹注《〈汉书·刑法志〉注释》，群众出版社 1983 年版。

《史记·扁鹊仓公列传》	太仓公者，齐太仓长，临菑人也，姓淳于氏，名意。少而喜医方术。高后八年，更受师同郡元里公乘阳庆。庆年七十余，无子，使意尽去其故方，更悉以禁方予之，传黄帝、扁鹊之脉书，五色诊病，知人死生，决嫌疑，定可治，及药论，甚精。受之三年，为人治病，决死生多验。然左右行游诸侯，不以家为家，或不为人治病，病家多怨之者。 文帝四年中，人上书言意，以刑罪当传西之长安。意有5女，随而泣。意怒，骂曰："生子不生男，缓急无可使者！"於是少女缇萦伤父之言，乃随父西。上书曰："妾父为吏，齐中称其廉平，今坐法当刑。妾切痛死者不可复生而刑者不可复续，虽欲改过自新，其道莫由，终不可得。妾愿入身为官婢，以赎父刑罪，使得改行自新也。"书闻，上悲其意，此岁中亦除肉刑法。 ……问臣意："意方能知病死生，论药用所宜，诸侯王大臣有尝问意者不？及文王病时，不求意诊治，何故？"对曰："赵王、胶西王、济南王、吴王皆使人来召臣意，臣意不敢往。文王病时，臣意家贫，欲为人治病，诚恐吏以除拘臣意也，故移名数，左右不脩家生，出行游国中，问善为方数者事之久矣，见事数师，悉受其要事，尽其方书意，及解论之。身居阳虚侯国，因事侯。侯入朝，臣意从之长安，以故得诊安陵项处等病也。"…… 太史公曰：女无美恶，居宫见妒；士无贤不肖，入朝见疑。故扁鹊以其伎见殃，仓公乃匿迹自隐而当刑。缇萦通尺牍，父得以后宁。故老子曰"美好者不祥之器"，岂谓扁鹊等邪？若仓公者，可谓近之矣。
《汉书·刑法志》	即位十三年齐太仓长淳于公有罪当刑，诏狱逮系长安。淳于公无男，有五女，当行会逮，骂其女曰："生子不生男，缓急非有益！"其少女缇萦，自伤悲泣，乃随其父至长安，上书曰："妾父为吏，齐中皆称其廉平，今坐法当刑。妾伤夫死者不可复生，刑者不可复属，虽后欲改过自新，其道亡繇也。妾愿没入为官婢，以赎父刑罪，使得自新。"书奏天子，天子怜悲其意，遂下令曰："制诏御史：盖闻有虞氏之时，画衣冠、异章服以为僇，而民弗犯，何治之至也！今法有肉刑三，而奸不止，其咎安在？非乃朕德之薄而教不明与？吾甚自愧。故夫训道不纯而愚民陷焉，《诗》曰：'恺弟君子，民之父母。'今人有过，教未施而刑已加焉，或欲改行为善，而道亡繇至，朕甚怜之。夫刑至断支休，刻肌肤，终身不息，何其刑之痛而不德也！岂为民父母之意哉！其除肉刑，有以易之；及令罪人各以轻重，不亡逃，有年而免。具为令。" 丞相张仓、御史大夫冯敬奏言："肉刑所以禁奸，所由来者久矣。陛下下明诏，怜万民之一有过被刑者终身不息，及罪人欲改行为善而道亡繇至，于盛德，臣等所不及也。臣谨议请定律曰：诸当完者，完为城旦舂；当黥者，髡钳为城旦舂；当劓者，笞三百；当斩左止者，笞五百；当斩右止，及杀人先自告，及吏坐受赇枉法，守县官财物而即盗之，已论命复有笞罪者，皆弃市。罪人狱已决，完为城旦舂，满三岁为鬼薪、白粲。鬼薪、白粲一岁，为隶臣妾。隶臣妾一岁，免为庶人。隶臣妾满二岁，为司寇。司寇一岁，及作如司寇二岁，皆免为庶人。其亡逃及有罪耐以上，不用此令。前令之刑城旦舂岁而非禁锢者，完为城旦舂岁数以免。臣昧死请。"制曰："可。"
《资治通鉴·汉纪七》	（太宗孝文皇帝下十三年）齐太仓长淳于意有罪，当刑，诏狱逮系长安。其少女缇萦上书曰："妾父为吏，齐中皆称其廉平，今坐法当刑。妾伤夫死者不可复生，刑者不可复属，虽后欲改过自新，其道无繇也。妾愿没入为官婢，以赎父刑罪，使得自新。"天子怜悲其意，五月，诏曰："《诗》曰：'恺弟君子，民之父母。'今人有过，教未施而刑已加焉，或欲改行为善而道无繇至，朕甚怜之！夫刑至断支体，刻肌肤，终身不息，何其刑之痛而不德也！岂为民父母之意哉！其除肉刑，有以易之；及令罪人各以轻重，不记逃，有年而免。具为令！"丞相张苍、御史大夫冯敬请定律曰："诸当髡者为城旦、舂；当黥髡钳为城旦、舂；当劓者笞三百；当斩左止者笞五百；当斩右止及杀人先自告及吏坐受赇、枉法、守县官财物而即盗之、已论而复有笞罪者皆弃市。罪人狱已决为城旦、舂者，各有岁数以免。"制曰："可。" 是时，上既躬修玄默，而将相皆旧功臣，少文多质。惩恶亡秦之政，论议务在宽厚，耻言人之过失，化行天下，告讦之俗易。吏安其官，民乐其业，畜积岁增，户口浸息。风流笃厚，禁罔疏阔，罪疑者予民，是以刑罚大省，至于断狱四百，有刑错之风焉。

缇萦上书救父的事迹在历史上被广为传颂，东汉著名史学家班固曾由衷地赞叹道："百男何愤愤，不如一缇萦！"淳于意女儿缇萦救父之感人事迹历经千余年的传唱已是家喻户晓，虽然该故事并未入选元人辑录的《全相二十四孝诗选》，然并未降低国人对其熟知程度。不过，因汉代文献的缺失或对此事记载语焉不详，导致后人对淳于意的案由和此案审判过程了解不多，今人所读的各种故事版本增添了许多想象和演绎的情节，不少是戏说历史的版本。显然，该故事的普及程度与故事文本的清楚程度并不匹配，究其原因，则是后人刻意忽略缇萦之父因何受刑及其如何审判的过程，仅关注缇萦上书过程及文帝借此废除肉刑的"仁孝"之举所导致的结果。欲厘清该案的来龙去脉，我们需要从现有史料中探赜索隐，并从史学典籍的微言大义中揭示淳于意案的发生背景、事实真相和法律意义。

二、研究淳于意案的学术价值

淳于意案是中国古代法制进程中标志性案件。对其开展深入研究，有助于进一步揭示汉初国家结构中的央地关系、汉初中央政府与各地藩王相互争斗的复杂政治背景；有助于进一步厘清汉文帝实行法制改革、全面废除肉刑制度、开创代亲受刑之先河的原因、过程和历史意义；对人们进一步弄清皇帝录囚制度的起源、政治与法律的关系、司法与立法的关系、个案对立法的推动作用、奴隶制五刑向封建制五刑的演变、如何建章立制以保护和使用好战略性医疗资源等问题具有不可或缺的重要意义。

此外，淳于意是汉代著名的医生和医学教育家，被称为"诊籍"的《史记》所记载的他的 25 例医案是中国现存最早的病史记录，淳于意开创了齐医学派。淳于意案与其医生的职业背景有千丝万缕的联系。研究淳于意案对于进一步了解汉初的医术水平、医疗制度、医学教育情况、对于研究名医执业在复杂的政治背景中面临的职业风险、医疗卫生事业与政治的关系也大有裨益。

三、已有关于淳于意案研究的不足

1.法史学界没有注意吸收史学界和医史学界的最新成果

对淳于意案进行的研究可以分为 3 个学术界别，即史学界、医学界（医学史界）和法学界（中法史学界）。史学界侧重对淳于意案中一般性历史事实进行考证，梳理淳于意的人生轨迹，包括推测他的生卒年、拜师学医经历和主要的履历；缇萦上书的年龄；淳于意案发的时间、原因和事后被诏问的时间、诏问者、诏问次数。[1]医学界重在考察淳于意案中诊籍所涉及的医学专业问题，淳于意诊籍所涉医学知识的真伪判断、整理分类、作用机理和特点影响等，着重探究淳于意的精湛医术是如何获得的，及其在整个医学史上所具有的重要地位。法学界着重研究了淳于意案的案由、审判依据和结果，淳于意案对废除肉刑制度的意义等。

近年来历史学者进一步研究了淳于意的人生和淳于意案的相关问题，尤其是对淳于意案的案发时间和案发原因进行了深入探究。他们在以往研究将淳于意遭受肉刑系被人诬告——主要是淳于意诊治过的病人或拒绝诊治的权贵们的基础上提出了淳于意受刑是因未给齐文王治病而被齐文王家族上告，或因早年四处行医而违反户籍法令被追责的新看法。[2]新近的研究进一步深入到政治史领域，深入剖析淳于意案的政治意义。他们从淳于意案背后所涉的政治关系入手，将文帝借机废除肉刑视为拉拢齐地诸侯的政治手段。而有相反的观点却认为文帝插手淳于意案是为了提升司法公信力，避免齐地为包庇淳于意而妨碍司法公正，以此震慑齐文王，有人甚至怀疑文帝还安排淳于意在案结后重返齐国暗杀了齐文王。[3]

历史学者和医学（史）学者对淳于意案的热衷并没有激起法学界尤其是法律史学界对此事件持续关注的兴趣。法史学者往往对其他学界的相关新成果视而不见，缺乏沟通和吸收。

总的来说，历史学界和医学界以往相关的研究从未将淳于意案作为研究中心。医学界关注淳于意是因为将淳于意视为医者，且是东汉之前最有"挖掘潜力"的神医。史学界关注淳于意，是因为淳于意与齐国王侯关系非同一般，身为齐文王

---

[1] 代表性的研究成果包括：彭坚，周一谋：《论仓公》，载《湖南中医学院学报》1982 年第 3 期；范行准：《中国医学史略》，中医古籍出版社 1986 年版，第 32 页；洪文旭，苏礼：《淳于意诊籍试析》，载《内蒙古中医药》1987 年第 3 期；何爱华：《淳于意生平事迹辩证》，载《文献》1988 年第 2 期；刘庆文：《齐医学派古代人物考略》，载《管子学刊》1990 年第 3 期；陈东枢：《淳于意与诊籍》，载《中医药学报》2006 年第 2 期；罗根海：《浅论两汉、魏晋儒医的隐迹现象》，载《南京中医药大学学报（社会科学版）》2006 年第 3 期；沈澍农：《〈仓公传〉中的时间问题蠡测》，载《中华全国中医药学会医古文分会会议论文集》2011 年 8 月 5 日。

[2] 代表性的研究成果包括：苏卫国：《仓公狱事解析——〈史记·仓公传〉研读札记》，载《理论界》2005 年第 8 期；庄小霞，薛婷婷：《仓公犯的是什么罪》，载《春秋》2006 年第 2 期。

[3] 主要的研究成果包括：白坤：《"缇萦救父"新考》，载武汉大学历史学院主编：《珞珈史苑》（2014 年卷），武汉大学出版社 2015 年版；张朝阳：《缇萦如何能救父：汉天子的软实力》，载《文史知识》2017 年第 8 期；张朝阳：《〈史记·仓公列传〉探微：废除肉刑与齐文王之死》，载《中华文史论丛》2018 年第 1 期。

的太仓长和齐孝王的门客[1]都为淳于意案增添了一层神秘的政治色彩，很可能影响了当时文帝处理央地关系的政治决策。法学界关注淳于意，是因为其小女缇萦救父的孝行为文帝废除肉刑革新刑罚提供了契机，成为了中国法律发展史的标杆。以上三个领域的研究均有各自的侧重点和关注面，但相互隔绝，缺少沟通借鉴的自觉，无法实现真正的交叉学科研究合作。这导致了在原本史料极其有限且模糊的情况下，相关研究虽然开始较早且持续关注，但依然没有弄清相关细节，甚至许多关键性的问题至今都没有定论，例如淳于意为何犯罪、所犯何罪、如何审判、审判结果为何等。学科之间缺少互相关注和有意识地合作是造成已有研究视角单一、方法保守的重要原因。

2.限于史料的阙如和语焉不详，对相关史料碎片缺乏相互佐证，导致研究裹足不前

学者研究目前主要根据司马迁的《史记》等史料进行。由于史料对淳于意的个人信息表述简单而模糊，这对后人复原淳于意的生活轨迹造成了相当大的麻烦。太史公对淳于意的传记主要围绕淳于意案展开，保留了淳于意一生中最为精彩的信息，主要包括其小女缇萦为了让淳于意免受肉刑之苦而上书文帝，请求代父受刑，最终感动文帝，促使文帝当即废除了有违仁孝之道的肉刑；文帝由此知晓了淳于意的神医之名，故而对淳于意的医术发生了浓厚的兴趣，在废除肉刑之后还对淳于意念念不忘，诏问了诸多关于淳于意行医的问题。淳于意便借答诏的机会选择性地将其记录的病案和盘托出。代父受刑、废除肉刑和诏问医案是司马迁选择传记内容的三个要点，而且，诏问医案占了较大篇幅。这是因为司马迁慧眼识珠，看到了这批病案的价值，才会不厌其详地将25例宝贵的诊籍全部抄录。想必这是司马迁为了控制传记篇幅不得已对淳于意的其他信息进行省略裁剪的原因。正是司马迁有意（为了篇幅所限和叙述效果）或无意（当时掌握的关于淳于意史料有限）的省略，让我们现在试图以案发当事人淳于意的视角来全面解读这一个刑案困难重重。

在研究史料上，司马迁的叙述多从缇萦之孝行和文帝之仁德的视角来评价淳于意案，并未对这一刑案的前因后果和审理过程给予关注，这是他撰写《史记》

---

[1] 值得注意的是，史学界并未注意到淳于意作为刘将闾门客的身份，在已有秦汉门客（食客）的研究成果中并未见到淳于意的身影。

的风格和目的所决定的，作为史官的他对文帝废除肉刑改革刑罚的背景、原因和决策过程缺少关注的兴趣和动力。这些内容或有涉政治忌讳而无法言说，不如直接描述文帝基于缇萦之孝行而废除肉刑（通过文帝亲审诏狱和悉心接纳谏言来传达），同时为民众留下了医术高明的神医（通过文帝诏问淳于意所详细描述的 25 则医案来传达）所呈现的光辉形象，这是容易被各方所接受的"史记"叙事方案。

文帝废除肉刑被誉为中国法律史的标志性事件，与法学界对其关注和研究的匮乏极不相称，尤其是在医学（史）界和历史学界对该事件的相关细节和问题持续关注至今并争论不断的情形下，法学界更应当介入，利用规范分析来重新探究淳于意案的详情，为全面而深入解析集医者和官员于一身的淳于意因受人控告将遭受肉刑后所引发的缇萦上书救父、文帝废除肉刑并改革刑制等问题提供新的研究视角。

3.法史学界对淳于意案的研究多集中于实体问题而忽视程序问题

这种忽视致使已有研究偏离了案例研究应有的重心，没有弄清缇萦救父和文帝改革刑罚背后的故事。例如，淳于意到底是被谁告发或纠举的，淳于意案的管辖法院是齐国当地的法院还是汉廷中央的司法机关，廷尉是否是主审法官，为什么该案被以诏狱方式处理，为什么被告人淳于意不上书自讼而甘愿认罪伏法领刑，淳于意被免肉刑是刑事判决的变更抑或刑罚执行的变更，最后淳于意是易刑还是无罪释放的？这些刑事诉讼法上的问题尚缺深入研究。

4.研究方法和研究视角比较单一

以往的研究对于文帝因淳于意案而废除肉刑并改革刑罚这一重大标志性事件，往往忽视了法律思想史和社会政治史的解释力，而只有制度背景和内容及其影响的干瘪介绍，主要涉及叙述文帝除肉刑的缘由、内容、弊端及后世影响等方面，对淳于意案本身几乎没有关注，也即大多研究均从释放民力（社会经济因素）和恤刑关怀（制度文化因素）上来解释文帝大胆废除行之千年的肉刑之因，反倒对直接引发文帝废除肉刑的淳于意案几乎一笔带过，多有避重就轻之嫌疑。以往的研究只着眼于论证废除肉刑之背景与好处，放弃了因淳于意案而废除肉刑的过程和细节，让我们无法判断这一中国法律史上的标志性事件是否真的非常具有"标志性"，相反却轻描淡写且十分粗糙地做出了文帝废除肉刑乃中国法律史/刑法史的一大进步之结论。

最早对文帝因缇萦救父而废除肉刑一事产生怀疑的是清末法学大家沈家本（1840—1913年），"举千数百年相沿之成法，一旦欲变而易之……文帝因一女子之书发哀矜之念，出一令即施行，其定识、定力为如何？"不过，沈氏之言并未引起后世学者的重视，原因在于法律史学界早就对文帝废除肉刑事件有了定论，即文帝因感动于缇萦的孝行而废除了肉刑，仓促接受了明显有缺陷的肉刑替代方案，这虽然导致后世多有恢复肉刑的建议，但对于中国刑法史的文明发展仍具有里程碑式的意义。

四、本书的创新尝试

本书试图打通医学（史）界、历史学界和法学界之界限，充分利用已有成果特别是最新考古成果，把政治史和社会文化史之方法融入到法学研究中来，将缇萦救父的传统故事之成因回归刑事法学的规范分析，以央地权力博弈为视角，具体而微地推进西汉文帝时期法制史的研究。当前研究成果中，缺少围绕这一历史上重大法制事件进行系统专门论述的著作。有关论及此案件的论文并未从央地关系等政治史的视角来深入分析，尤其多只停留在文帝废除肉刑这一结果上，并不关注事件（案件）的过程。因此，本书不仅在理论上深化了这一重大法制事件的认识，而且揭示了表面似宁静平和、实则惊心动魄的历史事件的来龙去脉，展现了汉初国家结构中的央地关系的真实一面。

1.重新审视缇萦救父和文帝废除肉刑的已有学术观点，为司法个案的拓展研究提供新视角

第一，以回归法律规范分析并结合政治社会学方法来挑战医学（史）界和历史学界的研究结论，揭示淳于意案在文帝统治初期央地权力关系十分微妙和敏感的环境下，是如何从单纯的医疗资源争夺案被卷入到央地权力博弈这一险象环生的政治场域中，最终被文帝恰当利用为巩固中央治理地方的政治工具，刷新了已有关于"缇萦救父"和汉文帝废除肉刑的研究结论。

第二，从淳于意的性格抱负来解释其人生遭遇，重点解释了因其自身原因酿成了"淳于意案"而又积极促成"缇萦上书"之孝行，经由藩王刘将闾的积极介入而为文帝废除肉刑制造了契机。从社会文化史和政治思想史再现淳于意案前因

后果的细节，以此作为精细化研究其他中国传统典型司法案例值得参考的模板。

第三，对基于常人和（法学）专业思维围绕淳于意案提出的诸多疑问——回应，以"大胆假设，小心求证"之态度逐字逐句解析有限资料，让史料之间互证解释，最终以淳于意案这个诏狱案为中心，对淳于意案涉及的控告者、审判者和操控者进行探寻，且围绕文帝处理淳于意案可能的选择方案抽丝剥茧，分析文帝从司法转向立法的智慧选择及其政治用心，并精致化地研究文帝"废除肉刑"的历史契机。

第四，以"缇萦救父"这一传统孝道故事为切入点，探究"代父受刑"为何在文帝时发挥了最大作用，而在其他朝代却鲜有发挥推动法律（立法或司法）改革之功效，指出缇萦遇到了仁慈的文帝、赶上了废除肉刑的时机、为废除肉刑提供了符合文帝期许的恰当理由，在综合对比中加深对"缇萦救父"故事的学术理解。

2.回归法律规范分析范式，结合政治社会学方法探析淳案中中央与地方、法律与政治、立法与司法的关系

为了重新认识引发文帝废除肉刑的淳于意案背后错综复杂的政治关系，本书以小见大，将历史的长时段、中时段和短时段的研究范式真正融入法律史的学术研究中来，推动"废除肉刑"和"代父受刑"这两个国人耳熟能详且最能体现中国传统文化特色的法律史主题研究。

第一，探寻从司法个案推动立法的原因、特点和过程，从个案研究切入，将学术焦点从学界长期专注的汉文帝改革刑制这一立法事件拉回到淳于意这一司法案件上来，回归刑事法学的分析范式，突破史学研究藩篱，展现法学规范研究的学术独特价值。

第二，深挖汉文帝开创性地废除肉刑改革刑制之动因，细致而全面地反思这一法律史上的标志性事件。揭示法律史大事件背后的真相，探讨在皇权掌控下法律与政治难舍难分的关系。

第三，聚焦于代父受刑这一传统孝道故事，提升探究"仁君施仁政"的政治条件之学术认知水准，以纵深化和立体化的学术洞察力实践制度史、思想史和政治史等融合研究的强大解释力，在广度和深度上挖掘法学界法律史学研究课题新的学术价值。

第四，对于学术研究的价值展示合理的怀疑和想象，分析淳于意案背后汉廷中央政府与诸侯国藩王为争夺战略性医疗资源和树立中央法律权威的政治博弈，

探究了司法个案的政治意义，拓展了法律史研究的学术视野。

综上，本书结合法学与政治学的双重视角，重新审视西汉文帝之际的淳于意案。王安石在《题张司业诗》中说："看似寻常最奇崛，成如容易却艰辛。"本书将淳于意案中立法和司法、法律与政治进行整合研究，刷新法律人对这一似懂非懂的案例故事之理解，重构法制故事背后的政治意义，是集合刑事法律史和法政治学综合研究之创新成果。

五、淳于意案研究的思路与方法

1.淳于意案研究的思路

不论学界对该案如何争论，不可否认的是，淳于意案是作为诏狱来对待的，并且淳于意是因战略性医疗资源分配不均才引发地方王侯和中央皇帝关注的，这两点是重释此案的基本前提和关键突破口。研究须回到故事的起因，即淳于意本人和淳于意案这两大问题上来，以淳于意为中心而不是以缇萦或者文帝废肉刑为中心来研究因淳于意案所引起的一系列问题之来龙去脉，才是试图超越已有研究的最佳突破口。本书将通过对已有史料的重新解读，在已有研究共识的基础上，让该案回归到刑事法学的规范分析上来，尤其是立足刑事程序法的立场，即在尽可能梳理淳于意的人生经历、相关人物关系及时代背景的前提下，着重从诏狱的审判主体、审判对象、审判过程、审判结果和利益相关人，解析文帝处理该案的对策、动因，以及废除肉刑改革刑制的成因、意义，打通医学、史学和法学的研究区隔。在材料的使用上，以《史记》和《汉书》等正史的记载为中心，辅之以其他成熟的研究成果。

2.淳于意案研究的方法

第一，在方法的选择上，将制度史、思想史、文化史、社会史和政治史打通，揭示制度背后有关系、关系背后有人心、人心背后是世道、世道背后是政治，以全面展现淳于意案研究的医学、史学和法学价值。在此研究设想下，本书拟采用法律规范分析法、历史文献分析法和综合比较分析法作为研究工具。

第二，法律规范分析法是本成果的核心方法。本书以淳于意案的诏狱性质来分析淳于意获罪的原因、事由、控告者、形式审判者、实质操控者、干预者及审理结果和社会效果，将淳于意案置放在法律分析的框架内，让刑事案件真正回归刑事法学的分析。

第三，历史文献分析法主要用于甄别淳于意案发时间、淳于意的人生履历及社会关系，以及与淳于意案有关的法律和政治事件，重点厘清淳于意父女、汉文帝及齐王刘将闾的性格心态与政治倾向对淳于意案的影响。

第四，综合比较分析法主要用来系统分析淳于意案发生的各种社会历史背景，比较文帝执政策略与地方王国政策的异同，以及西汉初年汉廷对削藩的态度和举措，突出文帝以废除肉刑之策反击藩王挑战的智慧。

第一章
淳于意案的历史背景与来龙去脉

　　本章力图深刻揭示淳于意案发生的年代和社会历史背景，剖析汉文帝时全国人口数、汉廷与地方王国的政局、汉廷与几个王国对医疗资源的争夺、汉文帝时国家法制的主要指导思想，以及淳于意本人特立独行口无遮拦的个性对本案发生和处理结果所起的制约和促进作用，简略评析淳于意案的起因和最终结果。

第一节　淳于意案的历史背景

一、淳于意案的发生年代

史学界对于淳于意案发生于西汉何时，大致有两种说法：一是"文帝十三年五月说"，二是"文帝四年说"。

探讨淳于意案的案发时间可以直接依凭的证据材料是司马迁的记载。然而，司马迁在"孝文本纪"和"扁鹊仓公列传"的记载多有差异甚至矛盾，给后人的史实判断制造了无尽的困扰。《史记·孝文本纪》载案发是在"文帝十三年五月"；《史记·扁鹊仓公列传》记载为"文帝四年中"[1]；《汉书·刑法志》载"即位（孝文帝）十三年"；《资治通鉴》为"前十三年（甲戌，前167年）"。有学者认为淳于意自汉文帝三年开始为人治病，至文帝十三年共行医10年，10年期间淳于意行游诸侯，病家多怨之，最终导致在文帝十三年有人上书言意，致其坐法当刑，这一推论忽略了淳于意坐法当刑时的身份，即齐国太仓长。[2] 身居重要职位却能长达10年之久而不在岗，加之淳于意与齐王关系并不密切，连齐王病时都未曾召见他治疗，可见这一推论脱离史实和常理。

又据《史记·扁鹊仓公列传》所载，"高后八年，更受师同郡元里公乘阳庆"。高后八年（前180年），淳于意在公乘阳庆门下学习3年至文帝三年（前177年）。如果淳于意案发于文帝四年，那么仓公行游诸侯的时间仅1年，很难有如此高明的医术和盛名行医问诊。[3] 又据裴骃《解集》引徐广曰：

---

[1] 因文帝之时以冬十月为岁首，五月可以作为"年中"视之。

[2]《史记》记载淳于意在体制内担任的职务是"太仓长"，《汉书刑法志》则记录为"太仓令"。本书采用前说。

[3] 沈澍农：《〈仓公传〉中的时间问题蠡测》，载《中华中医药学会医古文分会成立三十周年暨第二十次学术交流会论文集》，2011年8月。

高后八年意年 36。[1] 结合《史记·扁鹊仓公列传》所载"今庆已死 10 年所，臣意年尽 3 年，年 39 岁也"[2]，即与淳于意在 36 岁时跟随公乘阳庆学医，三年后即 39 岁吻合。文帝十三年，淳于意时 49 岁。汉代男子的初婚年龄普遍在 14 ~ 18 周岁，女子为 13 ~ 17 周岁，朝廷官吏以及贵族大姓家庭一般每户有子女 5 人[3]，身为官员的淳于意能生育 5 女，家庭不至于赤贫。

东汉班固作《汉书》以及北宋司马光（1019—1086 年）作《资治通鉴》至少对此事进行了相差千年的史料甄别，均判断淳于意案发生在文帝十三年，若当时废除肉刑的具体细则确由丞相张苍和御史大夫冯敬二人草拟完成的话，从冯敬任职御史大夫的时间即可判断淳于意案的案发时间。据《汉书·百官公卿表》载：文帝四年正月甲午，御史大夫张苍升任丞相，继任御史大夫者为围。到文帝七年（前 173 年），典客冯敬才升任御史大夫，一直担任到文帝十六年（前 164 年）淮阳守申屠嘉为御史大夫，后第二年（前 162 年）八月戊戌，丞相张苍免，御史大夫申屠嘉接任，八月庚午，开封侯陶青为御史大夫接任申屠嘉。就此而言，缇萦救父一事确定无疑发生在文帝十三年，而非文帝四年，当时冯敬并未获任御史大夫。此外，十三年记载于帝王本纪，本纪为编年体形式，史家在编纂时对时间敏感，一般不会出错。况且诏书颁布的时间史家可核实旧档，如有错误，后来史家就很容易发现错误，想必班固正是据此两种理由所作出的判断。有研究者为了解释司马迁记载的合理性，竟误认为淳于意获罪皆因汉文帝四年拒绝为某些达官贵族看病而获罪，被解送长安而下狱。直到文帝十三年才获释放，受冤达 10 年之久。[4] 若如此，淳于意就没有机会为后人留下被视为中国史上首次全面记载的医案了。

---

[1] 何爱华:《淳于意生平事迹辩证》，载《文献》1988 年第 2 期。

[2] 多有学者试图根据"今庆已死 10 所，臣意尽 3 年，年 39 岁"一句来判断淳于意的出生时间。年 39 岁到底是淳于意 3 年学成时的年龄，还是现在的年龄？因"臣意尽 3 年"与"年 39 岁"之间似有脱文，才会导致语义不清，学界对此各执一词。有学者认为淳于意年 39 岁是汉文帝十三年时的年龄，由此从公元前 167 年上推 39 年，淳于意当生于汉高祖二年，即公元前 205 年。参见林培真:《淳于意生卒年和职任考辨》，载《中华医史杂志》1984 年第 2 期。有学者却坚持汉文帝十三年淳于意是 49 岁，并引用郭沫若的观点汉代人书写三十和四十仅一笔之差（参见郭沫若:《郭沫若全集·历史编·太史公行年考有问题》，人民出版社 1984 年版，第 448 页，因为《史记》在长期辗转抄录很容易发生笔误，从而确定淳于意生于公元前 215 年。此两种观点最具有代表性。参见何爱华:《淳于意生平事迹辨证》，载《文献》1988 年第 2 期。关于淳于意的卒年有三种观点：公元前 150 年、公元前 140 年、公元前 134 年，莫衷一是。后来有研究者对何爱华的观点加以肯定，但没有十分有力的证据，有的学者认为淳于意答帝诏问应该不止一次，下诏的帝也不止一人，还包括景帝，在景帝下诏之时，淳于意已是古稀之年，卒于景帝末或是武帝初的公元前 140 前后。参见门淑芬:《西汉名医淳于意研究》，兰州大学 2018 年硕士学位论文，第 10~13 页。若想真正回到历史真相，我们还是相信司马迁的记载，凡是没有记载的，除非有直接证据，均为过度想象解读。判断淳于意的生卒年对解析淳于意案并没有直接的助益，故暂且留存对这一问题的探讨。

[3] 彭卫:《汉代婚姻形态》，中国人民大学出版社 2010 年版，第 96 页，第 170 页。

[4] 长青:《淳于意》，载《山西中医》1985 年第 3 期。

二、西汉文帝时全国的人口

分析某种法律制度或法制改革需结合当时特定的历史背景，如当时的人口、地理等物质生活条件因素。从历史唯物主义的角度看，法律作为统治阶级的国家意志归根结底是由统治阶级的物质生活条件决定的。某种法律制度或法制改革最大的"正当性"在于它符合了一定历史阶段的生产方式。马克思指出，"法的关系正像国家的形式一样，既不能从它们本身来理解，也不能从所谓人类精神的一般发展来理解，相反，它们根源于物质的生活关系"。[5]社会物质生活条件是指人类社会赖以生存和发展的物质条件的总和。地理环境、人口因素和物质资料的生产方式是相互联系、相互作用的。地理环境和人口因素是人类社会赖以存在和发展的永恒的必要条件，也是加速或延缓社会发展的基本因素，但它们必须转化为现实的生产要素，纳入生产过程，才能影响社会的发展，其作用的大小决定于社会生产发展的状况。

汉文帝时全国人口因素对于当时的法制改革特别是汉文帝通过淳于意案废除肉刑起了推波助澜的作用，这种历史背景不可忽视。现代史家范文澜在《中国通史简编》中称"秦代时全中国人口约2000万"。经过秦末农民大起义和楚汉战争，社会生产力遭到严重破坏，人口也急剧下降。《史记·平准书》说"天下既定，民亡盖藏，自天子不能具钧驷，而将相或乘牛车"。这迫使汉初汉高祖刘邦推行休养生息措施，西汉建立时人口仅剩1300万，有的学者估计到汉文帝时人口在1500万～2000万。经过汉初的休养生息，至汉武帝元光元年（前134年）全国人口才达到3600万。

由于全国人口减少，劳动生产力急剧下降，对恢复农业生产极其不利。如果对一部分罪犯再处以肉刑，这将进一步减少劳动人口。人口状况在客观上迫使统治者在增加全国人口的同时省刑薄敛。这为废除肉刑创造了有利条件。

三、汉廷与地方王国的政局

政治与法律关系扑朔迷离，是社会科学中亘古永存的议题。政治和法律都是社会上层建筑的组成部分，二者密切联系。政治不仅以立法过程产生法律，而且

---

[5]《马克思恩格斯选集》第2卷，人民出版社1995年版，第32页。

是法律的权力基础，并在法律适用中发挥影响。政治的法治化是政治领域建立秩序并有效约束权力的关键，但是政治中也保留不受法律规制的领地。从法制史角度来看，法的政治化仅是历史演进的某一阶段。法律中的政治最直观的表现就是立法过程的政治性。不同的人有相异的政治主张，甚至因此形成不同的政治集团，社会在某些时候、某些情形下必须达成某些政治共识并予以强制推行，立法就是汇集、凝聚政治主张的主要途径和渠道。考察汉文帝时淳于意案引发的法制改革实践必须考察朝廷宏观层面的内外关系，特别是各种政治集团的博弈。

1.汉初广封诸王形成诸侯各据一方、尾大不掉的态势

"淳于意案"不仅是一起刑事犯罪案件，还是一起涉及汉初中央与地方关系的政治事件。汉代建国后，刘邦吸取秦亡教训复兴封建，广封诸王。由于汉初大力推行无为而治，休养生息，对诸侯王势力的恶性发展起了催化作用。到汉文帝时已经形成诸侯各据一方、尾大不掉的形势。不解决这个问题，汉帝国迟早会像秦帝国一样，顷刻间土崩瓦解。而解决这个问题的办法只有一条：通过改进和优化制度，强化中央政府的法律权威。

西汉前期的政局可谓内忧外患并存，北方的匈奴南下侵扰成为最严重的边患。[1]在内政上，由于实行郡国并行体制，国内存在势力庞大的半独立性质的诸侯藩王，央地之间俨然形同国与国的关系。匈奴南侵和藩王骄横其实具有关联性。"诸侯临边者，类皆勾连外族图叛中央"[2]，二者的联合和勾结对汉朝边界安全构成了严重的威胁，西汉前期的几次叛乱的诸侯王在反叛时都与匈奴有勾结。《史记·匈奴列传》记载韩王信以马邑降匈奴，代相国陈豨谋反与匈奴勾结"谋击代"，燕王卢绾反叛后"率其党数千人降匈奴"。《史记·吴王濞列传》载吴楚"七国之乱"时，赵王遂阴使匈奴与之连兵，刘濞叛乱时就宣称"燕王、赵王固与胡王有约"。文帝践祚不久（前177年）爆发的刘兴居叛乱是否与匈奴有关？史载：

> 而匈奴大入边，汉多兵发，丞相灌婴将击之，文帝亲幸太原。兴居以
> 为天子自击胡，遂发兵反，上闻之，罢兵归长安，使棘蒲侯柴将军击破，

---

[1] 余英时：《汉朝的对外关系》，载［英］崔瑞德、［英］鲁惟一：《剑桥中国秦汉史：公元前212年—公元220年》，杨品泉等译，中国社会科学出版社1992年版，第413页。
[2] 严耕望：《中国地方行政制度史——秦汉地方行政制度》，上海古籍出版社2007年版，第24页。

虏济北王。王自杀，国除。[1]

刘兴居选择在文帝御驾亲征匈奴犯边之际发动兵变，不排除与匈奴勾结的嫌疑。刘兴居最终被棘蒲侯柴武[2]击败。文帝六年（前174年），淮南王刘长起兵谋反：

令男子但等70人与棘蒲侯柴武太子奇谋，以辇车四十乘反谷口[3]，令人使闽越、匈奴。事觉，治之，使使召淮南王。

淮南王谋反之际试图联合闽越、匈奴等。令人吊诡的是，三年前平叛刘兴居有功的棘蒲侯柴武将军怎么也料想不到，三年后其太子柴奇竟然参与兵变。只因柴武武功高，没有受到儿子的牵连，于汉文帝后元年（前163年）卒，谥号刚侯，柴奇则因曾参与谋反，不得继承侯位，棘蒲侯国便被废除。南越是南方的重要势力，吕后时，赵佗"自尊号为南越武帝，发兵攻长沙边邑"[4]，文帝即位后关系缓和。不过，吴王极力拉拢讨好南越，起兵时竟宣称"素事南越30余年"。[5]

汉廷与王国的央地关系不仅在政治上形同国与国之关系，而且在地理上亦有明确的国家边界。高帝末年，关东地区逐渐形成一条相对稳定的郡国分界。在这条郡国分界以外，刘邦采取分封制，让诸侯王和列侯行使行政管辖权，此即汉初之封国区域。高帝、惠帝、高后时代，虽然王国、侯国时有废置，但汉廷始终维系着这条郡国分界，从不对界限外的地区实行直接管辖。到了文帝时代，情况有所变化。汉文帝的即位，使得刘氏宗室内部在皇位继承问题上产生了尖锐的矛盾。文帝三年（前177年），皇族内部的利益分配不均，济北王刘兴居率先发动叛乱，开启同姓王国武装反抗汉廷之先例。汉文帝派兵镇压，叛军土崩瓦解，刘兴居被俘自杀。

三年后，皇弟淮南王刘长又举起了叛旗。但尚未行动，即被朝廷发觉。文帝

[1]《汉书·高五王传第八》。
[2] 柴武（？—前163年）西汉开国功臣，汉初十八功侯之一，排名第十三。刘邦起义后南征北战屡立战功，汉四年十月，柴武率领汉军进攻齐国，击齐历下（今山东济南南）军，大破田既齐军，以功封棘蒲侯。因柴武熟知齐国兵况，对齐用兵有战胜之绩，故而再次被文帝委以重任，是领兵镇压济北国叛乱最合适的人选。汉五年（前202年），刘邦与项羽决战垓下（今安徽灵璧县南沱河北），时韩信为前将军、蓼侯孔聚率左军、费侯陈贺统右军、绛侯周勃和棘蒲侯柴武紧随皇帝身后，逐见刘邦对柴武的信任。汉六年（前201年），封棘蒲侯。孝文后元年卒，谥曰刚侯，也称刚武侯。柴武是高祖定下的后来曾任大将军。
[3] 谷口在今陕西淳化西北，秦时于此置云阳县，西汉于此置谷口县，东汉废。因位于九嵕山东、仲山西，当泾水出山之处，故谓之谷口，也称寒门。棘蒲侯国，今河北省临漳县西南部，两地相距较远。
[4]《史记·南越列传》。
[5]《汉书·吴王传》。

派人传讯刘长入京，罢去他的王位，将他发配蜀郡。途中，刘长绝食而死。

两起叛乱虽被平息了，但汉初诸侯王势力的恶性发展，实际上已成为对抗中央朝廷的分裂势力。

2.文帝在帝位未稳时对各种政治集团不得不采取怀柔政策

文帝即位之初，根基尚不牢靠，为防范长安的功臣集团，亟须得到关东诸侯王的支持。再加上文帝在宗室中不具有惠帝、高后一样的权威，故不得不放弃直接打压诸侯王国的策略，以换取诸侯王的拥护，更不用说采用政治暗杀的手段削藩了。就文帝的侯国分封来看，保障诸侯王权益的意图十分明显。文帝改变高帝、惠帝、高后多在王国境内封置侯国的做法，将多数侯国封置于汉郡，减少了对诸侯王封地的侵占，这是汉初以来侯国封置政策的重要变革。文帝即位后，相继放弃了高帝为打压诸侯王国而制定的各项政策，这使得文帝六年（前176年）之后，汉廷与诸侯王国基本处于相安无事的状态，更有利于天下的稳定。

为争取诸侯王支持以对抗功臣集团，文帝还需要采取其他方法来消除此事对诸侯王的影响。就在济北国废除后的第二年，文帝一次性在济北国故地分封了10个齐王子侯国——6个分布于济北郡，4个分布于济南郡境内，向天下展示自己并无贪图王国土地之心。只不过惠帝、高后所封王子侯国皆在王国境内，而文帝分封的王子侯国却在汉郡境内，这是文帝实行的王子侯国封置方式与前代的最大区别，但本质上是为了缓和汉廷与诸侯王之间的关系。

3.文帝逐渐采取分化打压王国势力手段

文帝之王国政策的调整，只是改变了高帝以来直接打压王国势力的做法，转而采用"众建诸侯""以亲置疏"等相对缓和的策略来削弱、控御王国。[1] 从文帝六年到文帝十六年（前166年）的10年间，这一政策一直得到贯彻。

朝廷中一些有识之士，认为到了非从根本上解决不可的时候了，贾谊就是其中突出的代表。时年28岁的贾谊上《陈政事疏》（即《治安策》），提出两点：第一，亲疏不是主要问题，即同姓诸侯王不比异姓王可靠。第二，是强者先反叛，弱者后反叛，在这样的封国条件下，最后都是要威胁中央集权政权的。贾谊提出解决的办法就是"众建诸侯王而少其力"，即分割诸侯王国的势力，从而达到中央集权的目的。

[1] 马孟龙：《西汉侯国地理》，上海古籍出版社2013年版，第141–142页。

文帝十分欣赏贾谊的《治安策》，然而，当时他正用心于稳定政局，恢复和发展社会经济，形势不允许他用激烈的方式实施《治安策》上的政治构想。他只有耐心等待时机。直到文帝十六年（前 164 年），齐文王刘则死，无子嗣位，文帝趁机将最大的齐国分为六国。又封刘长的三子刘安、刘勃、刘赐等为王，将淮南国一分为三。贾谊关于众建诸侯的建议，至此才得以实施，但皇权和王权的矛盾并没有从根本上得到解决，分权和集权的问题依然存在。

文帝六年（前 174 年），淮南王刘长因罪国除，文帝同样未另立新王，而是将九江、衡山、庐江、豫章四郡收归中央。高帝时代所形成的郡国分界被彻底打破，汉中央辖域范围向关东地区大大拓展。

文帝以代王之位继承大统，在外有匈奴环视、内有藩王压迫的形势下振兴大汉，完全需要相当的果敢坚毅、韬晦曲折，才能以此改变"威震天下""臣主失礼"的君臣关系，而后才乾纲独断地成为"力制天下，颐指如意"的一代英主。[1]文帝的为政风格刚毅冷酷甚至有些阴险，乃信奉黄老之学使然，王夫之对文帝钳制吴王之用心亦有精辟分析：

> 文帝崩年四十有六，阅三年而吴王濞反。濞之令曰："寡人年 60 有二。"则其长于文帝也，十有三年。当文帝崩，濞年五十有九，亦几老矣。诈病不观，反形已著贾谊、晁错日画策而忧之。文帝岂不知濞之不可销弭哉？赐以几杖而启衅无端，更十年而濞即不死，亦以衰矣。赵、楚、四齐，庸劣无大志，濞不先举，弗能自动。故文帝筹之已熟，而持之已定。文帝幸不即崩，坐待七国之瓦解，而折箠以收之。是谊与错之忧，文帝已忧之。而文帝之所持，非谊与错所能测也。[2]

4.淳案发生地齐国的政局及文帝对齐国的治理

淳于意出生于汉朝封国齐国，"淳于意案"也发生在齐地。这里正是诸侯实力最强的地方之一。太史公曰："诸侯大国无过齐悼惠王刘肥。"[3]齐国在西汉初年是比较大的诸侯国。[4]在平定诸吕，迎代王立文帝的过程中，齐国更是展现了其强大

---

[1] 袁礼华、宋恺明：《论汉文帝强化皇权的策略和措施》，载《甘肃社会科学》2013 年第 3 期。
[2]《读通鉴论》卷二·文帝之二三。
[3]《史记·齐悼惠王世家》。
[4]《史记·齐悼惠王世家》载："高祖六年，立肥为齐王，食七十城，诸民能齐言者皆予齐王。"

的实力，据《史记·齐悼惠王世家》载：

> 其明年，高后崩。赵王吕禄为上将军，吕王产为相国，皆居长安中，聚兵以威大臣，欲为乱。朱虚侯章以吕禄女为妇，知其谋，乃使人阴出告其兄齐王，欲令发兵西，朱虚侯、东牟侯为内应，以诛诸吕，因立齐王为帝。

朱虚侯刘章击杀吕产是决定诛吕行动成功与否的关键，当太尉周勃得知刘章已经杀了吕产以后，起身拜贺刘章曰："所患独吕产，今已诛，天下定矣。"[1]倘若没有齐国王族的里应外合，汉家刘氏的天下危矣。这一方面说明了齐王族间的紧密联系，一方面也暴露了齐王族势力的强大，以及其胁迫中央政府的能力，让文帝对齐系诸侯一直防范有加。直到文帝十六年，济北国的故地才"归还"给齐地诸侯，可见文帝反复考虑的一直是齐地诸侯联合的势力对中央可能造成的潜在威胁。

淳于意作为一位全国知名的医生，其遭到举报，背后难保没有地方诸侯权力在作祟。对于这类事件，按照中央政府最明智的反应，是按照优化制度、强化权威的既定方针作出判断和决策，而不是通过常规司法程序，发现案情的真相。

齐国是汉初重要的封建王国，都城临淄。在楚汉相争时期，迫于形势所逼，汉高祖刘邦于汉高祖四年（前 203 年）二月，派张良去齐地册封韩信为齐王，是为第一代齐王。高祖五年（前 202 年）正月，汉高祖刘邦夺韩信军权，改为楚王。汉高祖六年（前 201 年）正月甲子日，汉高祖封长子刘肥为齐王，是为齐悼惠王，统御 73 城，是大汉帝国名副其实的第一诸侯。刘邦的庶长子齐悼惠王刘肥一共有9 个儿子，其中长子刘襄系的齐国在其子刘则死后，因刘则无子继承而导致齐国第一次国除（前 165 年），此时齐国已经变成了临淄、济北、济南、胶东、胶西、城阳、琅琊 7 郡之地，在公元前 164 年，汉文帝将刘肥还在世的剩下 6 个儿子尽皆封为了王，其封地皆在齐国原来的封地境内。其中十子刘志被封为济北王、九子刘辟光被封为济南王、十一子刘印被封为胶西王、十三子刘雄渠被封为胶东王，而原临淄郡则被一分为二，西边被划分为齐国，封给了刘肥八子刘将间;而东边则划为淄川国，封给了刘肥十二子刘贤。此时的齐国故地上同时出现了七个封国。

文帝即位时，中央辖有 18 郡，各诸侯王国中以济北、城阳、齐为代表的"三齐"势力最为强大。文帝元年，齐王刘襄薨，子刘则继位。二年，文帝为酬谢刘兴居、

---

[1]《史记·吕太后本纪》。

刘章平定诸吕之功，裂齐国之济北、济南郡予刘兴居，立济北国；裂齐国之城阳、琅邪二郡予刘章，立城阳国。济北国位于关东郡国分界以外，文帝三年，济北王刘兴居反叛，叛乱平定后，文帝或应另立济北王，或应将济北国地还之齐国。然而，文帝并未封立新王，而是将济北国所属之济北、济南二郡收归中央直辖。这是高帝末年以来，汉廷首次打破郡国分界，对齐国故郡实施直接管辖，严重损害了齐系诸侯王国的利益。

侯国建立之初即是在汉郡，归汉郡管理，在王国归王国管理，但这种管理不是从属关系，而是源于地域悬隔的权宜之策。陈苏镇认为侯国在日常事务的处理上和普通县一样分属所在汉郡或王国管辖[1]，但侯国在汉初有一定的独立性，可直属中央，由所在王国或汉郡代管。[2] 文帝四年（前176年），文帝将齐悼惠王子10人同时封为列侯，侯邑皆不在齐国境内。

文帝后来之所以选择刘将闾为新任齐王，也是建立在密切监视当时还是阳虚侯的刘将闾时不断获得的信任甚至好感之基础上，只有选择更可靠的人，才能巩固文帝控制东方王国的成果。

文帝即位后的重用代国旧臣、列侯之国及迁徙、用贾谊之策等，均是围绕这一重心来考虑的。[3] 这是已有研究者将淳于意案同文帝削弱齐国的政治谋略结合在一起解读的主要理由。

文帝一直对包括齐国的东方诸侯保持着警惕的态度，重大决策均要考虑央地关系的平衡，以确保政局的相对稳定，即便少有的藩王叛乱只因文帝偶然下的"咎由自取"。据粗略统计，文景时期诸侯王及王子侯犯罪主要集中在景帝之际。文帝统治时期仅济北王刘兴居和淮南王刘长谋反，且二人谋反直接原因在于文帝食言或纵容。[4] 朱虚侯刘章和东牟侯刘兴居在诛灭诸吕时立有大功，朝中大臣曾许诺"尽以赵地王朱虚侯，尽以梁地王东牟侯（刘兴居）"。[5] 当文帝即位之后，听说他们本来要拥立齐哀王为帝，因此绌其功，而后仅仅割齐二郡册封二人为王。无怪二人自以失职夺功。有功不酬，必然会引起不满。文帝对刘章刘兴居有功不赏这一行为直到后来"七国之乱"时还被吴王刘濞当作政治筹码："（吴王）遂发使约齐、菑川、胶东、济南、济北，皆许诺，而曰'城阳景王（刘章）有义，攻诸吕，勿与，事

[1] 陈苏镇：《汉初侯国隶属关系考》，载《文史》2005年第1期。
[2] 王尔春：《汉代宗室问题研究》，吉林大学2015年博士学位论文，第98页。
[3] 李开元：《汉帝国的建立与刘邦集团：军功受益阶层研究》，生活·读书·新知三联书店2000年版，第209–218页。
[4] 彭海涛：《汉代宗室王侯犯罪研究》，首都师范大学2012年博士学位论文，第97–100页。
[5] 《史记·齐悼惠王世家》。

定分之耳'"。[1]在吴楚"七国之乱"中齐悼惠王的子孙纷纷响应即源于此因，就连齐孝王刘将闾也参与其中。淮南王刘长"自以为最亲，骄蹇，数不奉法。上以亲故，常宽赦之。"对于文帝，刘长几乎没有人臣的礼仪。"入朝。甚横。从上入苑囿猎，与上同车，常谓上'大兄'。"此后，刘长又椎杀辟阳侯，文帝则"为亲故，弗治，致使其不用汉法，出入称警跸，称制，自为法令，拟於天子"。[2]在文帝如此纵容之下，最后刘长竟交结闽越、匈奴，以马车四十辆图谋造反。

表2　淳于意案所涉的齐系诸侯王关系表

				文帝二年立	文帝十六年立	
				城阳王刘章 （刘肥次子）	济南王刘辟光 （刘肥第9子）	
				济北王刘兴居 （刘肥第3子）	济北王刘志 （刘肥第10子）	
齐王	齐悼惠王 （刘肥） 高祖六年— 惠帝六年	→	齐哀王刘襄 （刘肥长子） 惠帝六年— 文帝元年	→	齐文王刘则 （刘襄子） 文帝元年— 文帝十五年	→	齐孝王刘将闾 （刘肥第8子） 文帝十六年— 景帝三年
					淄川王*刘贤 （刘肥第12子）	
					胶西王刘卬 （刘肥第11子）	
					胶东王刘雄渠 （刘肥第13子）	

（说明*："淄"古为"菑"字，通假字，以下均写作"淄川王"。）

对于已经实施"易侯邑"的齐国，文帝要倚重后来继承齐王位的刘将闾，当然会征求刘将闾的意见力保淳于意；对于当时足以强大的赵吴两王，文帝亦要给予尊重和安抚，只有转移注意力，将诏狱审判变成肉刑废除的契机，文帝才能做到兼顾两方。总之，缇萦救父只是以刘将闾为代表的齐地诸侯及其依附者淳于意、以胶西王为代表的与刘将闾关系不和的藩王以及以赵王和吴王为首的地方强大诸侯势力、加上文帝三者共同认可的故事情节，或者是由刘将闾和文帝共同策划的故事结构。

[1]《史记·吴王濞列传》。
[2]《史记·淮南衡山列传》。

四、汉廷与王国在医疗资源上的竞争

淳于意案的发生还具有中央政府与地方政府争夺医疗卫生资源的宏观背景。西汉初年发生过公共医疗资源危机，尤其是在汉初郡国体制下，汉廷控制的郡县，与藩王控制的王国在包括医疗资源在内的重要战略资源形成持久且激烈的争夺。地方在招贤纳士之时，中央也不会甘愿落后，更需要通过"举贤良"来加快巩固政权的步伐。贤良文学和法吏固然是央地核心争夺的人才对象，但像淳于意一样精于技术的高级垄断性医疗人才同样值得争抢。武帝之际的魏其侯窦婴（？—前131年）和武安侯田蚡（？—前130年）因曾参与过平叛"七国之乱"的灌夫（？—前131年）之定罪发生了争执。窦婴极力夸赞灌夫的长处，说他只是酗酒获罪，而田蚡却拿别的罪来诬陷灌夫。田蚡竭力诋毁灌夫骄横放纵，犯了大逆不道之罪。窦婴思忖没有别的办法便攻击田蚡的短处，田蚡辩驳道：

> 天下幸而安乐无事，蚡得为肺腑，所好音乐狗马田宅。蚡所爱倡优巧匠之属，不如魏其、灌夫日夜招聚天下豪杰壮士与论议，腹诽而心谤，不仰视天而俯画地，辟倪两宫间，幸天下有变而欲有大功。臣乃不知魏其等所为。[1]

田蚡之言在无形中道出了像淳于意一样的"倡优巧匠之属"与邹阳枚乘一般的"天下豪杰壮士"作为门客的区别。淳于意的医术不仅可以诊治王公贵胄，而且可以医治军民百姓，甚至可以达到"上医医国"的效果，单从保障君臣百姓健康安全这一点上而言，其作用甚巨。而且，若能将其招致麾下，还不会被扣上企图谋反作乱的帽子，更加隐蔽而高效地为藩王积蓄对抗汉廷的实力而发挥奇特之效。这或许就是淳于意在盛名之下竟招致诬告陷害的重要原因。

五、汉文帝时国家治理与法制建设的指导思想

不难看出，黄老思想的精神特征是清静无为，务德化民，约法省禁，顺应民心，正好适应国家"休养生息"的基本国策，因而成为汉朝治国理政和法制建设的指

---

[1]《史记·魏其武安侯列传》。

导思想。在汉文帝时，国家治理和法制建设的指导思想总体上乃无为而治的黄老之术思想，但兼采诸家，并没有取缔其他学说的合法性，也没有禁绝其进入官方意识形态的途径。虽然汉承秦制，但在执法和司法上表现出相当宽和的倾向，据《汉书·刑法志》载：

> 当孝惠、高后时，百姓新免毒蠚，人欲长幼养老。萧、曹为相，填以无为，从民之欲，而不扰乱，是以衣食滋殖，刑罚用稀。
>
> 及孝文即位，躬修玄默，劝趣农桑，减省租赋。而将相皆旧功臣，少文多质，惩恶亡秦之政，论议务在宽厚，耻言人之过失。化行天下，告讦之俗易。吏安其官，民乐其业，畜积岁增，户口浸息。风流笃厚，禁网疏阔。选张释之为廷尉，罪疑者予民，是以刑罚大省，至于断狱四百，有刑错之风。[1]

班固说："汉兴，扫除烦苛，与民休息；至于孝文，加之以恭俭；孝景遵业。五六十载之间，至于移风易俗，黎民醇厚。"汉文帝注意减轻人民的负担，减轻刑罚，其子景帝即位后，也持续此种政策，因此历史上将此时期称为"文景之治"，是为中华文明迈入帝国时代后的第一个盛世。文景二帝都是道家思想的推崇者，主张无为而治，休养生息。

无为而治本意并不是不为，是不过多地干预，是充分发挥民众自我能动性，"守法而无为"，"无为"不是漫无边际的放任，而是不超越既定的法律规定。黄老思想不仅要求"君正"，而且要求"法正"。"法"是"无为"的界限，而无为的"道"又是"法"的根源。黄老思想虽然吸收了法家的"执法""守法"思想，但基于"安民""惠民"的立场，对法家的"重刑轻罪"主张并不首肯。

汉初统治者利用民众对秦王朝残厉法制的不满，顺从民意，进行了政治与法律改革。为与民休养生息，采取了无为而治的统治思想，这也是道家思想第一次登堂入室。统治者不搞劳民伤财、严刑峻法的统治，改以宽刑薄赋的政策，保养民力，增殖人口，以达到恢复和发展经济、稳定统治秩序的目的。

这种治国理念强调官员不妄为，勿急切，避免苛政扰民，使社会生活在自然的状况下得以安定。文景时期，继续推行汉初无为而治的思想，各项政治措施实

[1]《汉书·刑法志》。

际上都围绕着无为而治的思想展开，并适当补益损革，使得汉朝国力逐步恢复。《汉书·食货志上》说，"文帝即位，躬修位节，以安百姓"。

汉文帝虽然在法制建设中总体上坚持无为而治的黄老之术思想，但兼采诸家，特别是汉文帝采纳了儒家德主刑辅的部分观点，提倡孝悌。这为汉文帝被缇萦代父受刑的孝心感动并通过废除肉刑解救其父埋下了伏笔。

孟子云"苛政猛于虎"。系统梳理汉文帝诏令后我们不难发现，汉文帝对《孟子》中记载的仁政思想颇为赞赏，汉文帝整个执政时期都践行着仁政理念，甚至官方对汉文帝一生功绩的定位也与《孟子》中的仁政记载若合符节。这表明汉文帝对孟子的仁政思想存在高度认可，"文景之治"或是汉初儒术治国的一次成功践行，而这次尝试的成功又成为汉武帝"罢黜百家"的先声。赵翼在《廿二史札记》卷二"汉诏多惧词"条中历引汉文、元、明、章、和、安、顺等皇帝诏书中忧惧自责自咎之言，然后说："以上诸诏，虽皆出自继体守文之君，不能有高、武英气，然皆小心谨畏，故多蒙业而安。两汉之衰，但有庸主，而无暴君，亦家风使然也。"汉文帝"施德惠天下""以德化民"、诏书多惧词、因灾异纠时弊的政治特点开启了这种"汉家家风"。而废除肉刑的诏书也当突出文帝之"德"，而非文帝之"孝"。汉宋史家都强调汉文帝之"德"，司马迁称赞"汉兴，至孝文四十有余载，德至盛也"，"汉兴，孝文施大德，天下怀安"[1]，司马光评价道"礼，祖有功，宗有德。汉之子孙，以为功莫盛于高帝，故为帝者太祖之庙；德莫盛于文帝，故为帝者太宗之庙。自唐以来，诸帝庙号莫不称宗，即此义泯矣。"[2]元朝王桢认为"文帝所下 30 诏，力田之外无他语，减租之外无异说，逐末之民，安得而不务本？太仓之粟安得不红腐？"[3]汉文帝树立以身作则、"以德化民"之形象，但他从不以"有德"自居，而是多次下诏自责，把自然变异和农业歉收等归咎于自己"不德""德薄"和"失德"，常说"吾甚自愧""朕其自愧"。[4]与文帝之前的皇帝诏令带有强制、命令的风格特征相较，文帝的诏令淡化了帝王的威权，且带有强烈的"罪己"色彩，文帝尝试以个体的感受去表达对百姓的关爱，这就使得诏令的情感抒发更为真切，打动人心。真德秀认为这些诏文都发自于文帝的内心："《太史公书》于高景二纪，诏皆不书，独《文帝纪》凡诏皆称'上曰'，以其出于帝之实意也。不然，则山东老癃扶杖听诏，

---

[1]《史记·孝景本纪》。
[2]《资治通鉴·汉纪五》。
[3]《王祯农书》之《农桑通诀四·劝助篇第十》。
[4] 王培华：《汉文帝"施德惠天下"与汉朝政治"家风"》，载《青海社会科学》2002 年第 3 期。

愿见德化之成,其可空言动邪?"文帝诏书充满了谦恭自责的态度,来自于《老子》所说的君主谦下之德和知盈处虚之道;另一方面,也包含了儒家君主敬慎临政的精义。可见文帝上承三代传统,深得传统君道谦下、敬慎之德的三昧。[1]从文帝这一思想观念来看,丞相和御史应当对皇帝欲废除肉刑的想法早已觉察,只不过没想到来得如此之快。

表3 《史记·文帝本纪》《汉书·文帝纪》所载文帝以"德"自责情况表

序号	时间	原因	内容
1	文帝元年正月 (前179年)	立太子	朕既不德,上帝神明未歆享,天下人民未有嗛志。今纵不能博求天下贤圣有德之人而禅天下焉,而曰豫建太子,是重吾不德也。谓天下何?其安之。
2	文帝二年十一月 (前178年)	日食	朕下不能治育群生,上以累三光之明,其不德大矣。……朕既不能远德,故悯然念外人之有非,是以设备未息。
3	文帝十三年夏 (前167年)	无	盖闻天道祸自怨起而福繇德兴。百官之非,宜由朕躬。今秘祝之官移过于下,以彰吾之不德,朕甚不取。其除之。
4	文帝十三年五月 (前167年)	除肉刑	今法有肉刑三,而奸不止,其咎安在?非乃朕德薄,而教不明欤!吾甚自愧。
5	文帝十四年春 (前166年)	增祀无祈	历日弥长,以不敏不明而久抚临天下,朕甚自愧。其广增诸祀坛场圭币。昔先王远施不求其报,望祀不祈其福,右贤左戚,先民后己,至明之极也。今吾闻祠官祝厘,皆归福于朕躬,不为百姓,朕甚愧之。夫以朕之不德,而专乡独美其福,百姓不与焉,是重吾不德也。
6	后二年六月 (前162年)	和亲	朕既不明,不能远德,是以使方外之国或不宁息。夫四荒之外不安其生,封畿之内勤劳不处,二者之咎,皆自于朕之德薄而不能远达也。
7	后六年七月 (前158年)	遗诏	且朕不德,无以佐百姓。……朕既不敏,常畏过行,以羞先帝之遗德。

汉文帝在纳言时,不论言者官位高低而出以诚意,虚怀若谷,从谏如流,甚至是在乘辇上朝途中,遇到郎官上书都是止辇而受言,据《史记·袁盎列传》载:

> 每朝郎官上书疏,未尝不止辇受其言。言不可用置之,言可受采之,未尝不称善。何也?欲以致天下贤士大夫,上日闻所不闻,明所不知,日益圣智。

---

[1] 王健:《汉文帝时期的朝政制衡与施政精神》,载《咸阳师范学院学报》2007年第5期。

后人对此大有感慨，认为文帝"好言纳谏尤其盛德焉。后世人主于封章之人，固有未尝一经目者，况敢犯其行辇而欲其止而受之乎？可用者未必肯用，不可用者辄加之罪，心知其善而口非之者亦有矣！况本不善而称其善乎？若文帝者，可谓百世帝王之师矣。"[1]这是文帝能够重视缇萦上书的原因。

早已受到儒家思想影响的文帝，其始终坚持以仁爱为本，但在经历了张释之为廷尉时期严格公正执法的规训整顿后，至少在表面上会坚持"依法办事"。因此他在面对淳于意案时，才会选择从司法上转向刑种变革（一定程度上是立法）。当然，这种立法变革实际上延续了文帝时期着重从执法（司法）上来缓和"汉承秦制"可能带来的民怨。对于文帝的这一心思，刘将闾自然明白不过，他需要做的是给文帝寻找一个托辞（理由），这个理由既要符合文帝一贯塑造的仁君形象（孝），又要满足文帝一直以来欲废除肉刑的目的，同时还能让包括上书告御状的诸侯在内的所有人都能心甘情愿地接受。

六、淳于意特立独行口无遮拦的个性

大凡有才华之人，往往恃才傲物，性格不合群，行事风格很有个性。

民国黄士衡（1889—1978年）作的《西汉野史》第四十三回"缇萦上书脱父罪，文帝下诏除肉刑"对此事的记载：

> 大凡具绝技之人，多不肯受人拘束。淳于意性本落拓不羁，懒事生产，不乐仕宦，也曾任过太仓长，不久便弃官而去。最喜云游四方，足迹所至，闻名求医之人，不计其数，弄得淳于意应接不暇，有时心中甚不耐烦，便不肯替人治病，任他千金之聘，只是辞绝不去。但是病家当病人征候危急之际，好容易寻得一位有名医生，盼他前来救治，如盼重生父母一般，谁知日复一日，望得眼穿，终是请他不到。也有病重的挨延不过，便自死了，其家属不免抱怨。都因淳于意名誉太盛，求者过多，不能悉应。所以平日得他治愈，感激之人固多，而因他辞绝不治，以致结恨之怨家，亦复不少。到了文帝十二年，遂有怨家寻了淳于意罪过，出来告发。

---

[1]《大学衍义补》卷四。

公元前 165 年,刘则被笃诊而亡。仓公从医学上给出了齐文王之死的合理解释,淳于意在文王病案中的相关论述所显示出的有关"精气"的思想在当时已然成为普遍的知识背景,但仁者见仁智者见智,在如何恢复"精气"的问题上不同的医者却有不同的诊治方案。淳于意不单在诊治文帝之病时与众人意见不同,还有多次其他不同的病因诊断和治疗方案的分歧,这正是名医与庸医之别。[1]

东汉末年医圣张仲景(约 150—154 年至约 215—219 年)在《伤寒杂病论》序中写道:"上古有神农、黄帝、歧伯;中古有长桑、扁鹊;汉有公乘阳庆、仓公;下此以往,未之闻也。"神医仓公在论治疾病时向来坚持真理,敢于直言,无形中定会得罪一批皇室官医。在淳于意上奏的 25 例病案中,直面官医或有意见相左的情形如下表所示。

表 4　淳于意与官医诊治不同情况表

序号	身份	姓名	是否有其他医者参与诊治	是否有直接争论/冲突(同其他医者或患者)	病因诊断不同/治疗方法不同	具体内容	结果
1	齐郎中令	循	有	无	病因诊断不同	众医皆以为蹙入中,而刺之。臣意诊之,曰:"涌疝也,令人不得前后溲。"	一饮得前溲,再饮大溲,三饮而疾愈。
2	齐章武里平民	曹山跗	有	无	治疗方法不同	臣意未往诊时,齐太医先诊山跗病……	死,不治。适其共养,此不当医治。
3	阳虚侯相	赵章	有	无	病因诊断不同	众医皆以为寒中,臣意诊其脉曰:"迵风。"	法曰"五日死",而后十日乃死。
4	齐北宫司空命妇	出於	有	无	病因诊断不同	众医皆以为风入中,病主在肺,刺其足少阳脉。臣意诊其脉,曰:"病气疝,……"	即更为火齐汤以饮之,三日而疝气散,即愈。
5	齐丞相舍人奴	无	有	无	病因诊断不同	众医不知,以为大虫,不知伤脾。所以至春死病者,胃气黄,黄者土气也,土不胜木,故至春死。	至春果病,至四月,泄血死。

[1] 淳于意列举的 25 例,仅有 1 例未说明病因,其余 24 例均有详细病因,且以外感风邪、房室伤、酒伤最多,乃上层官贵常见致病病因,具体又可以分为七情:内伤 3 例、外感六淫 6 例、房事劳伤 7 例、酒伤 5 例、食毒 1 例、医过 2 例。除 10 例因病甚笃不可救治外,其余 15 例皆通过辨证论治以不同治法而治愈,治疗方法多种多样、灵活多变,采用方药或用针灸或综合治疗;治疗领域涉及内科、外科、妇科、儿科、牙科、产科等,足见淳于意之本领,这与他遍访名医,遍寻医方,且虚心纳总结,记载每一例病症诊断与医治情况——"今臣意所诊者,皆有诊籍。所以别之者,臣意所受师方适成,师死,以故表籍所诊,期决死生,观所失所得者合脉法,以故至今知之有矣",只有如此方能成就与扁鹊齐名之美名。

6	济北王侍者	韩女	有	无	病因诊断不同	众医皆以为寒热也。臣意诊脉，曰："内寒，月事不下也。"	即窜以药，旋下，病已。
7	临菑氾里女子	薄吾	有	无	病因诊断不同	众医皆以为寒热笃，当死，不治。臣意诊其脉，曰："蛲瘕。"	臣意饮以芫华一撮，即出蛲可数升，病已，三十日如故。
8	齐司马	淳于氏	有	无	病因诊断不同	时医秦信在旁，臣意去，信谓左右阁都尉曰："意以淳于司马病为何？"曰："以为逈风，可治。"信即笑曰："是不知也。淳于司马病，法当后九日死。"	臣意即为一火齐米汁，使服之，七八日病已。
9	齐王侍医	遂	无	有	治疗方法不同	臣意即诊之，告曰："公病中热。论曰'中热不溲者，不可服五石'。……"遂曰："……夫药石者有阴阳水火之齐，故中热，即为阴石柔齐治之；中寒，即为阳石刚齐治之。"臣意曰："公所论远矣。扁鹊虽言若是，然必审诊，……"。	意告之后百余日，果为疽发乳上，入缺盆，死。
10	杨虚侯	刘将闾	有	无	病因诊断不同	众医皆以为蹶。臣意诊脉，以为痹。	即令更服丸药，出入六日，病已。
11	安阳武都里平民	成开方	无	有	病因诊断不同	开方自言以为不病，臣意谓之病苦沓风。	今闻其四支不能用，瘖而未死也。……法曰"三岁死"也。

在以上 11 例病案中，2 例已无治疗的意义，3 例不听淳于意诊断意见而死或将死。有 10 例是在其他医者无效治疗后淳于意出手相救的，有 2 例是病人同淳于意有直接争议，其余因没有直接记载无法判断，但大体可以推测只要其他医者在场，淳于意定然会与之发生病因判断或诊治方法的争议，而且多数是对病因诊断的争论，以显示名医与庸医的差别。文人相轻，同行是冤家。淳于意这种不留情面直言相告甚至出言不逊的个性一定会引起其他医者的嫉恨。这种个性使他遭他人嫉妒或暗算。在担任仓公期间，他本该小心翼翼，然一旦有机会诊断疾病，其心直口快的性格便无法掩饰，让其他御医难堪，招人嫉恨在所难免。

第二节　淳于意案的来龙去脉

一、淳于意案的起因

曾有人怀疑淳于意是因违法户籍或者限行这类律令，被押解到京师受审，这种说法不正确。因为这类小案应当遵循属地管辖原则在齐国审理。考虑到淳于意在齐国积攒的人脉资源，完全可以让他在面对刑罚时幸免一难，不可能有肉刑之苦的担忧。

送到中央司法机关受审，说明淳于意涉嫌的罪行不轻。由于史料阙如，案由至今存疑。《史记·扁鹊仓公列传》模糊提到淳于意到底因何而受刑，后人主要根据其中记载来判断淳于意案的案由。不过，本传记载的案由模糊和矛盾并存。以下围绕淳于意的三重身份将可能的案由罗列如下。

表5　《史记·扁鹊仓公列传》案由对比表

身份	案由	行为表现	案发原因	可能的控告者	司马迁的判断
平民	违反户籍管控（私渡关津）	左右行游诸侯，不以家为家。		各地官府	
医者	见死不救（拒接诊治或选择性诊治），诊治错误（误诊误伤误杀病人等）	或不为人治病，病家多怨之者。	人上书言意	病家（赵王、胶西王、济南王、吴王皆使人来召臣意，臣意不敢往。）	匿迹自隐而当刑
官员	贪贿渎职（齐太仓长）	任太仓长，不安于本职，常不在岗		齐国朝廷	

针对仓公获罪原因史学界大致形成了以下几种观点：

（1）误诊致患者死亡而被患者控告。主要依据为仓公对答文帝承认"自意少时，喜医药，医药方试之多不验者。"[1] 民

---

[1]姚海燕：《仓公"坐法当刑"蠡测》，载《南京中医药大学学报（社会科学版）》2016年第2期。

间传说是，有一次有个大商人的妻子生了病，请淳于意医治。那病人吃了药，病没见好转，过了几天一命呜呼。大商人仗势向官府告了淳于意一状，说他是看错了病治死了人。

（2）自匿形迹不为患者治病而被控告，构成不作为犯罪。淳于意"然左右行游诸侯，不以家为家，或不为人治病，病家多怨之者。"且太史公曾评价"仓公乃匿迹自隐而当刑"，或者认为"匿迹自隐"违反了户籍管控法律。

（3）与济北王刘兴居谋反有关而被告发。[1]

（4）文王家族迁怒仓公上书诬告陷害。[2]

（5）不应诸侯王的召诊被控。主要是"赵王、胶西王、济南王、吴王皆使人来召臣意，臣意不敢往。"[3]

前述两种观点显然并不值得用诏狱来问罪仓公，诸侯国就有权审断定罪。而且如果是地方审理，淳于意完全可以利用自己结交权贵的资源活动，根本不用接受审判。即便非要受刑，他大可选择花钱赎刑免受皮肉之苦，何苦要抱怨生女无用，这样就可能不会有传唱至今的缇萦救父之孝道事迹。至于第三种观点，如前所述，淳于意案发于文帝十三年当确证无疑，文帝为笼络人心，当时就下诏赦免了牵连之人，史载文帝三年秋七月，诏曰："济北王背德反上，诖误吏民，为大逆。济北吏民，兵未至先自定及以军、城邑降者，皆赦之，复官爵。与王兴居居，去来者，亦赦之。""与王去来者亦赦之"显然包括了淳于意。因此，这一立论完全站不住脚。最后两个观点实际雷同，即淳于意因不敢前往诊治故而选择"匿迹自隐"最终得罪的藩王才是上书控告的主谋。太史公所言淳于意"匿迹自隐"有多重可能：一般可理解为淳于意因"匿迹"而"当刑"，还可以将"匿迹"理解为淳于意自觉案发而"畏罪潜逃"，"匿迹自隐"并非"当刑"的原因，而是"当刑"的结果。然而，结合到淳于意案的审理程序上，后一种理解则更为合理。

关于淳于意可能得罪的地方藩王之情况，史载信息不多。尤其是赵王，司马迁甚至都没有将赵王单独作传，而是附在"楚元王世家"篇中，而且着墨不多：

> 赵王刘遂者，其父高祖中子，名友，谥曰"幽"。幽王以忧死，故为"幽"。……孝文帝即位二年，立遂弟辟强，取赵之河闲郡为河闲王……遂

---

[1] 苏卫国：《仓公狱事解析——〈史记·仓公传〉研读札记》，载《理论界》2005年第8期。

[2] 范行准：《中国医学史略》，中医古籍出版社1986年版，第32页。

[3] 何爱华：《淳于意生平事迹辩证》，载《文献》1988年第2期。

> 既王赵二十六年，孝景帝时坐晁错以适削赵王常山之郡。吴楚反，赵王遂
> 与合谋起兵。其相建德、内史王悍谏，不听。遂烧杀建德、王悍，发兵屯
> 其西界，欲待吴与俱西。北使匈奴，与连和攻汉。……赵城坏，赵王自杀，
> 邯郸遂降。[1]

从这一零星记载可见，赵王刘遂执政 26 年，比文帝统治西汉的时间都长，其起兵造反是因为景帝侵夺了其封地常山郡，当然还有此前文帝侵夺其河间郡一事。[2]常山郡是汉高祖沿恒山郡置，吕后掌权时期，恒山郡改封恒山王刘不疑，成为恒山国。仅过 7 年，第三任恒山王刘朝即在铲除吕氏的过程中被杀，国废为郡。为了避文帝刘恒之讳而改称常山郡，且范围扩大，北至恒山南至逢山长谷一带。景帝对赵王常山郡的剥夺等于是强行划走了赵国的"半壁江山"，于是赵王联合吴楚和匈奴来反击。在汉初相当长的一段时间内，领有边地的不论是异姓还是同姓诸侯王，在面临汉廷裁抑时都企图引匈奴为奥援以求自保，或试图与匈奴"连和攻汉"。[3]赵国的势力仅次于吴楚，吴国控制着长江以东地区的三郡：丹阳郡、会稽郡、豫章郡。[4]这三个郡相当于三个省的面积。丹阳郡，包括现在的皖南、江苏南京，以及浙江西北部，如于潜、安吉等地。豫章郡的辖区和现在的江西省基本一致。会稽郡是面积最大的，包括苏南（不含南京）、上海、浙江大部、福建全省。此三郡不仅面积大，地域广，而且经济实力强劲。会稽郡实力最强，治所在吴县（江苏苏州附近），春秋吴国旧都，鱼米之乡。另外，会稽郡第二大城市是山阴（浙江绍兴附近），越国旧都，同样鱼米飘香。此外，会稽郡还辖有钱唐（浙江杭州附近）、上虞、句章（宁波江北区附近）、曲阿（江苏丹阳附近）、娄县（江苏昆山附近）。丹阳郡治宛陵（安徽宣城附近）、辖区有名城句容、芜湖、丹阳等。豫章郡治今江西南昌，名城有柴桑（江西九江附近）、宜春、彭泽、庐陵、赣县。刘濞控制的地盘还有广陵（江苏扬州），广陵在西汉初年设东阳郡，辖今江苏省淮南江北地区。吴国虽以江南为主，但国都却放在了广陵，可见其地位之重要。由于地区开发较晚，吴国三郡的人口不如北方诸侯国多，但资源非常丰富，苏南地区主要产鱼米，浙江、福建、江西更是有名的资源大省，比如森林、矿产全国闻名。冷兵器时代，军队

[1]《史记·楚元王世家》。
[2] 杨怡、刘鹏：《吴楚七国之乱中的赵王刘遂》，载《邯郸学院学报》2018 年第 1 期。
[3] 宋超：《试析刘濞所谓燕王"抟胡众入萧关"说——兼论汉初赵国与匈奴的关系》，载《邯郸学院学报》2015 年第 1 期。
[4] 一说为东阳郡、吴郡、鄣郡（《汉书》记载为丹阳郡），但东阳郡与吴郡，《汉书·地理志》并无记载，今有争议。

所需要的牛皮、树木、竹子、盐、铜，都是江南盛产。尤其是盐和铜，吴国不但可以煮海水为盐，而且还可以开采铜山来造钱，汉文帝时期流通最广的私铸钱便是吴国钱和邓通[1]钱。《盐铁论·错币》载："文帝之时，纵民得铸钱、冶铁、煮盐，吴王擅鄣海泽，邓通专西山……吴邓钱天下。"有学者指出，汉文帝将铸币放权于民间，而后赐其宠臣邓通铸钱，真正的目的是制衡吴王刘濞，取得政治和经济的双重效果。即在政治上，缩小了吴汉矛盾被挑拨的空间，降低了吴王的反叛势力聚集力度；在经济上，为汉廷赢得了与刘濞至少同等的战争物资汲取力，并为武力削藩积累下巨额财富，其手法巧妙含蓄、迂回曲折，符合文帝的削藩风格。

文帝对挑战其统治地位的亲贵之处理手段确有阴险之嫌，但在表面上依旧是仁孝宽厚，暗地里则是几经曲折才实现统治稳固的。[2]《史记·吴王濞列传》所载最为蹊跷的一事便是吴国太子刘贤在京城长安与皇太子刘启戏博时发生争执，刘启怒以棋盘击打其头部，导致其脑部迸裂而死：

> 孝文时，吴太子入见，得侍皇太子饮博。吴太子师傅皆楚人，轻悍，又素骄，博，争道，不恭，皇太子引博局提吴太子，杀之。于是遣其丧归葬。至吴，吴王愠曰："天下同宗，死长安即葬长安，何必来葬为！"复遣丧之长安葬。吴王由此稍失藩臣之礼，称病不朝。京师知其以子故称病不朝，验问实不病，诸吴使来，辄系责治之。吴王恐，为谋滋甚。及后使人为秋请，上复责问吴使者，使者对曰："王实不病，汉系治使者数辈，以故遂称病。且夫'察见渊中鱼，不祥'。今王始诈病，及觉，见责急，愈益闭，恐上诛之，

---

[1] 邓通，蜀郡南安（今四川乐山）人，本是未央宫西苍池中的划船郎。据《史记·佞幸列传》载："孝文帝梦欲上天，不能，有一黄头郎从后推之上天，顾见其衣裻带后穿。觉而之渐台，以梦中阴目求推者郎，即见邓通，其衣后穿，梦中所见也。召问其名姓，姓邓氏，名通，文帝说焉，尊幸之日异。通亦愿谨，不好外交，虽赐洗沐，不欲出。于是文帝赏赐通巨万以十数，官至上大夫。文帝时时如邓通家游戏。然邓通无他能，不能有所荐士，独自谨其身以媚上而已。"文帝对邓通的宠幸首先是富贵邓通，其次是亲爱。邓通对文帝也以忠诚来回报，最典型的一例莫过于文帝生疮流脓，"邓通常为帝啮吮之。文帝不乐，从容问通曰：'天下谁最爱我者乎？'通曰：'宜莫如太子。'太子入问病，文帝使啮痈，啮痈而色难之。已而闻邓通常为帝啮吮之，心惭，由此怨通矣。"这是出于真心而不是矫情，不过，邓通此举与文帝为母"亲尝汤药"之孝行如出一辙，可谓侍君如父，难怪邓通此举遭到了太子的嫉恨。文帝此事被元人收入"二十四孝图"，位列第七。又据《史记·申屠嘉传》载，文帝后期，申屠嘉为相。嘉入朝与文帝议事，见"通居上旁，有怠慢之礼"，即发文召邓通至丞相府问罪，"不来，且斩通"；邓通恐惧，即向文帝求救。文帝承诺会在时机成熟的时候救他。虽有皇帝的承诺，邓通至丞相府领罪时仍然谦逊谨慎，"免冠、徒跣，顿首谢罪"。当申屠嘉下令斩杀后，邓通只是"顿首，首尽出血"乞求宽赦，这时文帝持节使者到来赦免邓通。邓通获救后见文帝只是哭泣着说"丞相几杀臣"，道出自己的恐惧，庆幸自己死里逃生，并未报复申屠嘉。显然，邓通并不是喜好政治钻营，玩弄权柄，也不挥霍金钱，炫耀得宠，只是满足于修炼出文帝喜欢的品性，陪伴在文帝身边，这是文帝愿意将严道铜山的开采权和铸币权交予邓通并赋予其对抗吴国钱这一重大使命的根本原因。

[2] 王瑰：《蜀郡严道铜山与文帝政局探微》，载《北京科技大学学报（社会科学版）》2018年第6期。

计乃无聊。唯上弃之而与更始。"于是天子乃赦吴使者归之,而赐吴王几杖,老,不朝。吴得释其罪,谋亦益解。

此事据考证发生在文帝四年或五年前后[1],文帝在处理此事时并未采取安抚的态度,纵然是因吴太子对皇太子不恭,才导致皇太子误杀了吴太子。皇太子的这一行为构成"戏杀",汉初第一次明确规定了"戏杀"这一罪名,《二年律令·贼律》明确记载:"贼杀人、斗而杀人,弃市。过失及戏而杀人,赎死;伤人,除。"该条规定过失杀及戏杀适用替代刑而非实体刑,即以赎金替代死刑;如果只是因戏或过失使人受伤,则免罪,不受处罚。同时,汉律亦有直接针对戏杀罪的程序规定。据《二年律令·兴律》载:"县道官所治死罪及过失、戏而杀人,狱已具,毋庸论,上狱属所二千石官。二千石官令毋害都吏腹案,问闻二千石官,二千石官压谨椽,当论,乃告县道官从事。彻侯邑上在所郡守。"这表明"死罪及过失、戏而杀人"并不在基层司法官员的审判权限范围之内,县道官员对戏杀案只有侦查、事实审查和执行的权力,并不享有审判权。即便是县道官员上报给郡太守的案件事实结果,还要接受"都史"的复查才能作为定案依据。可见,西汉初期对戏杀案的重视程度堪比死罪。[2]文帝对此案的简单处置令人惊讶,不仅绕开了法律的规定,而且十分草率地将吴太子的遗体送回吴国。有学者认为,文帝之所以在处置此事上看似过于轻率,但实则吴太子是咎由自取,其对皇太子的不恭之过错足以招致杀身之灾。皇太子戏杀不恭的人,司马迁和班固都没有加以指责,司马光也没有批评,是因为文帝敬重恭谨大臣。[3]然而,丧子之痛确实令吴王相当不满,只不过基于君臣关系的封建等级观念,吴王只能忍气吞声,仅用"复遣丧之长安葬"和"称病不朝"来间接表达不满和愤怒。这种间接的情绪让吴王"稍失藩臣之礼",丝毫没有表现出起兵反叛的迹象。文帝对吴王不朝的处理再次失策,先是"诸吴使来,辄系责治之",结果是"吴王恐,为谋滋甚",刺激了吴王的造反之心。后来文帝听了吴使者的进谏,"赦吴使者归之,而赐吴王几杖,老,不朝。"于是,"吴得释其罪,谋亦益解。"文帝之所以赐吴王几杖,乃是基于时局而采取的重要措施[4],双方的矛盾暂时得到缓和,避免了武力冲突。就此而言,文帝的处置之法也符合其

---

[1] 孙亭玉:《论吴王太子被杀》,载《湘潭师范学院学报(社会科学版)》2004年第1期。
[2] 马欣:《戏杀罪的流变研究》,武汉大学2017年硕士学位论文,第9~11页。
[3] 孙亭玉:《论吴王太子被杀》,载《湘潭师范学院学报(社会科学版)》2004年第1期。
[4] 张鹤耀:《从汉初政局看文帝几杖安天下》,载《中国社会科学报》2015年01月22日。

一贯作风，正如南宋张栻对文帝处理央地政治的方略评价道："文帝初政，良有可观。盖制事周密，为虑深远，恳恻之意有以得人之心，三代而下亦未易多见也。……以文帝天资之美，初政小心畏忌之时，得道学之臣佐之，治功之起岂不可追三代之余风。"[1] 可以说汉廷如何处理同王国的关系，如何解决存在的矛盾，对于诸侯王能否反叛有很大关系。虽然吴王暂时没有反叛，但同汉廷的矛盾更深了，司马迁称刘濞"逆乱之萌，自其子兴"正是此意。[2] 如果说吴太子之死发生在文帝四年前后，淳于意案又果真是吴王等人所制造，那么定然不会也发生在文帝四年，否则太过明显。最终促使刘濞决心反汉的还是景帝的强行削藩[3]，史称"吴王濞恐削地无已，因以此发谋，欲举事。"[4] 吴国鄣郡所管辖的皖南地区铜矿储量丰富，铜质优良，刘濞利用得天独厚的地理环境和资源优势，使吴国得以复兴。[5] 不论刘濞是否想谋反，其已经对朝廷形成潜在威胁。正如黄仁宇所言："吴国处于长江下游，煎矿得铜，煮水为盐，吴王即利用这商业财富，减轻并替代人民的赋税，因之得民心。他又收容人才，接纳各地'豪杰'。根据当时的观念造反不一定要有存心叛变的证据，只要有叛变的能力也可以算数。"[6]

《汉书·地理志》载"汉兴，高祖王兄子濞于吴，招致天下之娱游子弟，枚乘、邹阳、严夫子之徒兴于文景之际。"吴王刘濞召见淳于意也是想将其纳入到门下以备不时之需，欲出仕为官的淳于意并未因此而感到高兴，反倒因其知晓吴太子之死以及吴王称病不朝之事，故而不敢前往。再加上吴地只进不出，且对人才甚至流亡人士加以保护，作为增益人才/人口资源的重要政策，以图富国强兵。《史记·吴王濞列传》可见极力主张削藩的晁错对刘濞的指责："即山铸钱，煮海水为盐，诱天下亡人。"司马迁分析吴国的区域经济优势，也指出其"亡人"政策的效力："其居国以铜盐故，百姓无赋。卒践更，辄与平贾。岁时存问茂材，赏赐闾里。佗郡国吏欲来捕亡人者，讼共禁弗予。如此者四十余年，以故能使其众。""佗郡国吏欲来捕亡人者，讼共禁弗予"，即对来自其他郡国的"亡人"持保护态度。[7] 只不过吴王用高官厚禄所吸引来的几乎都是势利小人，正如曾任吴相的袁盎所言："吴王铜盐之利则有之，安得豪杰而诱之？吴王若得豪杰，亦将转而为义，则不反矣。

[1]《南轩集》卷三五《文帝为治本末论》。
[2] 刘敏：《简论吴王刘濞之反》，载《南开学报》1994年第1期。
[3] 张福运：《西汉吴楚七国之乱原因辨析》，载《人文杂志》2003年第5期。
[4]《史记·吴王濞列传》。
[5] 方旭玲、疏仁华：《政治视野下的皖南铜业发展——以西汉前期为例》，载《铜陵学院学报》2017年第5期。
[6] 黄仁宇：《赫逊河畔谈中国历史》，生活·读书·新知三联书店1997年版，第22页。
[7] 王子今：《汉代"亡人""流民"动向与江南地区的经济文化进步》，载《湖南大学学报（社会科学版）》2007年第5期。

吴之所诱者，无赖子弟。亡命铸钱奸人，故相诱以反。"[1] 不过，吴王的门客中不乏枚乘这样的明理之士，曾努力劝说过吴王不可谋反："吴王之初怨望谋为逆也，（枚）乘奏书谏曰：……吴王不纳。乘等去而之梁，从孝王游。"[2] 胶西王刘卬也曾召见淳于意，他是吴王刘濞起兵造反联盟的最合适人选，吴王当时"念诸侯无足与计谋者，闻胶西王勇，好气，喜兵，诸齐皆惮畏，于是乃使中大夫应高誂胶西王。……王曰：'善。'高归报吴王，吴王犹恐其不与，乃身自为使，使于胶西，面结之。"淳于意身为齐国之人，对胶西王"诸齐皆惮畏"早应有所耳闻，故而不敢前往。赵王和济南王邀请淳于意应当也是想将其纳为门客，为己所用，这是当时诸侯王争夺人才／人口资源以壮大王国势力的普遍做法，尤其是像淳于意这样稀有的高级医疗人才资源更是诸侯王梦寐以求的拉拢招募对象。

清人蔡东藩（1877—1945 年）所做《前汉演义》据称是秉持"以正史为经，务求确凿；以轶闻为纬，不尚虚诬"的原则撰写，该书第五十回"中行说叛国降虏庭，缇萦女上书赎父罪"对淳于意的记载如下：

> 意虽善医，究竟只有一人精力，不能应接千百人，有时不堪烦扰，往往出门游行。且向来落拓不羁，无志生产，曾做过一次太仓长，未几辞去，就是与人医病，也是随便取资，不计多寡。只病家踵门求治，或值意不在家中，竟致失望，免不得愤懑异常，病重的当即死了。死生本有定数，但病人家属，不肯这般想法，反要说意不肯医治，以致病亡。怨气所积，酿成祸祟。至文帝十三年间，遂有势家告发意罪，说他借医欺人，轻视生命。当由地方有司，把他拿讯，谳成肉刑。只因意曾做过县令，未便擅加刑罚，不能不奏达朝廷，有诏令他押送长安。为医之难如此。……好容易到了长安，意被系狱中，缇萦竟拼生诣阙，上书吁请。文帝听得少女上书，也为惊异，忙令左右取入。……文帝阅毕，禁不住凄恻起来，便命将淳于意赦罪，听令挈女归家。……后来文帝闻淳于意善医，又复召到都中，问他学自何师，治好何人？俱由意详细奏对，计除寻常病症外，共疗奇病十余人，统在齐地。

蔡氏之书以演义体小说的笔法让历史充满了强烈的故事性，这无疑需要增添

[1]《汉书·孝景皇帝纪》。
[2]《汉书·枚乘传》。

许多臆想的情节描述，超越了史料原本的记载。今人重读淳于意案所依赖的直接证据材料便是《史记》和《汉书》，对照二书的记载，我们不难发现蔡氏的演义远远超越了史料本身。例如淳于意是不是因为不堪病人之扰才出门远游的？为人治病是否不计较诊费？有势家告发淳于意借医欺人有何证据？淳于意到底触犯了哪条律令？淳于意将受肉刑是否由地方有司所定？淳于意在何处曾做过县令？为何要把淳于意押送长安治罪？文帝是否赦免了淳于意？文帝在缇萦上书之时难道就已经知道淳于意善医？如此等等关键性问题蔡氏均未能结合已有材料论述，杜撰成分太多，因其目的是突出标题"缇萦女上书赎父罪"，对涉案的真正被告淳于意之故事就刻意忽略了。

再看民国黄士衡（1889—1978年）作《西汉野史》第四十三回"缇萦上书脱父罪，文帝下诏除肉刑"对此事的记载：

> ……淳于意被捕到官，讯明应受肉刑，遂由吏役押解前往长安。到了长安，淳于意下入狱中，缇萦遂诣阙上书。
>
> 文帝览罢缇萦所上之书，意大感动，即命赦了淳于意，一面下诏除去肉刑。淳于意既得免罪出狱，父女相见，悲喜交集，遂同缇萦回到临淄。此事喧传一时，世人皆称缇萦为孝女。淳于意既回临淄，年纪已老，也就家居不出。后来文帝知其善医，遣使召到长安，问其所学并历来治病效验情形，淳于意逐条具述。

黄氏其书名直言为野史，实际同演义几无二致，故而在内容上与蔡氏大致相同。黄氏认为淳于意不肯替人治病是因为自身的个性慵懒，不胜无数病者前来求诊的滋扰，因而得罪病患被人告发。然而淳于意到底所犯何罪而当受肉刑依旧未能言明，且为何所受肉刑就要押解到长安？小小缇萦为何能成功地诣阙上书？同样的疑问是淳于意最后是否真的免罪归家？文帝难道真的是在事后才获知淳于意善医之情吗？总之，蔡黄二人的记载对淳于意案本身的演绎过多，皆因史料记载模糊所致。有此二人的演义示范，今人曾多次将缇萦救父的故事搬上银幕，既有戏剧文学作品，亦有影视剧之作，较有代表性的包括1970年电影《缇萦》（中国台湾）、1980年电视剧《历代奇女子之缇萦》（中国香港）、1988年越剧《缇萦上书》、1995年电视剧《孝感动天》（中国香港）、2004年电视剧《神医侠侣》，今人高阳还有小说《缇萦》。

　　司马迁撰写的《史记》存在裁剪材料，以突出人物中心故事的叙述自觉。徐复观曾指出，有关汉廷与诸侯王关系的材料，编造极多。对汉廷不利的材料被隐没，对诸侯王不利的材料被夸大。[1] 而只有回归刑事法学的案例分析，才能在诸多相关材料中抽丝剥茧，洞悉淳于意案背后的法律和政治真相。回归刑事法学的分析，首先要厘清淳于意所犯何罪。如前所述，因史料记载模糊，对此关键问题众说不一。因缇萦上书称其父为官"廉平"，除了职官犯罪或政治斗争获罪外，多有学者将把注意力投向了淳于意的另一重身份——名医，做出了同前述演义小说所断想的淳于意因"行医招怨"而受刑之解读。

二、淳于意案的尘埃落定

　　淳于意案经廷尉和御史大夫审理，被判处肉刑，有学者认为具体是墨刑、劓刑和斩左、右趾。淳于意小女儿缇萦乘汉文帝出巡拦驾上书，汉文帝看后大为感动，让丞相张苍和御史大夫冯敬商议改革方案，方案将原来要执行的墨刑、劓刑和斩左、右趾改成笞刑和死刑。淳于意因为肉刑的废除（法律的废除属于广义上的立法）而逃过一劫，但是否易刑，将肉刑改为适用的其他刑罚种类，无从考证。从逻辑上讲，要么最后经汉文帝给予类似于后来成型的录囚，认为属于冤假错案，予以平反，无罪释放；要么维持原有罪名的认定，但改变刑罚的执行；抑或维持有罪判决，但免予刑事处罚。如果是第一种结果，则否决了地方官吏的纠举和廷尉的判决，此难度最大。从淳于意后来仍然回答汉文帝诏问来看，第二种结果发生的概率也不大。最有可能发生的是第三种结果。

---

[1] 徐复观:《两汉思想史》（第一卷），华东师范大学出版社 2001 年版，第 104–106 页。

第二章
淳于意其人三起三落的人生经历

　　淳于意的人生可谓"三起三落"，学医偶遇世外高人阳庆，可惜正在济北王叛乱时期，淳于意险些遭受牵连，此乃一起一落。行游诸侯寻找机会，依附在刘将闾门下，在解决利禄之需后重返齐国官至太仓长，却依然以行医为副业，遭来嫉恨而面临肉刑之苦，此乃二起二落。女儿上书救父遇到文帝废除肉刑的好运，免除了肉刑之苦。而后不久新任齐王上任，不是别人，正是此前淳于意结交的刘将闾，"时也，命也"。淳于意有机会达到理想的新高度，有幸跟随刘将闾入朝，然而正当红极一时之际，司马迁的笔却戛然而止，有可能意味着淳于意第三次走下坡路。这对于渴望以权势而非医术留名青史的淳于意而言，可谓三起三落。然而，淳于意对权势和医术都十分渴望，即便在追逐权势之时，还时刻不忘展示与炫耀医术。在"文景之治"表象遮蔽下的央地政治关系波涛暗涌且险象环生的时代，既是小人物（从官职权势而言）又是大人物（从名医光环来说）的淳于意，时而时来运转，峰回路转，时而命途多舛，倒霉透顶，这为当时跌宕起伏的央地权力角逐增加了一个无比真实且十分关键的生动注脚。

第一节　一代名医的初心与成就

一、勤学上进者的最初选择

淳于意出身贫寒，少时天资颖慧，喜读医书，可为人治病，却没有疗效。于是拜淄川的名医公孙光为师，公孙光非常喜欢淳于意的谦虚好学，颇为器重，就把自己的精方、妙方全部传授给他。不久，公孙光发现他已没什么可教淳于意的了，并预言淳于意将来一定是国医。为了能让他继续深造，又推荐他去拜自己的胞兄公孙阳庆为师。70余岁的公孙阳庆也非常欣赏淳于意的质朴上进，便将自己所藏的所有秘籍、古方传授给他。出师后的第二年，淳于意开始挂牌行医，三年后，成为著名的医生。

表6　淳于意履历（部分）情况表

年代	经历
高后八年（前180年）前	跟随公孙光学医
高后八年（前180年）	跟随公乘阳庆学医
文帝三年（前177年）	开始行医
文帝三年—文帝十三年（前177—前167年）	于此间就任齐太仓长，并四处行医，授人医术
文帝十三年（前167年）	被人上书言罪，逮至长安领受肉刑，经缇萦上书，文帝废除肉刑而得救
文帝十三年—文帝十六年（前167年—前164年）	回到齐地
文帝十六年（前164年）	随阳虚侯入朝，诊治安陵项处等病，答汉文帝召问
文帝十六年（前164年）后	再无淳于意及其家族的记载

淳于意苦读经典医书，方子熟记在心，背得滚瓜烂熟，但诊病时，则视病人的实际情况，不盲目地死搬硬套，而是通权达变，有的放矢。齐王身边一名叫遂的保健医生，

得病后服用自炼的五石散，病情加重了，于是请来淳于意。淳于意仔细审察他的脉象，说："你得的是内热，药石是药中刚猛之品，服后会导致小便不通而加重病情，千万不要再服。"遂不以为然，并举例反驳说："扁鹊曾言，'阴石以治阳病，阳石以治阴病。'"淳于意莞尔一笑："你说的话，不无道理，扁鹊虽这样说过，但治病必须详细诊察病情，医理医法，参考患者的质、嗜好病情用药，才能药到病除，妙手回春。"并预言，照此下去，不久就会发痈。果然，百余天后，遂乳上发痈，不治而死。这充分体现了淳于意读书要活读，临证要变通的学风。

淳于意创立诊籍，发展医学诊籍。诊籍即医案，现在叫病历。记病历在今天的医疗中是最为平常的事，是对一个合格医生的起码要求，但诊籍的初创却非易事。齐王诏问淳于意："你给人治病，疗效很好。你的病人都是哪里人？得的什么病？施药之后病情如何？"淳于意遵旨一一回答。他记下了已愈患者的姓名、籍贯、职业、病名、病因、病性、诊断、治疗和预后，形成了最初的医案，为我们留下了研究汉代医学的宝贵史料。淳于意的医案中的病人既有王公贵族，也有平民百姓。《史记·仓公传》记载了25例病例。治愈15例，不治10例，涉及现代医学的消化、泌尿、呼吸、心血管、内分泌、脑血管、传染病、外科、中毒以及妇产科、儿科。病案中曾记载：齐国的黄长卿大宴宾客，淳于意也在座。他望见王后的弟弟宋健，急忙告诉他说："你已病了四五天了，腰部疼痛不能俯仰，小便亦难。应趁其未传入五脏，抓紧治疗。这叫做'肾'。"宋健说："是这样。"他服用淳于意给他调制的"柔汤"，18天后病就痊愈了。此病类似现代的急性腰组织损伤。另有一例：齐王请淳于意为侍女们诊病。轮到一个叫竖的，竖说没病。淳于意悄悄地告诉队长说："竖的毛发色泽、脉象都无衰减，但病已伤及脾胃，不要让她过度劳累。到了春天，她会吐血而亡。"及至春天，果真竖摔倒在厕所里，吐血而死。

淳于意针对病人的病情，不仅仅采用药物治疗，还广泛运用物理疗法及针灸术。淄川王病了，淳于意前去会诊。原来是因为洗头发未干，即入睡受风而引起的头痛、身热、肢痛、烦闷，相当于今天的风寒感冒。淳于意立即用冰水敷淄川王的额头，帮助降温，并针刺足阳明经的厉兑、陷谷、丰隆叁穴，以散肌表之热。病立刻就好了。物理降温，用冰袋或冷毛巾敷额或用酒精擦浴，是现代高热病人常用的降温方法，但在两千年前的汉朝，不啻是一发明创造。

淳于意为使自己专志医术，辞去官职，不营家产，长期行医民间，对封建王侯却不肯趋承。赵王、胶西王、济南王、吴王都曾召他做宫廷医生，他都一一谢绝了，真像后来唐朝大诗人李白说的"安能摧眉折腰事权贵，使我不得开心颜"。

　　淳于意在汉初医疗市场能够独领风骚的核心竞争力则是从恩师阳庆那里学到的古医术，这种绝密且稀少的技术只有少数人才能掌握，主要包括脉书上下经、五色诊、奇咳术、揆度阴阳、外变、药论、石神、接阴阳禁书等古医书，阳庆认为淳于意之前所学的不值一提，甚至有害，故而让其"尽去而（尔）方书，非是也。"这些古医书重新被发现，经淳于意的实践和传播才对后世医学产生影响，成为《黄帝内经》理论的重要源头。[1] 有的学者认为中华医学有三大流派。已有研究认为春秋战国至秦汉时代，医学分两大派，最初是秦派，后来代替秦派的为齐派，如阳庆、淳于意等。齐派医学包括两个学术共同体，分别以扁鹊、仓公为核心，他们均有独特的理论体系、基本固定的医技操作程序，形成了比较完整的传承谱系。[2] 这是扁鹊与仓公合传的又一重要理由，二人对齐医学派的贡献功不可没。医圣张仲景在《伤寒杂病论》序文中说："上古有神农、黄帝、歧伯；中古有长桑、扁鹊；汉有公乘阳庆、仓公；下此以往，未之闻也。"

　　公孙光在传授淳于意医术期间，曾预测并希望淳于意学成后能够成为一名优秀的御医，《史记·扁鹊仓公列传》记载了淳于意对恩师公孙光相处的点滴回忆：

> 公孙光间处，臣意深论方，见言百世为之精也。师光喜曰："公必为国工。吾有所善者皆疏，同产处临菑，善为方，吾不若，其方甚奇，非世之所闻也。吾年中时，尝欲受其方，杨中倩不肯，曰"若非其人也"。胥与公往见之，当知公喜方也。其人亦老矣，其家给富。"时者未往，会庆子男殷来献马，因师光奏马王所，意以故得与殷善。光又属意於殷曰："意好数，公必谨遇之，其人圣儒。"即为书以意属阳庆，以故知庆。

　　在公孙光看来，"公必为国工"。御医即"医工"，在河北满城中山靖王刘胜墓中曾出土带有"医工"字样的铜盆[3]，医工主官为"医工长"，《后汉书·百官志》载"王国有医工长"，本注曰："主医药"。《汉书·武五子传》亦载"且得书，以符玺属医工长"，颜师古注曰："医工长，王宫之主医者也"。王国仿朝廷官制设计，汉初的太医主治

---

[1] 杨昉、包小丽：《从〈史记〉"仓公传"看〈黄帝内经〉的理论源头》，载《江苏中医药》2009 年第 11 期。

[2] 参见陈直：《玺印木简中发现的古代医学史料》，载科学史集刊编辑委员会：《科学史集刊》（第 1 辑），科学出版社 1958 年版，第 68—76 页；俞慎初：《中国医学简史》，福建科学技术出版社 1983 年版，第 56—57 页；何爱华：《齐派医学简论》，载《管子学刊》1990 年第 1 期。

[3] 李光军：《汉代"医官"考》，载《陕西中医学院学报》1983 年第 4 期。

朝廷百官及官廷之病，一般不能轻易离京，但兼有以下事务时例外：（1）发生疫疾和灾害时，到民间救治。（2）传播下达经验良方于民间。身为太医不仅自由受限，危险系数极高，而且工作乏味，还不断消磨进取心。[1]更让人不能接受的是，医官虽然有接近最高统治者进而被提拔任用的机会，然薪俸极低。《汉书·百官公卿表上》载太常"属官有太乐、太祝、太宰、太史、太卜、太医六令丞"，王国仿中央亦设，王国最高医官称太医令，临淄封泥有"齐太医丞"印，说明汉初王国之太医有令有丞，后太医令改称医工长。[2]《二年律令·秩律》载："太医、祝长及它都官长，……秩各三百石，有丞、尉者二百石，乡部百六十石。"此处"太医"即太医长，属"都官长"。[3]太医称长或是汉初制度，后改长为令。然《后汉书·百官五》载诸侯王之封国官职曰："礼乐长、卫士长、医工长、永巷长、祠祀长，皆比四百石。"有分析认为其原因当是不同时期秩级的规定不同。太医由长改称为令，秩级由低到高共同反映了汉代太医地位渐升的变化。[4]即便如此，身为王国医工长，显然比太长令六百石要低。薪俸之低的原因还在于当时医者乃贱业，这是淳于意为了生活所迫在执业之初并未进入太医行列的关键原因。汉代医官主要来自征辟[5]，例如西汉名士龚胜曾言道："窃见国家征医巫，常为驾，征贤者宜驾。"[6]平帝元始五年（5年），"征天下通知逸经、古记、……方术、本草……教授者，在所为驾一封轺传，遣诣京师，至者数千人。"[7]淳于意一旦有了名气，便担心"拘除"征召而失去自由和精进医术的机会。以上皆是淳于意选择"不以家为家"的游医生活的客观原因。

公孙光十分欣赏淳于意领悟和融通医方的天赋，为了让其成为"国工"，便继续推荐到"同产"阳庆身边学艺，恰逢阳庆之子阳殷前来拜访公孙光并想通过公孙光给齐王献马。于是，淳于意有机会结识了阳庆的儿子，同时，公孙光还亲自写信推荐，成功促成了淳于意到阳庆身边进一步深造。由此可见，公孙光完全有

---

[1] 官医和民医的职业方式、医术可提升的空间、个人成就感和满足感皆不同。中国传统医学可区分为"正统"与"边缘"。"正统"以官医系统为代表，而草泽医人则属于"边缘"，正统与边缘群体在职业兴趣、技能提升和成就感等方面都有明显的差别。参见廖育群：《繁露下的岐黄春秋——宫廷医学与生生之政》，上海交通大学出版社2012年版，第69–76页。虽然太医保存、收集和整理民间医学典籍以提高业务技能的机会，然民间的医方往往是秘而不宣的，朝廷收集自然不易，这是淳于意四处拜师学艺真诚求方的重要原因。参见焦培民：《汉代医疗保障制度初探》，载《宝鸡文理学院学报（社会科学版）》2010年第2期。淳于意前后拜公孙光和公孙阳庆时，也均被告知"毋以教人""慎毋令我子孙知若学我方也。"

[2] 李光军：《汉代"医官"考》，载《陕西中医学院学报》1983年第4期。

[3] 万尧绪：《〈二年律令·秩律〉所见汉初的奉常》，载《鲁东大学学报：哲学社会科学版》2011年第1期。

[4] 郭俊然：《汉简所见的汉代中央官制杂考》，载《昆明学院学报》2013年第5期。

[5] 高伟：《先秦两汉医官制度综述》，载《兰州大学学报（社会科学版）》2005年第1期。

[6] 《汉书·龚胜传》。

[7] 《汉书·平帝纪》。

能力让淳于意成为齐王身边的太医。医者在当时并非高贵的职业选择，属于贱业，淳于意的师父阳庆"家富，善为医，不肯为人治病"，意味着除非因为贫穷迫不得已才会选择行医，因贫困而行医更不会把成为官医作为目标，因为官医薪俸太少，只有成为游医才有可能赚取更多。当淳于意经过不懈努力成为名医，在获取了"利禄"成功"脱贫"之后，他要考虑的下一步便是功名，于是积极寻找靠山，最终投奔了刘将闾。可以肯定的是，赵王和吴王等藩王来召淳于意诊治时，淳于意已经"脱贫"而且寻找到了新的靠山杨虚侯刘将闾。即便我们无法判断赵王和吴王召见淳于意的具体时间，但如果二王是在淳于意行游诸侯之际征召淳于意的话，正在为"功名"和"利禄"都发愁的淳于意不至于"不敢前往"。与此同时，在齐文王刘则最初有恙时，淳于意只是一名没有名气的游医，齐文王当然不会召见淳于意诊治。考虑到淳于意"少而喜医方术""自意少时，喜医药"，的兴趣爱好，他在学成之后选择了游医这一"贱业"来谋生并不为奇。

淳于意当有医者仁心和救死扶伤的精神，加上其"喜医药"的性格，必然对患者是有求必应。甚至对那些未曾向他求医诊治的患者，淳于意都能主动诊治，并提前给出预防建议或危重病的警示。然而,他却因"或不为人治病"而遭到嫉恨。之所以不为人治病，一则是因为不敢治，不论治愈可否都会得罪患者，尤其是权贵者，后患无穷；二则是不愿治，尤其是遇到与己意见相左且固执的病患，为其诊治反倒会被人背后议论。"不为人治病"带来的结果便是如此招致怨恨，遭受无妄之灾。

二、医而优则仕的人生抱负

淳于意早年间不似恩师公乘阳庆一样衣食无忧，他不得不为生计奔波。即便当时学医初成，不再为"稻粱谋"，其专研医术医方的喜好也会促使他不会选择进入御医行列。因此，他并不希望成为阳庆一样隐居的医者"高手"，后者不轻易将医学绝技示人;淳于意则是想将自己所学积极主动示之于人，不论是出于名的考虑，还是为了利的追逐。因此，淳于意最初的理想极有可能是成为像恩师公孙光而不是公乘阳庆一样的人，虽然我们对淳于意为何选择拜师于公孙光无从了解。但他绝不止步于公孙光，不甘心做政治的掮客，而是要做政治的操盘手。于是，他渴望在获取利禄之后进入政界，在功名上更进一步。我们无从得知淳于意在成为齐国太仓长之前是否还曾担任过其他低级官职，但仓公一职的重要性已经大致满足了淳于意的功名之心。淳于意早在学艺之时已经在积极结交权贵（济北王刘兴居），而后四处奔波，在努力脱贫和提高医术的同时，也是在利用行医之便寻找新的政治结交目标，始终以积极入世的心态在追求位极人臣的权力和财富。既然寻找到了靠山刘将闾，且一旦进入官场对行医便多有限制，那么淳于意为何又愿意离刘将闾而回到临淄成为齐王的太仓长？除了可能有故土情结的因素之外，这一选择与淳于意的人生抱负有直接关系。早在向阳庆拜师学艺之时，淳于意就小试牛刀，为济北王阿母诊治病情，借机寻求推荐机会进入官场。

当时的西汉齐地依然是天下医学的中心，直到西汉末年，齐地医术在全国仍有盛名。[1]淳于意是否出自医学世家已经无从可考，然根据《史记》列传的记载，如果淳于意出自医学世家必定会被司马迁所注意。淳于意从游医成为仓公是否经历了像楼护一样的自学深造的过程，亦不得而知。从淳于意善于总结归纳，精于融通的才能而言，其聪慧之才当不在楼护之下。只不过楼护有"楼君唇舌"之美誉，善于沟通，处事周圆；淳于意则过于心直口快，不够圆滑，不太精通说话的艺术。但这丝毫不妨碍淳于意结交诸侯。楼护也是王侯的座上宾，早年即便是京兆小吏，但认识了汉成帝母舅王谭、王根、王立、王商、王逢这五位同时被封侯的"五侯"，经常串行走动，关系亲密，经平阿侯王谭举荐为方正，出任谏大夫，后被封为息乡侯，位列九卿，最后因遭受牵连免为庶人。淳于意与楼护二人皆为齐人，又精通医药，由医入官，大起大落，其经历极其相似。与楼护一样，若考虑到汉代察举制的任官机制，淳于意从刘将闾的门客跃居到齐国的太仓长这一重要职位——期间淳于意是否在其他低级职位上有过历练的经历史无记载。

淳于意"医而优则仕"与其性格有巨大的关系。司马迁将扁鹊与仓公合传，让我们有机会在对比中感受二人性格和抱负的极大反差，由此也可参透太史公对二人评语的用意。太史公曰："女无美恶，居宫见妒；士无贤不肖，入朝见疑。……故老子曰'美好者不祥之器'[2]，岂谓扁鹊等邪？若仓公者，可谓近之矣。"扁鹊是名副其实的民间游医，从不依附于任何政治权势，且能"随俗为变"为各地庶民

[1] 孙家洲:《论齐鲁文化在汉代学术复兴中的贡献》，载王志民主编:《齐鲁文化研究》第三辑），山东文艺出版社 2004 年版。
[2]《老子》第三十一章直言道:"夫兵者，不祥之器，物或恶之，故有道者不处。……兵者不祥之器，非君子之器，不得已而用之，恬淡为上，胜而不美，而美之者，是乐杀人。夫乐杀人者，则不可得志于天下矣。""美好"二字最初来源于《庄子·盗跖》所载孔子之言:"凡天下有三德:生而长大，美好无双，少长贵贱见而皆说之，此上德也;知维天地，能辩诸物，此中德也;勇悍果敢，聚众率兵，此下德也。凡人有此一德者，足以南面称孤矣。""美好"与"不祥"并未在道家著作中连用，或为司马迁之伪注，虽然也存在司马迁所参阅的《老子》版本与今人发现的版本不同的可能。但司马迁之所以借道家之言来评价仓公，或是为了迎合文帝信奉黄老之学的缘故。

诊治疾病。在司马迁看来，扁鹊与政治没有任何瓜葛，所以不能算作是"美好的不祥之人"，只是因为技艺高超而被人嫉妒暗算。淳于意则不同，他人生的努力方向便是成为王侯的座上宾，可以称得上是司马迁所谓的真正的"美好者"。既然淳于意与政治牵连过甚，司马迁怎么还认为淳于意"匿迹自隐"呢？最合理的解释便是，淳于意甘愿"被"（刘将间）匿迹自隐罢了，而且在刘将间的麾下，广收门徒，积极介入政治社交，努力编织一张庞大的医疗网络，影响巨大。淳于意"匿迹自隐"在刘将间处，颇像武帝之际的董仲舒。史载，"故胶东相董仲舒老病致仕，朝廷每有大狱，数遣廷尉张汤亲至陋巷，问其得失。于是作《春秋决狱》二百三十二事，动以经对，言之详矣。"[1]汉代的隐士普遍隐于民间，他们多是在自己的故乡或是四处游走，以占卜或传教等方式生活，但董仲舒致仕之后并未就此彻底隐退，而是迁居到长安的一条陋巷，以讲经传教的方式继续活跃在首都思想圈，以维持儒家持续的影响。[2]淳于意与董仲舒一样，并非真的想完全远离世俗生活，而是以退为进，董仲舒想要维持儒家之影响，淳于意则是想要维持自身之安全与富贵。

正所谓"上医医国、中医医人、下医医病"，从文帝和淳于意的奏对中不难发现，淳于意并非能够如同扁鹊一样堪当大任，由于出身贫寒，还有五个女儿待抚养，尚在拜师学艺之际就已经开始行医，学成之后，为了生计才四处行医贴补家用，四处行医能够赚取更多的诊金，获得更高的声名，与此同时提高医术，收集民间偏方，日益精进，最后暂居在刘将间门下，终于达到了衣食无忧的第一个人生小目标。尽管医术高超，但医德堪忧，无法同扁鹊齐名，从淳于意嫌弃生女无用的记载开始，一直到最后文帝诏问其从医历程都向世人呈现了一个出身微寒的凡人不惜一切手段投机经营，利用一切资源尽可能获得声名和权势的自私自利者形象。从文帝事后诏问淳于意的内容上看，文帝似乎没有让淳于意为自己诊治过疾患，因为他对淳于意高明的医术并非完全了解，这说明淳于意的医术一直被刘将间"私藏"，这是太史公评价淳于意"匿迹自隐"的原因，否则文帝不可能对一个名不见经传的藩王官员或者门客如此上心。根据司马迁的记载，文帝诏问淳于意的核心问题便是"所为治病死生验者几何人也，主名为谁。"且一再追问"所诊治病，病名多同而诊异，或死或不死，何也？""所期病决死生，或不应期，何故？""诊病决死生，能全无失乎？"既然淳于意如此了得，为何未能救得齐文王的病疾？于是，

---

[1]《后汉书·应劭传》。
[2] 沈玮玮：《西汉司法：法儒两家的多轮交锋——董仲舒春秋决狱的背后》，载《人民法院报》2016 年 4 月 29 日。

文帝特地问道："知文王所以得病不起之状？"之后，文帝还问道："师庆安受之？闻於齐诸侯不？"此句意味着文帝欲想了解淳于意选择性治疗王侯之病是否是遵循师训，淳于意的回答很有意思："庆家富，善为医，不肯为人治病，当以此故不闻。"阳庆师父甚至告诉淳于意"慎毋令我子孙知若学我方也。"如此低调的阳庆，竟然能收淳于意为徒？这又意味着淳于意虽然被刘则和刘将闾视为私产，但他为了富贵和盛名不会甘心隐姓埋名，而是积极入世。文帝继续问道"师庆何见於意而爱意，欲悉教意方？"淳于意道出了原因，其一是因为公孙光的推荐，其二主要是因为给阳庆献出了中医秘方。可见，身为富人的阳庆对秘方的喜好甚于治病，他所追求的比较类似于学术科研，对金钱和名誉看得极淡。相比师父的过于低调，贫穷的淳于意则要相对高调许多，他不仅违背师训广收门徒，而且还行游诸侯，显山露水，与权贵结交，积极经营政治朋友圈，一旦时机成熟便弃医从政。形成这一想法的原因或许是，在儒家尚未掌握统治话语权的西汉早期，医者的定位（或者自我价值）似乎只有通过"他视角"（依附他人，得到认同和肯定）才可得以展现。[1]

三、开创医学教育创建齐医学派

中国医史文献研究专家，中国中医科学院中国医史文献研究所原所长柳长华说，中国古代曾有三种医学产生——发源于陕西等西部地区以神农、伊尹为代表的汤液医学；发源于湖北等中部地区以黄帝、彭祖为代表的导引医学；发源于山东等东部地区以伏羲、扁鹊为代表的经脉医学。山东一带的医学是经脉医学，而同属这一支的另一位西汉名医是仓公淳于意。淳于意继承扁鹊的事业，开创了齐医学派。司马迁认为扁鹊和仓公的医学一脉相承，才在《史记》中将二人合并立传。[2]

淳于意广收门徒，打破了医方秘而不宣的规矩。先后有宋邑、高期、王禹、冯信、杜信、唐安等6人拜师学艺（齐人宦官平因为兴趣只是时常向淳于意讨教，并非正式的徒弟）。学徒身份既有平民亦有官员，官员则当是奉诸侯王之命前来学艺。仓公因材施教，其中5人学成，1人未学成但还被遴选为侍医。所学主要内容为上下经脉、脉诊、汤药以及奇病、四时阴阳、针灸等；学习时间因内容多少和难度大小而长短不一，多为一年以上，三年以下。仓公所收门徒6人中有济北王和淄川王推荐，

[1] 于赓哲：《分层时代的研究——汉宋之间医疗史研究的视角问题》，载《四川大学学报（哲学社会科学版）》2018年第1期。
[2] 参见吴晓铃：《天回医简讲述中医传奇》，四川日报2019年11月22日第一版。

以及同乡的宋邑和唐安——既为同乡，很可能也有关系推荐。加上淳于意第一位恩师乃是与家乡（临淄）紧邻的（淄川）公孙光，第二位恩师则是公孙光极力推荐的阳庆，恰好又是淳于意的同乡。因阳庆不为人治病，淳于意在公孙光推荐之前应当不知道同乡还有此高人。因此，在西汉初年，拜师学医必须要有同乡之谊或熟人推荐，类似这种技艺——如占卜、律令和写史技术都是"传内不传外""传熟不传生"[1]，难怪淳于意的恩师公孙光要嘱咐道"是吾年少所受妙方也，悉与公，毋以教人。"公孙光一方面破例"妙方悉授"，另一方面又再三叮嘱"毋以教人"，淳于意保证"死不敢妄传人"。阳庆也叮嘱道"慎毋令我子孙知若学我方也。"有此拜师学艺的禁忌，司马迁提到的"高永侯"家丞杜信应当与齐王有关，没有这一层关系杜信是没有机会拜师于淳于意的。《汉书·百官公卿表上·爵》载："列侯，改所食国令长名相，又有家丞、门大夫、庶子。"列侯家臣，掌侍侯，理家事，乃高永侯之心腹。遍查《史记》《汉书》等文献，并未查询到家丞杜信所属的高永侯所为何人，可能是司马迁笔误所致。因《史记》所载并无"永"字侯，以"高"字为首且与齐国有关的文景之"侯"只有高乐侯（史失其名），乃刘将闾之子，封年不详。

　　淳于意能够接受济北王和淄川王的推荐之人为徒，则是因为此前为济北王和淄川王展示过医学才华。淳于意曾为济北王及其侍女看过病，当时在济北王自认为女侍者竖没有病的情况下，淳于意竟能够发现病症，这让济北王真正见识到了淳于意的未卜先知，能决生死的高超医术。济北王的众医们因判断病因有误，以致对女侍者韩治疗不当。于是，济北王便派遣太医二人来跟随淳于意学医。淳于意向二位太医传授的内容是"经脉高下及奇络结，当论俞所居，及气当上下出入邪逆顺，以宜镵石，定砭灸处"，主要是判断经络正常和异常运行之状，以及恰当选用砭石和针灸来治疗。济北王的众侍医之所以对女侍者韩的病因诊断有误，是因为对经络的运行把握不好。淳于意在为济北王治病时，则是根据"气当上下出入邪逆顺"来判断病因再对症下药。因此，淳于意自然懂得投其所好，因材施教。同样，淳于意为淄川王及其美人治疗过疾病，二人在有症状后经淳于意针灸穴位和服用医药而痊愈。淄川国恰有同样供职于太仓的冯信喜好医方，于是被淄川王发现派遣到淳于意身边学医。冯信与淳于意供职同一系统，有共同语言，容易被

---

[1] 此类特殊技能的职业多为世袭，被称为"畴官"，尤其是专业性较强的领域，太史、巫医、司空、司徒等。司马迁之所以成为史官，乃继承其家族传统。《史记·太史公自序》载："太史公执迁手而泣曰：'余先周室之太史也。自上世尝显功名于虞夏，典天官事。后世中衰，绝于予乎？汝复为太史，则续吾祖矣。今天子接千岁之统，封泰山，而余不得从行，是命也夫，命也夫！余死，汝必为太史；为太史，无忘吾所欲论著矣。'……迁俯首流涕曰：'小子不敏，请悉论先人所次旧闻，弗敢阙。'"

淳于意所认同接受，便于速成。淄川王的这一安排甚为得当。而淳于意亦非等闲之辈，当然明白淄川王的用意，其所授之技乃治愈淄川王及其美人之疾时所用，这样方便冯信学成之后回国复命，且易被淄川王认可而得到提拔升迁。淳于意对济北王和淄川王所派习医之人并非悉数传授，而是有所保留，确保二王在必要时还能再找上门，以形成对二王的持续影响力。淳于意当时应该是再次投靠了齐王刘将闾，为其他藩王治病定需先征得刘将闾的同意并向其详细汇报。其他藩王遣人来拜师学艺，淳于意更会先征询刘将闾的意见。因此，淳于意能够为济北王和淄川王服务，意味着刘将闾与济北王和淄川王关系非同一般。刘将闾与胶西王和济南王关系一般甚至有不愉快的经历，这是淳于意不敢应胶西王和济南王之邀前去问诊的原因。景帝三年（前154年）吴王刘濞联合楚王刘戊、赵王刘遂、济南王刘辟光、淄川王刘贤、胶西王刘印、胶东王刘雄渠等刘姓宗室诸侯王发动七王之乱。济北王刘志被胁迫参与叛乱，后坚守不发兵，所以赦而未杀。在齐地，胶西王、胶东王、淄川王围攻刘将闾的国都临淄，《史记·齐悼惠王世家》载：

> 胶西、胶东、菑川、济南皆擅发兵应吴楚。欲与齐，齐孝王狐疑，城守不听，三国兵共围齐。……汉将栾布、平阳侯等兵至齐，击破三国兵，解齐围。已而复闻齐初与三国有谋，将欲移兵伐齐。齐孝王惧，乃饮药自杀。景帝闻之，以为齐首善，以迫劫有谋，非其罪也，乃立孝王太子寿为齐王，是为懿王，续齐后。

胶西、胶东、淄川、济南王想拉拢刘将闾共同谋反，应当有淄川王从中游说，但参与谋反的还有与刘将闾不和的胶西王和济南王，这应该是刘将闾最初"狐疑"，一面秘密与叛军进行和谈，一面观望汉廷战况的原因。刘将闾之所以愿意同叛军密谋，是因为考虑到淄川王也参与了反叛的关系；而刘将闾之所以还观望并对汉廷抱有希望的则是因为反感与胶西王和济南王等人为伍参与叛乱。另外，当刘将闾得知济北王尚是被胁迫参与叛乱但不发兵参战时，其更犹豫不决。"一母生九子，连母十个样"，在齐悼惠王刘肥的13个儿子中，刘将闾和济北王，淄川王关系最好，而与胶西王和济南王等则关系一般甚至有交恶的可能。这就是听命于刘将闾的淳于意，能给济北王和淄川王服务却不敢为胶西王和济南王服务的原因。当然，淳于意收徒并非完全以刘将闾的好恶为标准，他还有自己的考虑，收平民宋邑和唐安即是如此，是淳于意"诚恐吏以除拘臣"的性格使然。

在淳于意所收的 6 个弟子中，最值得关注的是最后一个徒弟唐安。唐安为淳于意同乡，尚未学成就被安排了去处——齐王侍医，这背后定有淳于意的推荐。此处的齐王指的应该是刘将闾。如果是指齐文王刘则，唐安跟随兼职的民间游医淳于意学医还未学成，完全不可能被"察举 / 征辟"为"侍医"。有学者认为唐安很可能酿成了齐文王之病故的元凶，故而在刘则去世后，齐王家族要上告淳于意，作为师父要承担连带责任，"子不教，父之过。教不严，师之惰。"[1]甚至被怀疑是策划谋杀刘则的主谋，这显然与事实不符。

按照淳于意回答文帝所收徒弟情况的顺序来看，唐安极有可能是截止答诏时淳于意所收的最后一个徒弟，甚至是淳于意生平最后一个徒弟，故而尤为器重。因为当时淳于意名下只有 6 个徒弟，不可能遗漏或记错，淳于意收徒已经违背了公孙光的"师训"且犯了当时学医的禁忌，因此定会十分慎重对待收徒。从淳于意向唐安传授的内容来看，较前面的 5 人为多。如果说济北王、淄川王和高永侯所派之臣都有一定的医学功底，只是来淳于意身边取经进修的话，那么同样是平民的宋邑只在淳于意这里学习了五色诊，可见淳于意对唐安偏爱有加。对比淳于意在公孙光和阳庆处所学的内容，尤其是在技高公孙光一筹的阳庆处所学，淳于意几乎是将最重要的内容全部传授给唐安，而且是按照阳庆所传授知识的顺序几乎不变地传给唐安。唐安尚未学成（在淳于意看来，没有学完他所规划的全部内容，就等同于"未成"）很可能不是天生愚钝——否则淳于意不会收其为徒，更不会悉数传授全部知识，而是当时或出现某种重大变故，让淳于意感觉到已经无法等到唐安学成便要尽快将其推到齐王侍医的位置上。在淳于意看来，只要掌握了前三种医术（五色诊、奇咳术、四时阴阳学），完全可以成为医生——其他 5 人所学已经足够应付日常诊治需求，不至于滥竽充数。而唐安尚未学到（学成）的"药论（方剂术）、石神（针灸术）、接阴阳禁书（房中术）"在成为侍医后再学也不迟。淳于意甚至都没有提及唐安到底跟随他学医多久，如果有了唐安学艺的时间，我们就更能推测二人之间非同一般的关系——淳于意很可能把唐安认定为"接班人"。这可能是淳于意主动不提唐安跟随自己学艺多久的原因，以免过早暴露心迹。

淳于意当时正在刘将闾麾下效力，经历肉刑官司后，不再公开行医，担心再次被人上书，为了避免风头，让徒弟唐安代其走向前台，自己退居幕后掌控局面。

---

[1]《三字经·全文》。

徒弟即便尚未学成（学完），因有淳于意的背后指点完全可以胜任侍医一职。这很可能是淳于意不便以自己名义出面但又想保持影响力所采取的办法。凭借淳于意在新任齐王刘将闾得宠之势头，为了自己身后计，他便极力推荐尚未学成的"自己人"唐安进入齐王御医行列，这亦是他听命于刘将闾的应得回报。

表 7　淳于意收徒学艺基本情况表

姓名	籍贯	官居何职	何人推荐	所学内容	学习时间	学成与否	去向	淳于意在公孙光处所学	淳于意在阳庆处所学
宋邑	临淄	平民	同乡(不知何人)	五色诊	一年多	成	未知	受方化及传语(口头流传的医学理论)	受其脉书上下经、五色诊、奇咳术、揆度阴阳外变、药论、石神、接阴阳禁书(三年学成)
高期、王禹	济北	官（济北国太医）	济北王	经络、针灸	一年多	成	原济北国太医	受阴阳及传语(口头流传的医学理论)	
冯信	淄川	太仓马长	淄川王	切脉之法，医方（汤药）	一年多	成	原淄川国太仓马长，当晋升为淄川王侍医		
杜信	高永	家丞	高永侯	五色诊	两年多	成	继续为家丞，并兼任侍医		
唐安	临淄	平民	同乡(不知何人)	五色诊、奇咳术、四时阴阳学	未知	未成*	除为齐王侍医		

（说明＊：司马迁在《史记》中仅记载了唐安"未成"，其他 5 人应当学成。）

　　侍医在医官群体中并不显眼，这便于淳于意不动声色地将唐安安排到侍医行列。所谓的侍医，即服务于朝廷或王国却无官阶，又隶属于太医令（丞）的医生，汉宣帝之际尚出现有女性侍医淳于衍[1]，然太医令（丞）为掌宗庙礼仪奉常之属官，应当不会让女性担任，故而侍医地位最低。《汉书·百官公卿表》《后汉书·百官》对"侍医"均无说明，可见其并无官阶。在汉代中央控制住地方后，侍医在地方官职中便消失了。[2] 正是因为侍医微不足道，非不得已并不被史家所关注，所以，除了《史记·扁鹊仓公列传》所载齐王侍医遂和唐安之外，详考《史记》《汉书》所载"侍医"仅有 6 处，列表如下所示。

---

[1]《汉书·宣帝纪》。
[2] 姜辉：《先秦及秦汉时期医官称谓考》，载《中华文化论坛》2011 年第 2 期。

表8 《史记》《汉书》所载"侍医"情况表

侍医姓名	记载内容	出处
夏无且	是时侍医夏无且以其所奉药囊提荆轲也。	《史记·刺客列传》
淳于衍	显前又使女侍医淳于衍进药杀共哀后，谋毒太子，欲危宗庙。	《汉书·宣帝纪》
李柱国	诏光禄大夫刘向校经传诸子诗赋，步兵校尉任宏校兵书，太史令尹咸校数术，侍医李柱国校方技。	《汉书·艺文志》
无	疾病侍医临治，赖陛下神灵，不死而活。	《汉书·王贡两龚鲍传》
无	加赐黄金百斤、养牛、上尊酒，太官致餐，侍医视疾，使者临问。	《汉书·匡张孔马传》
伍宏	前东平王云与后谒祝诅朕，使侍医伍宏等内侍案脉，几危社稷，殆莫甚焉！……今云等至有图弑天子逆乱之谋者，是公卿股肱莫能悉心务聪明以销厌未萌之故。*	《汉书·何武王嘉师丹传》

（说明 *：《汉书·蒯伍江息夫传》载："而后舅伍宏反因方术以医技得幸，出入禁门。霍显之谋将行于杯杓，荆轲之变必起于帷幄。"由此可见，侍医伍宏扮演的角色与淳于衍几无二致。）

　　侍医虽然不起眼但有机会侍奉最高权力者，有机会崭露头角，平步青云，容易获取信任而被提拔任用。可能确实唐安尚未学成，淳于意只是将其放在侍医的位置上历练，待精进之后再推荐提拔。另外，侍医当有另一种意思，根据《汉书·佞幸传》载伍宏之事迹所载："前东平王云贪欲上位，祠祭祝诅，云后舅伍宏以医待诏，与校秘书郎杨闳结谋反逆，祸甚迫切。"其中使用了"以医待诏"之表述，"待诏"即指一些特殊人才被征召入朝，随时听候皇帝传唤咨问，并非官职，因此，"侍医"又有字面意思的解释，即侍候在帝王身边随时听诏的人。淳于意跟随刘将闾身边当然也是"以医侍诏"，享有一定的自由，但又不完全受拘束，而且能够倚重藩王权势，深受器重，这实际上是最终回到了恩师公孙光的人生道路上来了，可谓几经辗转，在经历了血雨腥风的大起大落之后，回归恩师的生活状态才是最安逸的选择。

　　淳于意从台前退居到幕后，培养了几位高足。这一成绩被医学（史）界誉为淳于意创立了齐医学派，以淳于意为首的齐医学派在整个齐系诸侯势力范围内有着举足轻重的地位。然而正因为如此，淳于意违背了医学行规，背弃了自己对师父的承诺，遭受了来自民间的指责，也是激起人怨而被举劾的原因之一。

四、成都老官山"天回医简"的映衬

　　后人对淳于意的医学造诣可以从《史记》中淳于意回答汉文帝的诏问中得以管中窥豹，25个诊籍足见其医术高明。但除此以外，其他情况后人无从得知。随着考古的发掘，淳于意在医学上的突出成就得以进一步昭示天下。2012 年 7 月至 2013 年 8 月，成都文物考古研究所和荆州文物保护中心组成联合考古队，对成都天回镇老官山汉墓进行了抢救性的考古发掘，出土了大批医简，包括近 1100 支医简，书写文字多达 25000 余字，共包括了 8 种医书。除了《五色脉诊》之外，其他医书都没有书名，经初步整理暂定为《敝昔医论》《脉死候》《六十病方》《尺简》《病源》《经脉书》《诸病症候》《脉数》。它们成为中国医史文献研究的天赐之宝。天回医简的出土，应该是司马迁笔下名医淳于意的医学经典首次重见天日，"天回医简"映衬了一代名医淳于意的辉煌医学成就。[1]

据考古专家考证，天回医简的主体部分抄录于西汉吕后至文帝时期，对照历史上仓公的活动时间，与仓公行医及授学时间相当吻合。墓主人下葬年代在景、武之际，其年辈应与仓公弟子相当。扁鹊经脉医学经由仓公传至墓主人，再由齐入蜀。由此可见，淳于意继承了扁鹊的医学，淳于意在其基础上发扬光大，创立齐医学派。淳于意的门徒又将其医学著作传入四川。

中国医史文献研究专家，中国中医科学院中国医史文献研究所原所长柳长华认为，从目前掌握的材料来看，这批医简属于扁鹊医学无疑。"医简中出现了 5 次'敝昔曰'，'敝昔'，在后来写作扁鹊。""敝昔"二字为"扁鹊"的通假字，《敝昔医论》极有可能为扁鹊学派已经失佚的经典书籍。柳长华说，天回医简中的《脉书·上经》《脉书·下经》《和齐汤法》等 8 种医书的内容，基本涵盖了仓公传世医学。

成都文物考古研究院负责天回汉墓发掘的领队谢涛介绍，墓葬中发现的医简，不仅有给马看病的，还有怎样操练马的内容。巧合的是，仓公弟子中，有一位"太仓马长"冯信，同样兼习了医马之术。《疗马书》的发现，从另一个侧面佐证了它极可能是仓公的著作。

值得一提的是，2018 年 10 月至 2019 年 3 月荆州胡家草场出土了西汉简牍，其中有可补充《史记》《汉书》的"秦汉大事记"和 1500 多枚律令。[2]结合荆州胡家草场的西汉简牍，进一步考证"天回医简"，有可能进一步揭示淳于意的医术水平和淳于意案的事实真相。

---

[1] 参见吴晓铃：《"天回医简"讲述中医传奇》，四川日报 2019 年 11 月 22 日第一版。

[2]2018 年 10 月至 2019 年 3 月，荆州博物馆在胡家草场发掘 18 座古墓葬，据出土器物特征和简牍文字资料判断，M12 属西汉早期墓葬，出土简牍内容分为岁纪、历、日至、法律文献、日书、医方等，被认为是我国简牍考古史上一项重要成果。出土"秦汉大事记"可补充《史记》《汉书》。这批简牍的主体部分是法律文献，共计 1500 多枚，是出土资料中数量最多、体系最完备的西汉律典范本。根据出土器物特征和简牍文字资料，初步判断 M12 属西汉早期，不早于汉文帝前元十六年。

五、诏对诊籍之初步分析

早期的医案未能规范化和规模化，宋元之际为昌盛，明清繁荣。医学（史）界均认为司马迁《史记·扁鹊仓公列传》所载诊籍算得上迄今为止有文字记载的最早而又较为完整的医案之作，由汉迄唐均未见医案专著，散见于经史艺文中的医案医话亦未分家，直至宋代才出现个案专著。[1] 北宋钱乙《小儿药证直诀》的问世标志着中医典型的医籍附案体例出现，现存最早的医案专著是南宋许叔微的《伤寒九十论》。至金元时期，随着医家争鸣和中医学术的发展，医籍附案著作明显增多，明清以来医籍附案大量涌现，风格各异，别具特色。[2] 由此看来，淳于意所载诊籍十分珍贵，史料价值极高。

淳于意所答诏的 25 例病案究竟分别发生在何时，直接影响到对病患身份的识别，以及对淳于意学成之后的人生履历的甄别。淳于意应当先是以民间游医的身份行走江湖并在刘将闾的杨虚侯国短暂停留，后返回故里临淄投入齐文王刘则麾下任仓公，再后来被人上告案发直至免官家居，最后待刘将闾继承齐王位后再次成为刘将闾之门客，有机会随之入朝的。以下结合淳于意答诏的几个典型病案大致追踪淳于意的履历。其中淳于意为齐丞相舍人奴诊病一例最能说明问题。

> 齐丞相舍人奴从朝入宫，臣意见之食闺门外，望其色有病气。臣意即告宦者平。平好为脉，学臣意所，臣意即示之舍人奴病，告之曰："此伤脾气也，当至春鬲塞不通，不能食饮，法至夏泄血死。"宦者平即往告相曰："君之舍人奴有病，病重，死期有日。"相君曰："卿何以知之？"曰："君朝时入宫，君之舍人奴尽食闺门外，平与仓公立，即示平曰，病如是者死。"相即召舍人而谓之曰："公奴有病不？"舍人曰："奴无病，身无痛者。"至春果病，至四月，泄血死。[3]

当时因"齐丞相舍人奴从朝入宫"，仓公得以识见才有后来诊治病情的故事，这表明淳于意当时必在宫中。他并未直接同患者进行接触，甚至没有告诉丞相或丞相舍人，而是将诊病意见告诉了一位名叫平的宦官。宦者平称淳于意为"仓公"，

[1] 陶广正：《中医医案学的历史与成就》，载《中医文献杂志》2002 年第 4 期。
[2] 王雅丽：《从中医医案文献的发展史看医案的镌载体例》，载《中华医学图书情报杂志》2012 年第 2 期。
[3]《史记·扁鹊仓公列传》。

说明当时淳于意仍在太仓长任上，且与宫中宦官熟悉。这时体制内的淳于意完全只是把行医作为业余爱好，诊断丞相舍人奴完全是淳于意的实践教学环节，因为对脉学颇有兴趣的宦者平当时正在向淳于意学习脉诊之法——"平好为脉，学臣意所"，想必淳于意作为业余医者之名已在宫中小有名气，但并非人人都相信他的医术，因为在宦者平将淳于意的诊断意见好心转告丞相舍人后，丞相舍人并不认同淳于意的判断。淳于意之所以没有选择直接告诉患者奴或奴之主人，也可能是深感自己作为草根医者并不被认可，何必自讨没趣。因为不只是丞相舍人，甚至上至济北王有时对淳于意的医术也不以为然，例如济北王召淳于意为女侍者竖诊脉：

> 臣意对曰："竖病重，在死法中。"王召视之，其颜色不变，以为不然，不卖诸侯所。至春，竖奉剑从王之厕，王去，竖后，王令人召之，即仆於厕，呕血死。[1]

我们大致可以推断，淳于意的医术在高级官员以下深得信任，这是淳于意之所以会给平民和奴仆诊断的原因，而且有时候会主动诊治，一则可以表明淳于意尝试验证所学医术为病者排忧解难是其兴趣和热爱；二则表明淳于意想借机显露，表达对御医群体无能的无声抵抗。但是因淳于意善于诊治顽疾，甚至未卜先知，着实让御医群体有了危机感。这种跨界的技能让御医们心生嫉妒且严加防范，一旦王侯有邀请淳于意诊断的想法时，御医们必定横加阻拦。就连齐文王病重时，淳于意也只是靠听闻的病症来"隔空诊断"，很可能是因为淳于意被御医群体集体封杀，无法涉足御医的"领地"，尤其是不能接近齐地最高统治者齐王。一旦得到齐王重视，淳于意更加如日中天，加上淳于意又属于正式官员系列，御医们不仅脸上无光，职位和饭碗能否保住都成问题，他们必定会集体抵制淳于意。这便是淳于意即便作为近臣也没有机会为当时的齐王刘则诊治疾病的原因。从这一点上来说，淳于意完全不可能在刘则在位时以仓公之职为掩护替文帝收集齐国军政机密，甚至在文帝的策划下暗杀刘则。淳于意在为其本家淳于司马诊治过程中，因与御医对病因的判断不同，也遭受到了侍医秦信的"白眼"。秦信作为官医似乎看不起民间游医，当然也有在司马目前尤其是司马下属面前必须表现出不服气或自信的态度，以确保自己的官位或影响力。

[1]《史记·扁鹊仓公列传》。

"淳于"之姓十分少见，相传为上古时炎帝之后，望族居齐郡（今山东临淄一带）。淳于意所提到的经由他诊治的 25 例病患中有一人与之同姓，均属于淳于家族，可惜未留下名字，无法考证。此人乃齐国司马淳于氏，《史记·扁鹊仓公列传》载：

> "齐淳于司马病，臣意切其脉，告曰：'当病迥风。迥风之状，饮食下嗌辄后之。病得之饱食而疾走。'淳于司马曰：'我之王家食马肝，食饱甚，见酒来，即走去，驱疾至舍，即泄数十出。'臣意告曰：'为火齐米汁饮之，七八日而当愈。'时医秦信在旁，臣意去，信谓左右阁都尉曰：'意以淳于司马病为何？'曰：'以为迥风，可治。'信即笑曰：'是不知也。淳于司马病，法当后九日死。'即后九日不死，其家复召臣意。臣意往问之，尽如意诊。臣即为一火齐米汁，使服之，七八日病已。所以知之者，诊其脉时，切之，尽如法。其病顺，故不死。"

淳于司马因吃马肝饮酒而犯病后，先召官医秦信在旁诊断，却被下了死亡通知，最后才延请淳于意诊治，希望有起死回生之效。当时司马下属左右阁都尉（掌宫阁屯卫兵）及秦信皆在旁陪同淳于意诊断。司马，主武也，掌管军事之职，乃掌管齐国军权的关键人物，极有可能是淳于家族在齐国获得的最高官职，应该在淳于家族内声名显赫。淳于意与同一家族的司马同朝为官，当彼此知悉，毕竟淳于属于小姓，而淳于意又常在宫中行走。尤其是司马掌管兵权，仓公掌管粮草，正所谓"兵马未动，粮草先行"，二人之间必然有所往来。然淳于司马在患病后并未第一时间就找到淳于意诊断。其他列举的诊治病患大多也是在官医或侍医或众医无法诊治或没有诊治希望后才召淳于意诊治的。原因可能在于：一则是因为淳于意并非专职医生，只是作为患者"死马当活马医"的最后选择；二则是因为淳于意刻意同淳于司马保持距离，不过于亲密，以免遭人猜忌，利用同姓拉帮结派。可能淳于司马因食用马肝饮酒导致身体不适并未在意，故而先让官医诊治，但却发现病情严重后才召淳于意。这也说明淳于意和司马之间联系并不过于紧密，否则司马但凡有所不适，淳于意必然会第一个知晓并第一时间前往诊治。三则是淳于意不愿意广为宣传神医技能，安心于为官的本职，治病只是业余爱好，无心与专职医生争高下，否则容易引起官医们的集体抵制。淳于意的 25 则医案显示汉初医疗市场主要由官医群体和草泽医群体构成，内部呈现出一种无序竞争的状态。官医的服务对象主要是中央与郡国的皇族、官宦人家,而草泽医的服务对象则相对广泛。病者择医和医者择病的现象共存,医患关系存在着和谐与不和谐的状态,折射出医业权威的匮乏和病者信仰的淡薄。[1]作为草泽医群体代表的淳于意并未刻意隐瞒治病之才,时常会在不经意间顺带显露一点神医的本事,主动为他人未发或已发之病诊断,颇有"多管闲事""好为人医"之兴趣,不知是其故意表现还是性格使然。就此而言,淳于意可谓擅长在官场和医界灵活游走的政治投机者,既能满足作为医生治愈病患的成就感,又能满足身居正式官僚队伍(虽然官医有官制,但始终只是边缘官员)的满足感,可谓是既有创业野心(成为名医)又有政治野心(成为高官)的精明人。另外值得注意的是,在淳于意上奏的25例病案中,大多数都留下了名字(从高官如郎中令循到平民曹山跗和奴仆竖,不论男女皆有),而仅有少数无名者,淳于司马即是一例,或许是"为尊者讳,为亲者讳,为贤者讳"[2]之原因,当然不乏淳于意刻意隐去司马名字以摆脱干系之嫌。

淳于意应当深知自己的性情,为了缓和御医们的敌对情绪,后来似曾主动向侍医示好以求和平共处之效,他为齐王侍医遂诊治病情即是一例。

> 齐王侍医遂病,自练五石服之。臣意往过之,遂谓意曰:"不肖有病,幸诊遂也。"臣意即诊之,告曰:"公病中热。……"遂曰:"扁鹊曰'阴石以治阴病,阳石以治阳病'。夫药石者有阴阳水火之齐,故中热,即为阴石柔齐治之;中寒,即为阳石刚齐治之。"臣意曰:"公所论远矣。扁鹊虽言若是,然必审诊,起度量,立规矩,称权衡,合色脉表里有余不足顺逆之法,参其人动静与息相应,乃可以论。……"意告之后百余日,果为疽发乳上,入缺盆,死。此谓论之大体也,必有经纪。拙工有一不习,文理阴阳失矣。[3]

淳于意主动拜会侍医遂,应当是在太仓长任上,否则案结之后他已经成为刘将闾门下炙手可热的"红人",完全没有必要拜会侍医遂。同时,既然侍医遂主动请淳于意为其诊治病情,待淳于意诊断后定会极力讨好巴结,何苦再反对淳于意的诊断依据,似有故意试探或挑衅淳于意之意。只不过淳于意重新给侍医遂上了

---

[1] 吕金伟:《汉初的医疗市场与医病关系——以淳于意医案为中心》,载《长江师范学院学报》2014年第4期。

[2] 《春秋公羊传·闵公元年》。

[3] 《史记·扁鹊仓公列传》。

一课，告诉遂不能固守医方，要具体情况具体分析。遂被淳于意这样"教育"，实在是难以接受。淳于意之所以不愿成为御医，也是深感御医群体刚愎自用，固守成规，不思变通的呆板诊断方式令行医没有自由和乐趣，更无挑战和意义，这就是体制内的御医和体制外游医的差别。临了淳于意还不忘讥讽一下侍医群体"拙工有一不习，文理阴阳失矣"。对于侍医遂甚至整个御医群体而言，淳于意的"必审诊，起度量，立规矩，称权衡，合色脉表里有余不足顺逆之法，参其人动静与息相应"方法，等于是"教你重新做人"，这是何等的直接。总之，在淳于意所提到的 25 例典型病案中，既有当时在太仓长任上诊治的病案，又有案结后重新投靠齐孝王刘将间后为齐国王公贵胄诊治的案例。

在淳于意答诏的 25 例病案中，淳于意还能为齐王中子诸婴儿小子、齐王太后治病，如果此处的齐王所指的是刘则，那么就无法解释淳于意既然有机会为刘则之母和刘则之孙治病，为何没有为病重的刘则治病。如果是在刘则死后再为刘则母后和小孙治病，按照司马迁的表述习惯，当称"故齐王中子"或"故齐王太后"。加之，齐王太后和王孙是淳于意所提 25 例病案中最尊贵的病患，只有齐孝王刘将间对淳于意如此器重和信任，才会让淳于意为自己的母亲和孙子诊断病情。

六、扁鹊仓公合传释疑

大多数学者认为，扁鹊施行的是经脉医学。名医淳于意继承扁鹊的事业，施行的也是经脉医学，并开创了齐医学派。司马迁认为扁鹊和仓公的医学一脉相承，二人在医学成就上可以比肩，因此在《史记》中将二人合并立传。

《史记》从《袁盎晁错列传》至《吴王濞列传》凡六篇传记写的是文景之际的大臣。若按照依时相序原则，《扁鹊仓公列传》应在该组传记的第一篇，而非《田叔列传》和《吴王濞列传》之间。已有研究显示《史记》的一些篇章疑为后人补作，《扁鹊仓公列传》注释很少，特别是后半部分淳于意的医案几乎没有注释，日本学者池田芦洲以《补注》的形式对此做了说明："淳于医案，既非史公之笔，且非有用于读史者，逐句疏解，为徒事，故今独校正字句而止。"[1] 目前学界尚未形成一致的观点，故而无法否认《扁鹊仓公列传》为司马迁所作。

如果按照职业顺序编排，早期医巫同源，医者与卜者属一类职业。按照《史

---

[1] 参见杨海峥：《日本〈史记〉研究论稿》之《池田芦洲与〈史记补注〉》，中华书局 2017 年版。

记》七十列传依时相序兼及依类相次的排列原则,《扁鹊仓公列传》应在《日者列传》和《龟策列传》前后。因此司马贞在《史记索隐》讲到:"此医方宜与《日者》《龟策》相接,不合列于此,后人误也。"张守节《史记正义》对此解释道:"以淳于意孝文帝时医,奉诏问之,又为齐太仓长,故太史公以次述。扁鹊乃春秋时良医,不可别序,故引为传首,太仓公次之也。"意即《扁鹊仓公列传》放在《田叔列传》和《吴王濞列传》之间是因为淳于意是汉文帝时人。可是《鲁仲连邹阳列传》《屈原贾生列传》所讲的邹阳和贾谊也是汉代人,但这两篇传记却被置于《田单列传》(战国时人)和《吕不韦列传》(战国末秦初时人)之间。如此设计应该考虑到了传主的主次之别,在《扁鹊仓公列传》中,以仓公为主,二人皆为神医,且仓公之医术传承于扁鹊医学,故而合传。日本学者泷川资言即认为仓公是传主,写扁鹊不过是为了说明仓公医方的来源。如《屈原贾生列传》则因贾谊被贬长沙而不用,郁郁不得志,对同样置身楚地而无法施展才华抱负的屈原感同身受。二人经历相似,但以屈原为主,故而合传。《鲁仲连邹阳列传》亦是如此,二人均为游侠。

有学者认为文景之际最大的政治任务是削藩,因此,文景之臣的六篇传记以《袁盎晁错列传》开头,以《吴王濞列传》收尾,晁错是七王之乱的导火索,刘濞是七王之乱的主导者。其他三篇《张释之冯唐列传》《万石张叔列传》《田叔列传》所涉人物均经历了七王之乱,有的还参与了平叛,如卫绾、直不疑。唯独与七王之乱无涉的是扁鹊和仓公,但是司马迁却让《扁鹊仓公列传》紧邻《吴王濞列传》。贾谊曰:"吾闻古之圣人,不居朝廷,必在卜医之中。今吾已见三公九卿朝士大夫,皆可知矣。"[1]在司马迁看来,仓公与其他大臣一样都是文景之际削藩的"功臣"。正如《汉书·艺文志》所言:"太古有岐伯、俞拊,中世有扁鹊、秦和,盖论病以及国,原诊以知政。汉兴有仓公。""论病以及国,原诊以知政",淳于意的双重身份隐喻了既能治病又能治国的双重贡献。"上医医国,其次疾人,固医官也。"[2]仓公直接承袭了扁鹊医国与医人之法。朱维铮认为,"汉景帝多疑,既从晁错建议下诏削藩,又与袁盎密谋杀晁错以图遏制吴楚诸侯联合造反。司马迁显然认为治国如同治病,不可讳疾忌医,更不可弃良医而信庸医,致使轻恙变重症,自招乱亡。"[3]司马迁之所以将《扁鹊仓公列传》放在这一特殊位置,目的是塑造上医医国的神医形象批判景帝讳疾忌医,导致"七国之乱"爆发。《扁鹊仓公列传》可谓是司马迁娴熟使

---

[1]《史记·日者列传》。
[2]《国语·晋语八》。
[3]朱维铮:《历史观念史:国病与身病——司马迁与扁鹊传奇》,载《复旦学报》(社会科学版)2005年第2期。

用春秋笔法的一个典型例证。[1]《太史公自序》云："扁鹊论医，为医家所尊奉，医术精细高明；后世遵循其法，不能改易，而仓公可谓接近扁鹊之术，作《扁鹊仓公列传》第四十五。"不过，二人之所以合传，并非都是医术高超之人这一个简单原因。据《史记·扁鹊仓公列传》载淳于意所言：

> 病名多相类，不可知，故古圣人为之脉法，以起度量，立规矩，县权衡，案绳墨，调阴阳，别人之脉各名之，与天地相应，参合于人，故乃别百病以异之，有数者能异之，无数者同之。然脉法不可胜验，诊疾人以度异之，乃可别同名，命病主在所居。

这段答诏颇有双关语义，兼顾了"医道"与"治道"，以治病喻治国。遍及二十四史，只有扁鹊和仓公这二位医者不"纯粹"，后世见诸正史的医家则基本褪去了上古名医的光环，成为货真价实的方技（术）人物。这一记载表明了司马迁以及其所处时代的认知保留了相当部分先秦时期观念的残余，即"道""术"合一。[2]

---

[1] 杨玲：《文本细读、春秋笔法与〈史记·扁鹊仓公列传〉释疑》，载《渭南师范学院学报》2018年第13期。
[2] 徐双、严世芸、陈丽云：《医道与医术的再探讨——以〈史记·扁鹊仓公列传〉为中心》，载《中医药文化》2018年第3期。

第二节 跌宕起伏的官宦生涯

一、结交权贵风生水起

淳于意在汉文帝十三年被告发之前，曾"左右行游诸侯"，与之建立了良好的关系。从文帝三年起，淳于意医术逐渐达至精湛，开始走上层行医路线。他首先为当时的济北王乳母治病。

按照汉初制度，功臣侯大都居住在长安，王子侯一般都住在王国的都城。[1]刘兴居（刘肥第三子）于公元前182年封为东牟侯后就久居长安，直到公元前180年吕后死后，居住在长安的刘兴居才能与兄长朱虚侯刘章作为内应为灭诸吕建功。而据《史记·扁鹊仓公列传》载："高后八年，更受师同郡元里公乘阳庆。……受之三年，为人治病，决死生多验。然左右行游诸侯，不以家为家，或不为人治病，病家多怨之者。"高后八年即公元前180年，恰好是刘兴居计划诛杀诸吕的时间，三年后，刘兴居因谋反自杀，此间应当都是淳于意在为其治病。因为他的病案记载提到了"故济北王阿母"，结合到后文对刘将间称之为"齐王故为阳虚侯时"，可以推测，"故济北王阿母"应当是济北王刘兴居的至亲——不论是母亲还是乳母。如果真是刘兴居的母亲，结合传记对"齐王太后"的称谓可知，在公元前180年到公元前178年期间刘兴居尚是东牟侯，并未获封济北王，只能使用"故济北王阿母"而非"济北王太后"之称谓。

淳于意是齐王国首都临淄人，求学又在同郡，为给济北王阿母诊治不惜长途跋涉往来临淄和长安，可见二人关系在淳于意尚未成名之际就已非同一般。淳于意能够与济

---

[1] 柳春藩：《秦汉封国食邑赐爵制》，辽宁人民出版社1984年版，第79页。

北王搭上线，当有刘襄从中推荐，而将淳于意推荐给刘襄很可能是第一位恩师公孙光所为。如前所述，公孙光期望淳于意成为御医，而且其与齐王交好。当时阳庆的儿子殷还想通过公孙光的关系向齐王献马。"会（阳）庆子男殷来献马，因师（公孙）光奏马王所，意以故得与殷善"。此事发生在仓公拜阳庆为师之前，即不晚于高后八年。这一时期齐地仅有齐哀王刘襄一人为诸侯王。既为师徒，仓公定然也会步入此社交层。有了公孙光的极力鼓动和推荐，加上公孙光的榜样——并非御医但能结交权贵，既能自由生活，又能享受行医乐趣，于是，在淳于意拜师阳庆之后，尚未等到学成就已经积极行动为故济北王阿母诊治病情。只可惜淳于意早期选择的投靠对象刘兴居叛乱自杀，让他不得不寻找下一个目标，而这一急功近利的私心在此后一发不可收拾，为其即将身陷囹圄面临肉刑之苦埋下了隐患。考虑到济北王长期在长安的经营，淳于意当时应该有试图通过济北王接近中央权力的"野心"。不过，这个关系应该在刘兴居叛乱自杀后就已经结束，不可能为淳于意后来在文帝十三年受刑提供任何帮助。对济北国的熟悉以及考虑到刘将间与后来获封的济北王刘志（刘肥第十子）关系的非同一般，让淳于意在案结后再次应邀为济北王服务，并且二人之关系相当密切。否则，济北王不可能专门召请淳于意"诊脉诸女子侍者"（类似惯例体检），济北王甚至还让太医高期、王禹跟随淳于意学医深造。另外，我们从淳于意给安阳平民治病也可以窥见其以医术经营政治关系的目的。

淳于意为何会奏报为安阳武都里成开方治病？值得指出的是，淳于意在伴随刘将间入朝之时顺便给安陵公乘项处治过病——后文详述，安陵为汉惠帝刘盈及其皇后张氏同茔异穴的合葬陵园。文帝以孝治天下，淳于意选择奏报为先帝陵之地的官贵治病，或有迎合文帝孝道之意。淳于意选择上奏为齐国之外的另一平民安阳武都里成开方治病，亦有同样的用意。为成开方治病，表面上看是同医治安陵的项处之病一样，为了显示淳于意未卜先知的高超医术。然而，淳于意为何宁愿违背王命不为胶西王和济南王治病，反倒会前去安阳为平民治病？安阳，在今山东曹县东，在文帝时当属梁国所辖。文帝二年（前178年）封刘揖为梁王。前元十一年（前169年），刘揖坠马而死。在位10年，谥号为"梁怀王"。梁怀王是刘恒最小的儿子，爱幸异于他子。梁怀王刘揖去世无嗣，文帝十二年（前168年），改封嫡次子刘武为梁王。此后数年时间内，刘武多次入朝。《史记·梁孝王世家》载："吴楚齐赵七国反。……梁孝王城守睢阳，……吴楚以梁为限，不敢过而西，与太尉亚夫等相距三月。吴楚破，而梁所破杀虏略与汉中分。明年，汉立太子。其后梁最亲，有功，又为大国，居天下膏腴地。地北界泰山，西至高阳，四十余城，皆多大县。"经过多年经营，梁国成为西汉最强大的封国。文帝迫于压力而无法重用贾谊，但让贾谊成为梁怀王的太傅。在梁怀王坠马而死后，贾谊深自歉疚，抑郁而亡，足见贾谊对文帝和梁王的忠诚，亦可见文帝同梁王的感情非同一般，因而让自己最信任的臣子侍奉其左右。贾谊生前所提治国之策虽然看似并未被汉廷明确采纳，但在他死后，其主张多被文帝付诸实施。

成开方当为庶人，若其有爵位，司马迁定会如记载项处一样冠于"公乘"。淳于意选择了文帝之异母弟惠帝刘盈，以及最受文帝宠爱的梁王之地行医问诊，当有深意。文帝对二人应当情感非同一般，其皇位继承于刘盈，虽说不上感激，但应当对刘盈在位时积攒的治国资本表示认可，而且刘盈作为先皇，在文帝心中自有相当重要的地位。梁王自不必说，淳于意选择在此两地行医问诊，可谓抓住了文帝的情感软肋，让他能够祭奠与怀念。同时，文帝向来仁慈，恭行仁孝，尤其体恤中下层民众，故而淳于意选择汇报了为中下级官吏和平民百姓诊治的病案，既能体现作为医者的淳于意仁心博爱之本性，又与文帝一贯主张的仁爱之举一致，淳于意汇报的有 23 例病患皆为故齐国之官民，他作为名医造福家乡本就理所当然，诊治的病患上至藩王及其外戚子嗣，中至低中高级官员及家眷奴仆，下至平民，可谓广施医德。

如果说淳于意早年看走了眼受刘兴居叛乱牵连是不幸的话，他并未畏惧退却，反倒利用游医之便积极寻找另一个后台刘将间。淳于意"左右行游诸侯"后暂时选择了身居杨虚侯国刘将间【文帝四年（前176年）刘将间被封侯】麾下，还治愈了刘将间所患的"痹"症。淳于意在刘将间麾下的角色即是一个门客（食客）。正如有学者所言，历秦而在秦汉之际，由于中央集权的瓦解，出现了政治上的真空，这种客的活动更为发达。汉初去战国无远，此时的人们都切实感受到了前一时代的养客俗尚。[1]西汉初期，养客现象已十分普遍。诸侯王、中央及地方各层官吏介喜豢养门客，门客更是数量巨大。此时的门客阶层主要来源于士阶层，留有较高的阶级自尊。门客受主人的供养，不从事生产劳动；门客凭借自身的政治、文化才能充实着主人的政治储备资本，为主人的政治需求出谋划策，活跃在汉初的政治舞台上。宾客和主人的关系，仍一如战国时期，二者是平等的。客为主人助势，

---

[1] 沈刚：《秦汉时期的客阶层研究》，吉林文史出版社 2003 年版，第 95 页。

主人为客供衣食，主人对门客执谦虚之礼^[1]，门客和主人之间的人际关系是相对松散的，并且这种松散的结合一直贯穿整个西汉。主客之间，以"义"为纽带自由结合，"和则留，不和则去"，门客保有极高的人身自由，得以在不同主人之间游走，与主人之间是一种对等关系。^[2] 因此，淳于意之所以在"行游诸侯"时短暂停留在杨虚侯刘将间的身边，肯定是看中了门客可以出入自由，不受侍医约束的便利条件。另外，汉文帝对待门客的态度激发了淳于意进入官场闯荡的动力。苏轼曾言秦王，或是汉初采"举贤良"之任官制而将门客制度化的初衷：

> 春秋之末，至于战国，诸侯卿相，皆争养士自谋。其谋夫说客，下至鸡鸣狗盗之徒，莫不宾礼。靡衣玉食，以馆于上者，不可胜数。魏无忌、齐田文、赵胜、黄歇、吕不韦，皆有客三千人。度其余当倍官吏而半农夫。此皆役人以自养者，民何以支而国何以堪乎？苏子曰：此先王之所不能免也。吾考之世变，知六国之所以久存，而秦之所以速亡者，盖出于此，不可不察也。
>
> 夫智、勇、辩、力，此四者皆天民之秀杰也，类不能恶衣食以养人，皆役人以自养也。故先王分天下之富贵，与此四者共之。此四者不失职，则民靖（安定）矣。六国之君虐用其民，不减始皇二世，然当是时百姓无一人叛者，以凡民之秀杰者，多以客养之，不失职也。其力耕以奉上，皆椎鲁无能为者，虽欲怨叛，而莫为之先，此其所以少安而不即亡也。
>
> 始皇初欲逐客，用李斯之言而止。既并天下，则以客为无用，于是任法而不任人；谓民可以恃法而治，谓吏不必才，取能守吾法而已。故隳名城，杀豪杰，民之秀异者散而归田亩。……秦之乱虽成于二世，然使始皇知畏此四人者，有以处之，使不失职，秦之亡不至若是其速也。纵百万狼虎于山林而饥渴之，不知其将噬人。世以始皇为智，吾不信也。^[3]

陆贾、贾谊、晁错等皆是高祖、文景时代进入体制内的门客代表，亦是汉廷吸取秦亡教训之既得利益者。文帝即位之初只有通过培植和提拔亲信才能站稳脚跟，通过心腹举荐招揽门客纳入到汉廷官僚队伍便是绝佳办法：

[1] 何兹全：《中国古代社会》，河南人民出版社 1993 年版，第 500 页。
[2] 刘维宁：《略论两汉门客阶层》，载《赤峰学院学报（汉文哲学社会科学版）》2016 年第 3 期。
[3]《三苏文选·六国论》。

> 朕获保宗庙，以微眇之身托于兆民君王之上，天下治乱，在朕一人，唯二三执政犹吾股肱也。朕下不能理育群生，上以累三光之明，其不德大矣。令至，其悉思朕之过失，及知见思之所不及，匄以告朕。及举贤良方正能直言极谏者，以匡朕之不逮。因各饬其任职，务省繇费以便民。朕既不能远德，故悯然念外人之有非，是以设备未息。[1]

文帝"天下治乱，在朕一人，唯二三执政犹吾股肱也"，"及举贤良方正能直言极谏者，以匡联之不逮"的观念，说明先秦时代主人对门客表面上的谦恭态度早已荡然无存，代之以君臣父子关系。陆贾等人的精神面貌，与春秋战国时代门客较狭隘的"知己"情结相比大为提高，尤其具有国家情怀和社会责任感，相较于秦代的更是进了一大步。史称"汉兴，诸侯王皆自治民聘贤"[2]，淳于意受此风影响，加入到门客的队伍中来。然而，汉初诸侯王之门客品质完全不可与楚汉之际同日而语，更无法同帝王周围的谋臣相提并论，他们已经自降身价，成为投机、帮闲、告密者。例如梁孝王刘武"招延四方豪杰，自山东游士莫不至：齐人羊胜、公孙诡、邹阳之属。公孙诡多奇邪计，初见日，王赐千金，官至中尉，号曰公孙将军。"[3]枚乘、司马相如一度也在其间。这些人平时优游，侍主游山玩水，作赋写诗，造反时则出谋划策，事败后则或喊冤，或劝降，最后都作鸟兽散。淮南王刘安"招致宾客方术之士数千人"[4]，著名的门客有雷被、伍被、左吴等"八公"。这些人多是投机分子，刘安的两次谋反都是他们揭发。[5]或许正是文帝深知诸侯王身边的门客皆是此等之辈，对淳于意也就无太大兴趣。

史书并未记载淳于意具体侍奉了杨虚侯多久，但淳于意并未将其作为长久之计，而是选择回到临淄担任齐王刘则的太仓长。一是因为临淄为齐国国都，乃战国秦汉关东一大都会。《史记·齐悼惠王世家》载武帝时"齐临淄十万户"，汉初临淄人口应相差不远，对淳于意的医术传播和政治发展更有利；二是因为临淄是淳于意的故里，从安土重迁或衣锦还乡的传统观念而言，淳于意回归故里、光耀门楣、回报乡梓的决定即便在刘将闾看来也十分自然。刘将闾定然会尊重支持淳于意的这一决定，于是，淳于意的角色发生了巨大改变，从边缘迈向了中心，即从一名

---

[1]《史记·孝文本纪》。
[2]《汉书·邹阳传》。
[3]《汉书·文三王传》。
[4]《汉书·淮南王传》。
[5] 张琼：《汉武帝应对侍从群体研究》，华中师范大学 2007 年硕士学位论文，第 8—10 页。

民间游医到门客最后成为正式的中级官员。可惜淳于意再次失算，在试图兼顾兴趣爱好（成为医生为人治病）和人生目标（成为官员光宗耀祖）时却因过于直接和功利的性格得罪权贵，引火烧身，这是淳于意人生的第二次不幸。不幸中亦有万幸，正是因为有名医和官员的双重身份，淳于意才能在汉初央地复杂的政治斗争中幸免于难。诚可谓否极泰来，淳于意不仅免除了肉刑之苦，而且在不久之后，他早年的政治投资有了丰厚的回报，一切磨难在刘将闾成了新的齐王后变得不值一提。我们无法得知他是否早就预料到了有此一天，但当刘将闾成为齐王后，淳于意此前所有的人生苦难都变得有所值，他毫不犹豫地选择再次投靠刘将闾，从此走上了人生巅峰。

二、淳于意出任太仓长

最早详细考证淳于意生平事迹的学者何爱华认为，淳于意生于公元前 215 年，自汉高帝十二年（前 195 年）开始为齐太仓长，历齐悼惠王刘肥、哀王刘襄、文王刘则时代，但这不能解释为何身为官员的淳于意竟然可以脱岗行游诸侯，完全视公职如同儿戏。否则，缇萦在上书时不可能赞扬其父"齐中称其廉平"，一个"移名数，左右不修家生，出行游国中"的官员是不可能得到"廉平"的评语的。推测淳于意何时担任太仓长，可以结合齐文王刘则的病情变化来判断。齐文王刘则薨于公元前 164 年年，应当接近 20 岁，淳于意用脉法来评判文王病因，即：

> 然窃闻文王病喘，头痛，目不明。臣意心论之，以为非病也。以为肥而蓄精，身体不得摇，骨肉不相任，故喘，不当医治。脉法曰"年二十脉气当趋，年三十当疾步，年四十当安坐，年五十当安卧，年 60 已上气当大董"。文王年未满二十，方脉气之趋也而徐之，不应天道四时。后闻医灸之即笃，此论病之过也。

文王病时虽未满 20 周岁，但淳于意用"年二十"的脉法来评估病情，正表明当是文王已近 20 岁。可以推测文王生于公元前 184 年（高后四年）左右，直到公元前 178 年被封为齐王，尚不到 6 岁。刘则在公元前 172 年来朝时尚未满 12 岁，应该没有任何病态，公元前 168 年来朝时（已经 16 岁）身体可能有恙，但不至于"得病不起",刘则病危之际应该是在公元前 168 年到公元前 164 年年间。从淳于意的诊断可见,刘则患有肥胖症而伴发的慢性疾病,这是长年累月不运动所致,并非突发性恶疾。因此,结合到前述淳于意所言"文王病时,臣意家贫,欲为人治病,诚恐吏以除拘臣意也,故移名数,左右不脩家生,出行游国中,问善为方数者事之久矣,见事数师,悉受其要事,尽其方书意,及解论之"可以判断,在公元前178 年离开阳庆后,淳于意因家贫需要四处行医为生,但为了获取更多的医方——此兴趣是他"少时喜医药"的自然结果,担心成为官医而被束缚手脚,故而隐藏踪迹,行游齐国诸侯探求医方,沉迷于拜师学艺,而且是"事之久矣"。淳于意"欲为人治病"为何还而"恐吏以除拘臣意也"?《史记集解》载徐广曰:"时诸侯得自拜除吏。""自拜除吏"即王国有权拜授王国之内的官职。"恐吏以除拘臣意"是"故移名数,左右不修家生,出行游国中"的原因,因为当时的官医主要从民间医药人士中选用,淳于意"担心官府拜官为侍医而受到拘束失去自由",倒不如做个民间游医自在。

淳于意行游诸侯最终学有所成,选择投靠在杨虚侯门下。刘将间在文帝四年(前176 年)被封为杨虚侯,一直到公元前 164 年被封为齐王共 12 年,淳于意并未交待在杨虚侯门下侍奉多久。从淳于意听闻文王"病喘,头痛,目不明",后来又听闻"医灸之即笃",即针灸导致病情加重,可以断定此时淳于意已经成为了齐国的太仓长,只有身在官僚系统,才能对齐王病情之发展掌握得如此精细,否则,作为游医的淳于意即便是道听途说,也只能掌握较为模糊的消息,不可能在如此需要慎重回答诏书的时刻肆意编造病情。因此,淳于意最有可能是在公元前 172 年至公元前 168 年期间开始担任齐国太仓长,直至案发的公元前 167 年,此时距离他出师单独行医已有 6 ~ 10 年光景。结合到淳于意求学阳庆仅有 3 年,到后来淳于意收徒教学,每人所学多为 1 ~ 2 年,加上所学内容多为经脉针灸之法,以及方剂之学,精通与否重在实践,因此,淳于意行游诸侯"见事数师,悉受其要事,尽其方书意"的时间也不会超过 6 ~ 10 年。

三、祸从天降蒙受不白之冤

淳于意恃才傲物,不会趋炎附势,不善察言观色,故而仕途不顺,行医亦遭来横祸,可谓命运多舛。然淳于意没有认识到他的性格并不适合在官场追逐。欲在宦海不倒，若不能成为像楼护那样精于言语之道左右逢源之人，那只能像离淳于意更近的周仁那样默不作声，无欲无求，只留有一颗忠于主公的心，身在官场，心在官外。晁错虽然没有在文帝之际得到重用，但成为景帝时期炙手可热的人物，任内史后迁御史大夫。与晁错同样受宠的是周仁，周仁恰好也是擅长医术的宠臣。《汉书·佞幸传》称"孝景、昭、宣时皆无宠臣。景帝唯有郎中令周仁。"后来为了平息诸侯怒气，景帝选择了诛杀晁错，但周仁得以高禄善终，较之晁错更加高明。

> 周仁，其先任城人也。以医见。景帝为太子时，为舍人，积功迁至太中大夫。景帝初立，拜仁为郎中令。仁为人阴重不泄。常衣弊补衣溺袴，期为不洁清，以是得幸，入卧内。于后宫秘戏，仁常在旁，终无所言。上时问人，仁曰："上自察之。"然亦无所毁，如此。景帝再自幸其家。家徙阳陵。上所赐甚多，然终常让，不敢受也。诸侯群臣赂遗，终无所受。武帝立，为先帝臣重之。仁乃病免，以二千石禄归老，子孙咸至大官。[1]

早年身为太子舍人的周仁在景帝即位后擢升为郎中令，负责宫中保卫，且终景帝一朝，周仁一直担任此职，与前任文帝执政23年的郎中令张武[2]一样屹立不倒，深得皇帝信任。周仁之所以能接触到景帝私密之事，景帝亦曾临幸到周仁之家，与周仁的性格为人紧密相关。周仁不被功名利禄所惑，慎言人事，从不涉及政事，反倒晁错是积极投身政治，深谋远虑，为解决王国问题和其他内政要务殚精竭虑，但因此得罪了诸侯与大臣，最终沦为政治的牺牲品。[3]淳于意在性格上与周仁大相径庭，二人命运决然不同；淳于意早年与晁错在性格上颇为相似，但后来淳于意迷途知返，因此二人结局不可同日而语。

文帝十三年淳于意被人诬陷，官府以贪污受贿为由将其押送长安受审，他被判肉刑。这是淳于意人生中最黑暗的时期。幸得小女缇萦勇敢申请代父受刑，最终文帝废除肉刑才使淳于意人生峰回路转。

[1]《汉书·周仁传》。
[2] 张武，生卒年不详，早在文帝为代王时便是郎中令，同宋昌一道参与了文帝是否赴长安继承大统的策划，在文帝进入长安后连夜被任命为郎中令，宋昌则被任命为卫将军，共同控制宫城内外的军队，以防不测。《史记·孝文本纪》有载："乃夜拜宋昌为卫将军，镇抚南北军。以张武为郎中令，行殿中。"张武在文帝一朝23年一直担任郎中令，足见文帝对其信任和垂爱的程度。在后来张武因贪贿案发后，据《史记·孝文本纪》载："群臣如张武等受赂遗金钱，觉，上乃发御府金钱赐之，以愧其心，弗下吏。"
[3] 侯旭东：《宠：信任型君臣关系与西汉历史的展开》，北京师范大学出版社2018年版，第62—65页。

四、劫后余生紧随新贵刘将闾

淳于意早年间为了精进医技和因贫困生活所累，选择了自由且愉悦的游士生活，在拜师问药和诊治实习的过程中，他始终在考察合适对象拜为其门客，最后落脚在刘将闾门下，但游士多有风险，不仅易受主人牵连，而且会被争抢挟制，比御医更加难受。于是，在努力经营与刘将闾的私人关系后，淳于意在不得罪刘将闾的前提下，以回归故土的恰当理由得到刘将闾的举荐，在齐文王宫廷之中成功谋得固定的官职太仓长。我们并不能断定赵王、胶西王、济南王、吴王是何时派人来邀请淳于意前去会诊，因为淳于意的回答只是针对文帝的诏问"意方能知病死生，论药用所宜，诸侯王大臣有尝问意者不？及文王病时，不求意诊治，何故？"仅此问题的顺序并不能如同早期研究者判断的那样，即赵王等人是在齐文王刘则患病之前使人来召淳于意而遭拒绝。此处"及"的用法应当是连接词而非时间副词，与诏问的总问题"方伎所长，及所能治病者？"和第 7 个问题"吏民尝有事学意方，及毕尽得意方不？"中所用的"及"功能相同。同样，我们不能根据淳于意答诏的"赵王、胶西王、济南王、吴王"顺序来判定这些藩王召见淳于意治病的先后时间。这些藩王的召见应该是在淳于意稍有名气后。倘若赵王和吴王的邀请是在淳于意身居阳虚侯国以及之前的话，东汉和帝著名的医者郭玉道出了给权贵病患看病的无奈，想必正是淳于意的心声：

> 夫贵者处尊高以临臣，臣怀怖慑以承之。其为疗也，有四难焉。自用意而不任臣，一难也。将身不谨，二难也。骨节不强，不能使药，三难也。好逸恶劳，四难也。针有分寸，时有破漏，重以恐惧之心，加以裁慎之志，臣意且犹不尽，何有于病哉。此其所为不愈也。[1]

淳于意与其授业恩师阳庆不同，他在答诏时对曰："不知庆所师受。庆家富，善为医，不肯为人治病，当以此故不闻。"公乘阳庆之所以不闻名于齐诸侯，是因为不肯为人治病。而淳于意多次提到其不是不愿给人治病，而是不敢给人治病："皆使人来召臣意，臣意不敢往。文王病时，臣意家贫，欲为人治病，诚恐吏以除拘臣意也，故移名数，左右不脩家生，出行游国中，问善为方数者事之久矣。"就此

---

[1]《后汉书·方术列传下》。

而言，从淳于意答诏所言的内容来看，不存在司马迁在前文主观的叙述淳于意"或不为人治病，病家多怨之者。""不为人治病"是表象，实质是选择性治疗。

如果赵王和吴王的邀请是在淳于意已经担任齐国太仓长之后，身为齐国正式官员的淳于意更不可能前去，否则齐王刘则便会有私下联合赵王和吴王的嫌疑，已经被时刻盯防的齐王刘则必然十分谨慎这一很可能被视为"不忠"的证据。胶西王和济南王获封均在案结之后，此时淳于意已经再次依附到新任齐王刘将闾的门下，然而，淳于意为何又对济北王和淄川王的邀请欣然接受呢？这当与刘将闾有关，"胶西王"和"济南王"很可能与刘将闾关系不和，而让淳于意不敢/不能前往。济北王和淄川王或与刘将闾关系甚好，故而淳于意乐意效劳。在淳于意诏对所提及的 25 个病例中，有 4 个与济北王有关，2 个与淄川王有关。此外，济北王遣太医高期和王禹、淄川王遣太仓马长冯信来向仓公学习医术，这说明了齐国个别王族间的联系比较紧密。有学者认为这种往来视血缘远近而有别，齐国、济北国、菑川国三国间的交往似乎更多，可见三王之间关系非同一般。[1] 而刘将闾同胶西王、济南王，以及赵王和吴王等关系一般甚至较差。当然，淳于意选择是否为藩王服务也有自己独立的判断。例如淳于意最早是求学菑川唐里的公孙光，因此能够为淄川王看病或有回报师父故里的情感考虑。淄川王事后还派遣与淳于意同属太仓系统的太仓长属官马长前来跟随他学医，淄川王当然考虑到了二人同属太仓系统，当有更多的话题，容易形成更加牢固的感情这一层用意。此外，有学者精确分析了近两千方出土于汉初齐国临淄刘家寨的封泥，齐国疆域内的 582 方封泥可以反映齐国的地理形态，如果将齐内史（临淄）视为王畿，齐内史加济南、胶西二郡之地便可视为"大王畿"，济北、城阳、胶东、琅琊四郡之地则属边陲。同时，有 67 方封泥分别来自齐国之外的二十四个县及侯国，遍及汉廷及其辖郡、淮南国、赵国、代国、淮阳国、梁国、楚国等地，然其数量远少于齐国国内的封泥，反映了汉初齐国对内往来的频率远高于对外。[2] 故而对临淄熟悉的淳于意当对胶西王和济南王多有了解，这两地与临淄接壤，有关胶西王和济南王的消息早已他了如指掌。因齐国同其他国交往不够，淳于意也就无法获知赵王和吴王的具体消息，前去诊治大有风险。

可以肯定的是，在文帝十三年因缇萦救父的孝行而幸免于难后，淳于意依然

[1] 王浩：《〈史记·扁鹊仓公列传〉所见汉初二三事》，载《文史知识》2009 年第 12 期。
[2] 游逸飞：《汉初齐国无郡论——战国秦汉郡县制个案研究之三》，载中国地理学会历史地理专业委员会 /《历史地理》编辑委员会编：《历史地理》（第三十三辑），上海人民出版社 2006 年版。

活跃在齐国民间医疗群体之中,为了防止狱灾再次降临,他必须重新寻找靠山。淳于意最迟是在刘将闾被封为齐王的文帝十六年(前164年)四月再次投向了他熟悉的刘将闾麾下。在此期间,淳于意还应召去淄川国和济北国诊治病人。三年后,即文帝后元三年(前161年),淳于意跟随齐孝王刘将闾入朝,顺带在长安为安陵的项处治病。能够跟随诸侯王入朝的包括以下人员:(1)王国二千石官员必须尽从随行。据《汉书·哀帝纪》载:"令,诸侯王朝,得尽从其国二千石。傅、相、中尉皆国二千石,故尽从之。"(2)封国其他随从服侍、保卫诸侯王的官员。《史记·梁孝王世家》载:"梁之侍中、郎、谒者著籍引出入天子殿门,与汉宫官无异。"(3)如需其他人员随行,须经皇帝批准。《汉书·宣元六王传》载:"楚孝王嚣,甘露二年立为定陶王,三年徙楚,成帝河平中入朝,时被疾,天子悯之,下诏曰:……今王朝正月,诏与子男一人俱,其以广戚县户四千三百封其子勋位广戚侯。"[1]西汉宗室诸侯王定期朝见时间应该在冬十月。文帝朝凡四年一次应是当时常态,齐孝王刘将闾仅朝见了1次,即文帝后元三年(前161年)。朝请等同朝聘,"考文章""正法度"[2],朝请两大要事。"考文章"是天子考察诸王的才能与品性;"正法度"是天子奖励或惩处诸王以往的行为。除此之外,朝请还是宗室家族聚会,表达"亲亲尊尊"之义。宴会歌舞自然不可少,游猎驰射也十分常见。朝请成了联络天子与诸侯王感情的重要媒介,不但可以巩固二者的关系,而且可以修复二者关系,乃至阻止关系的进一步恶化。[3]在这样重要的场合,刘将闾还将淳于意带在身边,而且极有可能在事前得到了文帝的批准,让淳于意在案结后有机会再次面见圣上。淳于意跟随刘将闾入朝还顺带给安陵的项处治疗疾病,并将此情作为典型加以回诏。

史料对杨虚侯刘将闾的记载十分稀少,我们无法追踪刘将闾和项处的关系。从淳于意为项处诊断的病情可知,项处乃纵欲过度,且喜好蹴鞠,可谓史载第一位死亡的铁杆球迷。《史记·扁鹊仓公列传》载:"臣意谓之:'慎毋为劳力事,为劳力事则必呕血死。'处后蹴鞠,要蹶寒,汗出多,即呕血。臣意复诊之,曰:'当旦日日夕死。'即死。"秦汉时期爵位共20等,第八为公乘,可以说项处系中级官员(大夫)。综合这些零星的信息,可以推断项处应当是能够融入贵族生活圈的积极分子。想必刘将闾入朝期间与文帝等共同参加的娱乐活动,便邀请了项处作陪。淳于意偶然遇见了一同参加活动的项处便小试牛刀,给刘将闾和文帝都长了脸面。

[1] 李俊方:《汉代诸侯朝请考述》,载《社会科学》2008年第2期。
[2] 《汉书·宣元六王传》。
[3] 王尔春:《汉代宗室问题研究》,吉林大学2015年博士学位论文,第132–134页。

五、淳于意是否是被文帝利用的政治筹码

学者张朝阳推测由于淳于意熟知并结交齐国诸侯权贵，而且身为齐国中高级官员，作为本地人当然对齐国的政局了如指掌，文帝正是看中了他的这些政治资源才决定利用。这里有一点值得怀疑的是，既然文王病时淳于意尚在行游诸侯，连文王之疾淳于意都未曾诊治，那么淳于意的 25 例病人有多少是在齐文王刘则在位时的官贵？张朝阳立论的基础在于默认了淳于意在案发之前已经基本接触了 25 例病案中所涉的全部齐国官员及其家眷奴仆。另外，还有一点，即淳于意何时担任了齐国太仓长一职？在张朝阳看来，至少在案发之前相当长的一段时间，淳于意已任齐国太仓长。但是据前述分析，在案发的文帝十三年，淳于意刚任太仓长不久。张朝阳认为淳于意担任的太仓长随时有机会接触齐王，因为太仓长在王宫内署理公务，乃王之近臣。但照此说来，以淳于意较为主动诊治病患的性情，怎么可能在文王病时撒手不管。因为，据淳于意的答诏，他对齐王的病情一直仅限于“听闻”，这与淳于意作为王之近臣的身份完全不符。就此而言，文帝故意借淳于意案而搅动齐国的内政司法并加以控制的推断难以自圆其说。

张朝阳对齐王刘则未满 20 岁即被误诊而亡产生了怀疑，推测刘则或死于政治暗杀，认为淳于意有可能是汉文帝的“棋子”，很可能是文帝精心设计的“误诊”了结了齐文王的性命，让文帝尽早肢解齐国的目的实现，最终扫除最大诸侯国的后顾之忧。尽管缺少证据证明淳于意参与制造了此次“误诊”，但他在诏对时同文帝“你来我往”的一问一答极像是在刻意摆脱干系。文帝诏问淳于意时一再问及为何没有给齐文王治病，其真实目的是通过淳于意的对答来洗刷文帝利用淳于意的医术致文王于死地的嫌疑。

李开元认为“文帝二年到十五年，诸侯王国的个别变动主要是围绕着代国与齐国对于汉朝皇位的继承纠纷而出现的”。[1] 淳于意案的出现为汉文帝主动干预齐国内政提供了机遇。藉此前提，张朝阳认为文帝早就想干涉诸侯司法，例如文帝七年（前 173 年）十月，文帝“令列侯太夫人、夫人、诸侯王子及吏二千石无得擅征捕”。[2] 回到这一诏令本身，该诏令并非以干涉诸侯司法而颁布，其原因在于文帝六年（前 174 年）贾谊借对绛侯周勃采取的司法强制措施而进谏文帝“故贵

[1] 李开元：《汉帝国的建立与刘邦集团：军功受益阶层研究》，生活·读书·新知三联书店 2000 年版，第 98 页。
[2]《资治通鉴·汉纪六》。

大臣定有其罪矣，犹未斥然正以呼之也，尚迁就而为之讳也。"目的是让文帝以礼相待以德服人。文帝纳其言，"是后大臣有罪，皆自杀，不受刑。"一年后即文帝七年，这一礼遇范围便扩大到"列侯太夫人、夫人、诸侯王子及吏二千石"等人，并非干预诸侯司法。因此，文帝借淳于意案插手地方司法审判似证据不足。若以文帝为中心的汉廷担心齐国包庇淳于意而导致司法不公[1]，为主持正义便将淳于意案提升到诏狱的规格审理，为何对淳于意案的公正性放置一旁，反倒以废除肉刑之法解决了缇萦代亲受刑的难题。另外，如果真是担心齐国司法不公，那为何缇萦上书救父却直接认罪伏法而不伸冤以求公道？再则，张朝阳的分析是建立在齐国已经对淳于意案做了判处肉刑的决定之基础上，文帝只是让其到长安执行肉刑，此举更与汉廷担心齐国司法不公无关。因为若是这样的话，文帝等于成了执行肉刑的监督者，与其在事后介入还不如直接提审来得有效。

贾谊在建议对犯罪受刑大臣以礼相待的同时，还同时提醒文帝要将防范地方藩王提上议事日程，并尽早未雨绸缪：

> 数年之后，诸侯之王大抵皆冠，血气方刚；汉之傅、相称病而赐罢，彼自丞、尉以上遍置私人。如此，有异淮南、济北之为邪？此时而欲为治安，虽尧、舜不治。[2]

贾谊因此建议文帝"欲天下之治安，莫若众建诸侯而少其力。力少则易使以义，国小则亡邪心。……割地定制，令齐、赵、楚各为若干国，使悼惠王、幽王、元王之子孙毕以次各受祖之分地，地尽而止。"这便是贾谊最著名的《治安策》，无不巧合的是他恰好也提醒文帝尽早"医治"王国势大欲反之痼疾，还以扁鹊"预防医学"之观念喻之：

---

[1] 秦汉时期的刑事案件一般是按地区进行管辖。所谓地区管辖，即对案件的告发及相关人犯的逮捕、鞫讯、审判权一般均由案发地司法机构管辖。举告罪犯并提起诉讼，一般都要到当地官府进行，《二年律令·具律》载："诸欲告罪人，及有罪先自告而远其县廷者，皆告所在乡，乡官谨听，书其告，上县道官。廷士吏亦得听告。"如果盗贼或被追捕的刑事犯逃出郡界、县界，也往往由案发地的官员进行追捕，《二年律令·捕律》载："群盗杀伤人、贼杀伤人、强盗，即发县道，县道亟为发吏徒足以追捕之，尉分将，令兼将，亟诣盗贼发及之所，以穷追捕之，毋敢□界而环（还）。"一般藏匿在其他郡县的罪犯，案发地的司法官员往往须请求罪犯所逃往的郡、国、县的司法机构及官吏进行协助，而这些郡、县也有义务捕捉这些逃犯。参见阎晓君：《〈奏谳书〉所反映的汉初政区地理与司法管辖——张家山汉简研究之三》，载《烟台师范学院学报（哲学社会科学版）》2004年第3期。

[2] 《资治通鉴·汉纪六》。

天下之势方病大掊。一胫之大几如要，一指之大几如股，平居不可屈信，一二指搐，身虑亡聊。失今不治，必为锢疾，后虽有扁鹊，不能为已。病非徒掊也，又苦跖盭。元王之子，帝之从弟也；今之王者，从弟之子也。惠王，亲兄子也；今之王者，兄子之子也。亲者或亡分地以安天下，疏者或制大权以逼天子，臣故曰非徒病掊也，又苦跖盭。可痛哭者，此病是也。[1]

在景帝平定吴楚"七国之乱"以前，王国对汉朝的军事威胁始终存在，汉廷与王国仍是随时可能发生战争的国与国的关系，相互之间对各自人口进行严格管控。各诸侯国之间对人口的流动有严格禁令。例如吴王刘濞"招至天下亡命者，……佗郡国吏欲来捕亡人者，讼共禁弗予"。[2] 淮南王刘长"收聚汉、诸侯人及有罪亡者，匿与居"。[3] 其他诸侯国官吏前来"捕亡人"，说明各王国禁止本国人擅自脱离本国留居他国。淳于意之所以不敢前往其他强大的诸侯国为国君治病，是因为唯恐被其他王国扣留，所以才选择仅在齐国各地行游，居所不定，以寻求保全之所。这正是《史记》所载"皆使人来召臣意，臣意不敢往。文王病时，臣意家贫，欲为人治病，诚恐吏以除拘臣意也，故移名数，左右不脩家生，出行游国中，问善为方数者事之久矣"的真正含义。"恐吏以除拘臣意也"之"吏"不仅指齐王之吏，而且还包括其他藩王之吏。这一状况在文帝十二年（前168年）发生了变化。

为了论证文帝与淳于意的关联，张朝阳将视角转向了二人之间的关键联系人刘将闾。他认为齐国一分为六后最大的受益者是刘将闾，因为他成了齐文王的继承者。有关刘将闾的史料甚少，但通过淳于意的诏对来看，二人之间有着紧密私人交往。淳于意在"文王病时……身居阳虚侯国，因事侯。侯入朝，臣意从之长安"，看似有刻意逃避为齐文王治病之嫌，背后当有刘将闾的指使。刘将闾视淳于意为亲信，在继承齐王位后竟让他跟随朝见。在之后的"七国之乱"中，曾经与汉廷矛盾重重的齐国在刘将闾的统治下却没有参与，史载胶西等国"欲与齐，齐孝王狐疑，城守不听，三国兵共围齐"，这说明刘将闾、淳于意与文帝之间的关系非同一般。我们虽然不能确定文帝与淳于意的直接关联，但淳于意与刘将闾之间的"铁杆交情"是我们分析淳于意案发前后是否具有政治交易的重要线索。在案结之后，淳于意再次回到了刘将闾的门下，成了新任齐王刘将闾麾下用来拉拢齐地诸侯，

[1]《汉书·屈原贾生列传》。
[2]《史记·吴王濞传》。
[3]《汉书·淮南王传》。

稳定文帝一分齐国为六的政治谋略之重要媒介。

张朝阳最后进一步认为文帝之所以借淳于意案废除肉刑，是先于诸侯王在封国行废除肉刑，显示出天子一体同仁地以天下臣民为子民，让诸侯国人和汉民再无差别，此乃文帝实施的一种"软实力"策略——削弱诸侯王势力，打造天下一家。[1] 这一说法亦值得推敲，当时诸侯国实力强大，完全可以弃汉法而不用，文帝废除肉刑之方案尚不科学，且在改革刑罚后的十年内均未能调整废除肉刑后带来的刑罚轻重失衡的问题，一直到景帝执政时才有所改观。如果文帝果真是希望利用废除肉刑来削弱地方藩王势力，争取藩王统治下的民众对汉廷和文帝的认同感的话，在废除肉刑后必然要审视和改进刑罚改革。应该说废除肉刑的结果是打造文帝亲民恤民之善举，争取民心，但并非废除肉刑的关键原因，不可本末倒置。

作者认为，淳于意客观上具有广泛的人际关系和政治资源。但在案发后淳于意被押送长安之前，淳于意没有机会与汉文帝接触，文帝不存在利用他的问题。案发以后，汉文帝虽然免了其肉刑并释放他回故地，但淳于意不再担任太仓长，没有证据证明汉文帝重用了淳于意，或汉文帝与淳于意做了政治交易。至于汉文帝利用淳于意案废除了肉刑，事后客观上加强了中央集权抑制了地方诸侯，汉文帝主观上不能说没有考量过，淳于意案的出现为汉文帝主动干预齐国内政干预诸侯司法提供了契机，但汉文帝废除肉刑主要不是为了这个政治目的。

六、淳于意是否是文帝或刘将间的间谍

身为游医且后来身居要职的淳于意显然具有成为间谍的先决条件。判定淳于意是否为文帝或刘将间的眼线或间谍，首先要看文帝或刘将间是否具备用淳于意为间谍的条件，然后再看淳于意要成为间谍还需要具备什么其他条件。

医者的身份加上其身居齐国官僚队伍的优势，让淳于意既能窥测到藩王及其家眷的身体状况，又能掌控关乎王国权势基础的粮仓，这些对汉廷而言都是及其重要的政治军事情报。尤其是在朝廷依照惯例向诸侯任命的丞相和太傅已经失效的前提下，利用担任重要职务且深得齐国王室信任的名医及时获取情报就显得尤为重要，足以严防重蹈济北王刘兴居和淮南王刘长突然谋反之覆辙。张朝阳认为文帝经过淳于意案后萌生了利用淳于意收集齐国情报并谋杀齐文王刘则的想法。

[1] 张朝阳：《缇萦如何能救父：汉天子的软实力》，载《文史知识》2017 年第 8 期。

不过，这一做法较为明显，毕竟淳于意在文帝因感动其女缇萦孝行而废除肉刑诏告天下后，淳于意父女便一夜成名，尤其是作为官贵阶层当在第一时间知晓了淳于意的高明医术和淳于缇萦的感动孝行。如果此时已经成为公众人物的淳于意再返回齐国收集情报，自然不是明智之举，其一举一动便会被齐国政要密切关注，经过了诏狱的审判，淳于意已经成为皇帝不惜仓促废除肉刑而力保的人，这一身份已是路人皆知。并且，案结后淳于意已经免官家居，不再担任齐国太仓长一职，没有了身在官场的优势来更好地完成谍报任务。

《汉书·文帝纪》载文帝十二年（前168年）三月"除关无用传"。"关"是指环绕关中的五关（扦关、陨关、函谷关、武关、临晋关）和"诸塞之河津"即关中与关外的水路交通要津。根据《二年律令》规定，关中人员、物资、马匹等出入关津要严格登记审查，严禁关中人、财、物流往诸侯王国；在汉与"诸侯"即诸侯王国的边境线上设亭障，驻士卒，严防死守，防止"诸侯"侵犯汉境和汉人外逃，禁止"诸侯"男子娶关中女子为妻，严防"诸侯"间谍等。汉文帝"除关无用传"以后，《二年律令》所规定的各项禁令至此部分地废除了：既然可以自由出入关，也就不存在诸侯国人到关中为间谍或关中人不能到诸侯王国定居的问题[1]，这就意味着至少在文帝十二年后，中央与王国之间的间谍已经没有存在的必要，双方自由来往获取信息将十分便利，文帝在公元前168年之后还利用淳于意在齐国收集情报已经没有了意义。

有的学者虽然强调汉代藩王之间的间谍活动在漫长的中国谍报史中颇具代表性，但关于西汉初年的间谍活动却语焉不详。有论者专门列举汉代军队有专门进行侦察活动的"候骑"和"斥候"，并且还出现了专门管理侦察间谍活动的官吏"候吏"。然而，作为侦查性质的间谍是职业化军队的必需人员，不属于政治间谍，似乎不能说明问题。已有研究对汉代政治领域广泛存在的有组织的间谍特务活动并没有详细介绍。[2] 虽然间谍多为军事性质，然帝王利用政治间谍督察百官乃巩固政权的重要凭借。政治间谍及其组织机构多为内向型，以监视、镇压国内官员或百姓为主要任务。例如北周宣帝"恐群臣规谏，不得行己之志，常遣左右密伺察之，动止所为，莫不抄录，小有乖违，辄加其罪。"[3] 明代皇帝则是明目张胆利用厂卫力量监视百官。然依靠间谍巩固统治并非明主之举，正所谓"明君不用长耳目，不

[1] 陈苏镇：《汉初王国制度考述》，载《中国史研究》2004年第3期。
[2] 庄林丽：《论中国古代的间谍职官和机构》，载《濮阳职业技术学院学报》2011年第2期。
[3] 《周书·宣帝纪》。

行间谍，不强闻见，形至而观，声至而听，事至而应，近者不过，则远者治矣。"[1]

古代间谍有专职间谍和临时间谍之分。专职间谍多为军事间谍，《吴子·论将》曰："凡兵有四机：一曰气机，二曰地机，三曰事机，四曰力机。……善行间谍，轻兵往来，分散其众，使其君臣相怨，上下相咎，是谓事机。"临时间谍为政治间谍，其身份包括夫人、卿大夫、使、医官、仆役、盗贼、囚徒等。医官和仆役身份较低，但很容易让身份显赫者卸下防备，而且相对于夫人和卿大夫更容易被操控，且执行间谍任务的代价较低，因此从事多是一些简单但风险较大的间谍活动。例如《左传·僖公三十年》载："晋侯使医衍酖卫侯。"与淳于意同时代，又为同姓且名字恰好为衍的女侍医在汉宣帝时就被霍光夫人利用毒杀皇后，"（霍）显前又使女侍医淳于衍进药杀共哀后，谋毒太子，欲危宗庙。"[2]用来传递情报的秘语称为隐语、瘦辞、或谬语。秘语除了借用词语外，还有谐音，拆字等方法。[3]总之，间谍往往通过使用口头隐语、书面隐语、实物隐语等传递机密之事。

在《孙子兵法·用间篇》看来，有资格使用间谍者应当具备七个条件：一是以上智者为间。既要有胆略又要有智慧；二是"莫亲于间"。必须是亲信，绝对忠诚；三是"赏莫厚于间"；四是"事莫密于间"。严格保密；五是"非圣智不能用间"。只有才智过人才能使用间谍；六是"非仁义不能使间"。仁义之士方能控制间谍。七是"非微妙不能得间之实"。用间之人当善于精细分析巧妙指导，才能获取真实的情报。由此观之，文帝因其奠定了"文景之治"的盛世最符合以上七个善于用间者的条件，但刘将闾不适合用间，景帝三年（前154年），吴楚"七国之乱"爆发，他狐疑观望；三国叛军围齐，他一面派人求救，一面暗与叛军联络。在栾布击破叛军后惧而自杀。[4]可见，刘将闾胆小怕事，畏首畏尾，犹豫不定，唯唯诺诺的性格并不适合使用间谍。这种性格也正是文帝选用其作为齐王继承人的用意。

能够成为间谍者则有五类人，即"用间有五，有因间、有内间、有反间、有死间、有生间。"一是"乡间"，即本地普通人为间；二是"内间"，即收买内部人（官吏）为间；三是"反间"，即利用敌方间谍为间；四是"死间"，"为诳事于外，令吾间知之，而传于敌间也"；五是"生间"，"往来之使"。唐代李靖对此做了详细地注解说明：

[1]《群书治要·尸子·发蒙》。

[2]《汉书·宣帝纪》。

[3] 杨伯峻编著：《春秋左传注·宣公十二年》，中华书局2009年版，第701页。

[4]《史记·齐悼惠王世家》。

间之道有五焉。有因其邑人，使潜伺察而致辞焉。有因其仕子，故泄虚假，令告示焉。有因敌之使，矫其事而返之焉。有审择贤能，使觇彼向背虚实而归说之焉。有佯缓罪戾，微漏我伪情浮计，使亡报之焉。凡此五间，皆须隐秘重之，以赏密之又密，始可行焉。若敌有宠嬖，任以腹心者，我当使间遗其珍玩，恣其所欲，顺而旁诱之。敌有重臣失势不满其志者，我则啖以厚利，诡相亲附，采其情实，而致之敌。有亲贵左右，多辞夸诞，好论利害者，我则使间曲情尊奉，厚遗珍宝，揣其所间而反间之。敌若使聘于我，我则稽留其使，令人与之共处，矫致殷勤，伪相亲昵，朝夕慰谕，倍供珍味，观其辞色而察之，仍朝夕令使独与己伴居，我遣聪耳者潜于复壁中听之，使既迟违，恐彼忟责，必是窃论心事，我知事，计遣使用之。[1]

"内间者，因其官人而用之。"杜牧对发展什么样的敌方官员为己方间谍理解得更加透彻：

敌之官人，有贤而失职者，有过而被刑者，亦有宠嬖而贪财者，有屈在下位者，有不得任使者，有欲因败丧以求展己之材能者，翻覆变诈，常持两端之心者，如此之官，皆可以潜通问遗，厚贶金帛而结之，因求其国中之情，察其谋我之事，复间其君臣，使不和同也。

因在其官失职者，若刑戮之子孙，与受罚之家也。因其有隙，就而用之。[2]

杜牧认为"生间者，必取内明外愚，形劣心壮，趋捷劲勇，闲于鄙事，能忍饥寒垢耻者为之。"[3] 这些挑选"生间"的标准同样也适用于其他种类的间谍。谍报人员"比多智慧、有口才、尚义气，有此三者，可使往来游说，观察敌情；而形劣气壮，内明外愚之人，可使之诈降，及托僧道技艺之人，出入敌营，窃听情报。"[4] 淳于意虽然具备间谍的外在条件（僧道技艺之人），然内心不能忍辱负重，尚未遭受肉刑便向女儿发泄怨气，在诊断病情时过于直接，性格直率且喜欢显摆，纵然我们无法得知其长相外形，但这样过于功利和直接的性格既无法被用间之人操控，

[1] 杜佑：《通典》卷151《兵四》。
[2] 孙武：《十一家注孙子》，上海古籍出版社 1978 年版，第 334 页。
[3] 孙武：《十一家注孙子》，上海古籍出版社 1978 年版，第 339–340 页。
[4] 赵安郎：《孙子兵法百战韬略附赵注孙子》，东南大学出版社 1992 年版，第 316 页。

又容易泄露身份。

　　早期作为民间游医淳于意有通过行游诸侯、为人治病、了解民情等职业便利会顺便搜集情报，但寻找医方并通过行医来验方才是淳于意的兴趣所在，否则淳于意就不用担心官府的"除拘"。如果淳于意是间谍的话，他没有理由担心被官府征辟，成为正式官员反倒更有利于收集情报。而对慕名而来寻求医疗帮助的赵王等人，淳于意竟是不敢前往，这至少表明了他并非谍报人员。否则，背后有文帝或刘将间支持的淳于意定会欣然应召，因为这是刺探吴国和赵国等强大诸侯国机密的绝好时机。如果说赵王和吴王强势，淳于意不熟悉他国国情而不敢前往的话，那么在案结之后，他对齐系诸侯胶西王和济南王的召请就不至于"不敢前往"。因为胶西王和济南王获封均在淳于意案结之后，为了报答文帝为其废肉刑或刘将间重用提拔之大恩，淳于意应当毅然决然地赴约收集情报。因此，在没有直接证据的情况下，所有的间接推测只是合理的想象。我们既不能推测淳于意在案结后成为专门间谍暗杀齐文王刘则，又不能猜想淳于意在案发之前就已经是专门间谍，利用行医和仓公的双重身份收集情报。所有的医疗情报只是算作是淳于意的人生见闻，只因他为了求真知成良医将诊籍记录下来才能一一详细回奏文帝。在文帝事后诏问淳于意时，淳于意为了感念文帝之仁慈，也会尽可能详细回奏，十分正当和自然地让文帝获取了相关政治情报。这种君臣奏对的心照不宣才是最有智慧且最有价值的沟通。总之，淳于意有成为间谍的条件，但还不是文帝间谍的合适人选。

第三节　案结后诏问之疑

一、谁诏问以及为何事诏问

1.诏问淳于意的皇帝是文帝还是景帝

因司马迁的记载较为笼统，学界对诏问淳于意的皇帝存在三种观点：一是诏问乃文帝审讯淳于意的笔录（供词）。二是淳于意在诏狱和案结后家居期间多次接受了文帝的诏问。三是景帝诏问淳于意而非文帝。其理由是，景帝中元五年（前145年）九月就如何处理"狱疑"下诏曰：

> 法令度量，所以禁暴止邪也。狱，人之大命，死者不可复生，吏或不奉法令，以货赂为市，朋党比周，以苛为察，以刻为明，令亡（无）罪者失职，朕甚怜之。有罪者不伏罪，奸法为暴，甚亡（无）谓也。诸狱疑，若虽文致于法而于人心不厌者，辄谳之。

据此，有学者认为该诏书内容乃文帝废除肉刑之诏的"翻版"，且认为景帝为了更进一步了解文帝平反淳于意冤案和废除肉刑的真相，便诏问淳于意的行医和为官经历。按淳于意生于公元前215年算，淳于意到景帝中元五年已逾古稀，因此不能一一回忆起所有病案，"久颇忘之，不能尽识"。该学者进一步论证在淳于意上书奏闻后，景帝又在后元元年（前143年）正月对快速审理"狱疑"再次下诏：

> 狱，重事也。人有智愚，官有上下。狱疑者谳有司。有司所不能决，移廷尉。有令谳而后不当，谳者不为失。欲令治狱者务先宽。

该学者据此认为，景帝的这两道关于处理"狱疑"的诏书与文帝处理淳于意冤案有直接关系，于是断定淳于意至少活到景帝后元元年（前143年）。[1] 从这两道诏书的文本上来看，其主要解决的问题是疑狱（疑难案件）而非冤狱。淳于意案以淳于意的认罪为前提，缇萦上书的内容已经清晰地说明了这一问题。并且，淳于意案的审理是以诏狱的程序进行的，景帝的以上两道诏书的目的是加速疑难案件的审理程序，因此，以上诏书当与淳于意案绝无关系。另外，景帝前述第一道诏令明显指向的是死刑（人之大命，死者不可复生）而非肉刑。淳于意与景帝当无任何交集，景帝没有任何必要诏问淳于意的职场经历。如果说景帝为了修正文帝以笞刑易肉刑的弊端而需要了解淳于意案的全部详细经过的话，他完全可以翻看淳于意案的卷宗。我们并不能因为景帝发布了两道诏书就表明此事与淳于意案直接相关，进而推测是景帝诏问了淳于意。

2.诏问是否为庭讯的笔录

从司马迁叙述的技巧上来看，这些医案显然是附在废除肉刑之后，如果是作为庭讯记录的话，至少在审理诏狱时会提及文帝召见了仓公，亲自询问了案件的来龙去脉，这对于塑造文帝的贤明之君的形象当增色不少，但实际却以"书奏天子，天子怜悲其意"寥寥数语带过，省略了文帝作出废除肉刑决策的过程，虽然凸显了文帝即除肉刑的果敢和亲民恤民的形象，但如果后文所写诏书确有文帝当面审理淳于意的实况记录，将其作为文帝废除肉刑决定的理由向世人展示，更能彰显帝王的沉稳和深思熟虑，也更能让民众接受尚未设计科学的肉刑替代方案。更重要的是，从司马迁的记载来看，诏问的首句便是"意家居，诏召问所为治病死生验者几何人也，主名为谁。"此句乃司马迁对诏问内容总括性的描述，其中"家居"一词值得注意，《史记》所载的"家居"一词大致有两种不同的含义：其一是指生活或居住状态。例如《史记·魏其武安侯列传》载："灌夫家居虽富，然失势，卿相待中宾客益衰。"其二是指免官或赋闲在家，使用最多，仅列举数例如下:《史记·李将军列传》载李广兵败被下狱，"当斩，赎为庶人。顷之，家居数岁。"《史记·司马相如列传》载："相如既病免，家居茂陵。"[2]《史记·郦生陆贾列传》载："孝惠帝时，吕太后用事，欲王诸吕，畏大臣有口者，陆生自度不能争之，乃病免家居。"《史

---

[1] 何爱华:《淳于意生平事迹辩证》，载《文献》1988年第2期。
[2]《史记·司马相如列传》。

记·袁盎晁错列传》载:"袁盎病免居家……袁盎虽家居,景帝时时使人问筹策。"[1]《史记·吴王濞列传》载:"吴楚反书闻,兵未发,窦婴未行,言故吴相袁盎。盎时家居,诏召入见。"《史记·魏其武安侯列传》载:"武安侯新欲用事为相,卑下宾客,进名士家居者贵之,欲以倾魏其诸将相……魏其、武安由此以侯家居。""颍阴侯言之上,上以夫为中郎将。数月,坐法去。后家居长安,长安中诸公莫弗称之……上恐太后诛夫,徙为燕相。数岁,坐法去官,家居长安。"《史记·酷吏列传》载:"宁成家居,上欲以为郡守……义纵自河内迁为南阳太守,闻宁成家居南阳……"《史记·佞幸列传》载:"及文帝崩,景帝立,邓通免,家居。"[2]淳于意案发时的身份尚是齐太仓长,此处的"意家居"意味着淳于意经诏狱案后被免官赋闲在家,然后才被诏召。另外,从皇帝"诏问"的内容皆属诊病习医的范畴说明,淳于意的身份已纯然是一位医家。[3]就此而言,据淳于意答诏曰"意家居"及"诏问故太仓长臣意"看,皇帝诏问淳于意当发生在"坐法当刑"之后。因此,有学者认为皇帝的诏问是淳于意案的庭讯笔录就脱离了司马迁原文的记载。[4]

3.文帝是一次诏问还是多次诏问了淳于意

从发问人发问的内容顺序和逻辑关联上分析可以得出大致的判断。

表9　诏书问题关联性分析表

中心问题	所为治病死生验者几何人也,主名为谁。	
总问题	方伎所长,及所能治病者? 有其书无有? 皆安受学? 受学几何岁? 尝有所验,何县里人也? 何病? 医药已,其病之状皆何如? 具悉而对。	
分问题	内容	关联
1	所诊治病,病名多同而诊异,或死或不死,何也?	从淳于意对问题1的最后回答"他所诊期决死生及所治已病众多,久颇忘之,不能尽识,不敢以对"来看,问题2是对回答"决生死"的追问,问题8是补问,当属同一问题
2	所期病决死生,或不应期,何故?	
3	意方能知病死生,论药用所宜,诸侯王大臣有尝问意者不? 及文王病时,不求意诊治,何故?	问题3和问题4所问皆为文王病情,当属同一问题,而且这里所说的"诸侯王大臣"当是齐诸侯之外的诸侯王大臣。紧跟第1个分问题的追问
4	知文王所以得病不起之状?	

[1]《史记·袁盎晁错列传》。

[2]《史记·佞幸列传》。

[3] 姚海燕:《仓公"坐法当刑"蠡测》,载《南京中医药大学学报(社会科学版)》2016年第2期。

[4] 范行准:《中国医学史略》,中医古籍出版社1986年版,第32页。

5	师庆安受之？闻於齐诸侯不？	问题5针对的是总问题"皆安受学"而发，与问题6和问题7皆构成了文帝对淳于意医方来源和流向的主要内容，当属一体。
6	师庆何见於意而爱意，欲悉教意方？	
7	吏民尝有事学意方，及毕尽得意方不？何县里人？	
8	诊病决死生，能全无失乎？	问题8又回到了问题1和问题2，是对总问题"尝有所验""医药已，其病之状皆何如？"的最后再次补问，用以再次确证神医药方的可靠性，回应了淳于意对问题1的回答。
评析	从对医方的关注上看，以上问题皆为对淳于意凭借所习医方决生死是否灵验的细致追问，当属一体。而且8个问题紧密围绕总问题进行展开，中心明确，环环相扣。发问人将信将疑的再三追问下可谓步步紧逼，直接而干脆，当属同一人所问。	

从诏对问答的称谓方式来看，司马迁先后使用了"诏问故太仓长臣意……臣意对曰""臣意曰""问臣意……对曰""问臣意曰……对曰""问臣意……臣意对曰"五种表达手法。考虑到战国以来，多自称臣以示谦卑恭敬之意，对象不限于君王。汉代高官、平民以及刑徒上书皆不言姓，而以"臣+名"的形式自称[1]，汉代章、表、奏、议四种文书的起首有共同的体式，即"官职+臣+名"。[2]除了上书之外，诸侯与官吏、长吏与属吏、父子之间也可以使用。称"臣"的广泛性导致有学者认为诏问淳于意的不只有文帝一人，还包括景帝。[3]虽然我们仅凭"臣意"的称谓并不能判断诏问者是谁，但从诏问的整体性上来看，"臣意"则是"故太仓长臣意"的简称，显然只有文帝作为诏问者，因为淳于意是文帝朝的太仓长，而非景帝。

4.文帝为何在案结后还要专门诏问淳于意

其诏问的目的到底为何？最主要的原因当然是淳于意名医的身份让文帝发生了极大的兴趣。秦汉时期征集"方书"是皇帝始终关注的要事之一。秦始皇从民间广为搜集医药之书，焚书坑儒时给予专门保护："所不去者，医药卜筮种树之书"，当时将医书称之为"柱下方书"。由于御史在焚书坑儒时负有案察之责，所以就兼管"柱下方书"。《史记·张丞相列传》曰："张丞相苍者，阳武人也。好书律历，

---

[1] 参见代绍国：《汉代章奏文书"需头"与"言姓"问题考论》，载《兰州学刊》2017年第8期。《史记》有多处并非官员但对皇帝自称"臣"的记载。例如《史记·平淮书》载富商卜式上书皇帝时就说："臣少牧，不习仕宦，不原也。"《史记·袁盎晁错列传》载梁王金来刺客对袁盎说："臣受梁王金来刺君，君长者，不忍刺君。"《史记·平津侯主父列传》载公孙弘已被免官，但称"臣已尝西应命"云云，并且并非对皇帝上言。

[2] 余建平：《尊君卑臣：汉代上书体式及套语中的皇帝权威》，载《档案学通讯》2019年第2期。

[3] 何爱华：《淳于意生平事迹辩证》，载《文献》1988年第2期。

秦时为御史，主柱下方书。"陈直在《史记新证》作了如下注释："方书谓医药之书，是说明柱下史之兼管。与本传言苍无所不学，无所不通正合。"文帝四年升任丞相的张苍曾任秦汉御史，想必十分精通柱下方书，对淳于意这一少有的神医自然十分有兴趣进一步了解，御史大夫主持草拟诏书，而从废除肉刑的诏书由丞相和御史大夫共同上奏来看,丞相张苍亦有权主导诏问淳于意的内容。由此可以断定，汉文帝诏问仓公的诏书当是丞相和御史大夫共同撰写的。从丞相张苍此前对神医医方的浓厚兴趣来看此推断不假，因为文帝诏问淳于意的几个问题便是"方伎所长，及所能治病者？有其书无有？皆安受学？受学几何岁？尝有所验,何县里人也？何病？医药已，其病之状皆何如？具悉而对。"就此可知，"具悉而对"表明文帝很是关心医方书籍，诏问所提"方伎"即指医药学。技、伎二字互通，故"方伎"又作"方技"。"方伎"二字最早见于《史记·仓公列传》。方技在秦汉已经细分为四类，即医经、经方、房中、神仙。《史记》以"方"作为技能的有两类人物：一是"方者"，二是"方士"。精通医经和经方的为"方者"（医生），精通房中术和神仙术为"方士"。秦汉时期的方士不仅精通神仙术，而且也精通医术，他们一方面鼓吹长生不老术，奔走于帝王诸侯之间；另一方面又行医于江湖，悬壶济世，治病救人。[1] 因此，为求得健康长寿以及全面掌控健康资源，是文帝诏问淳于意最直接的目的。

通过《左传》到《史记》记载的春秋至汉代的良医事迹，民众被普及的生命医学常识便是即便神医也不一定能起死回生，但是能看到生死的门限。因此汉文帝对淳于意能"决生死"的本领十分好奇，而且尤其对淳于意所学之医方最感兴趣，并且一再确认淳于意对"决生死"的把握程度。可以说从皇帝到藩王乃至平民，都希望通过名医"决生死"的绝技来获知自己大限何至，毕竟生命无常，这是西汉医者之于生死观的价值所在。余英时的研究指出，从战国末年到汉初，生的观念分别沿两条线走：一为宇宙创始力量，二为个体生命的重要。对"生"的普遍重视生发出了"不朽"的观念，包括"世间（现世）不朽"和"彼世不朽"。帝王们展开了对"不朽"的狂热追求，例如秦始皇与汉武帝封禅均无使用儒生之例，说明封禅不为政治实为求仙。不过，在个体生命的层面上，长寿先于不朽出现，西汉初年帝王追求的只是长寿不死而不是真正的仙，这又促成了这种两种"不朽"

[1] 朱子彦:《秦汉社会方技—医药学探析——兼论司马迁为扁鹊仓公立传的历史意义》，载《西安财经学院学报》2013年第4期。

合二为一，成为"世间之仙"，于是造成了当时整个社会"长寿不朽"观念的盛行。[1]
处于秦始皇（追求自我长寿）和汉武帝（追求本人成仙）之间的汉文帝，必然是
对两种"不朽"均有欲望，但是获得世间的不朽是前提。于是，文帝自然十分关
心淳于意"决生死"的可靠性与医方的有效性。

二、淳于意被诏问的时间

按照淳于意的叙述，在拜师阳庆之前，虽然他已经在公孙光处学医，但医方
多有不验，正如公孙光所言："吾有所善者皆疏，同产处临菑，善为方，吾不若，
其方甚奇，非世之所闻也。吾年中时，尝欲受其方，杨中倩不肯，曰'若非其人也'。"
杨中倩（生卒年不详，应当为公孙光之友人，也当是医者）认为公孙光天分不够，
其所掌握的医方已经荒废，才导致淳于意学艺不精。当公孙光看到了淳于意的天
分后，才决心将其推荐给他曾经欲拜入门下的阳庆，于是，就有了淳于意于高后
八年（前 180 年）拜师学艺阳庆之机缘。当年文帝即皇帝位。淳于意学艺三年，
第一年学习医方诊治理论，第二年即按照所学开始实习治病，虽然有效，但不精进，
第三年已经是"有验精良"：

> 自意少时，喜医药，医药方试之多不验者。至高后八年，得见师临菑
> 元里公乘阳庆。庆年七十余，意得见事之。……受读解验之，可一年所。
> 明岁即验之，有验，然尚未精也。要事之三年所，即尝已为人治，诊病决
> 死生，有验，精良。今庆已死十年所，臣意年尽三年，年三十九岁也。

若结合后文淳于意的回答便可大致推测文帝诏问的时间：

> 他所诊期决死生及所治已病众多，久颇忘之，不能尽识，不敢以对。……
> 今臣意所诊者，皆有诊籍。所以别之者，臣意所受师方适成，师死，
> 以故表籍所诊，期决死生，观所失所得者合脉法，以故至今知之。

淳于意开始撰写诊籍是在阳庆死后，此处的"师"所指即为阳庆。因为最开

---

[1] 参见 [美] 余英时：《东汉生死观》第一章"生与不朽"部分内容，侯旭东译，上海古籍出版社 2005 年版。

始淳于意答诏时提及的"师"即阳庆,只是在文帝追问淳于意为何有机会认识阳庆并得其真传时,才提到曾求学于公孙光,经由公孙光引荐才能拜师阳庆。因淳于意在阳庆处学医三年,也即阳庆死于文帝三年左右。他在答诏文帝时说"今庆已死十年所","所"即"左右",刚好是在淳于意案发的文帝十三年左右。结合《史记》所载诏问的时间是"意家居,……诏问故太仓长",大致可以判断是文帝于十三年案结之后不久即诏问淳于意。另外,在文帝诏问的问题中两次提到齐文王,分别是"及文王病时,不求意诊治,何故?"以及"知文王所以得病不起之状?"淳于意对曰"臣意论之,以为神气争而邪气入,非年少所能复之也,以故死。"如此表明在文帝诏问时,齐文王刘则已经去世。因此,可以判断淳于意答诏的时间当是在文帝十六年夏刘则死后分齐国为六的四月之后,据载"丙寅,立齐悼惠王子在者六人:杨虚侯将闾为齐王,安都侯志为济北王,武成侯贤为淄川王,白石侯雄渠为胶东王,平昌侯卬为胶西王,扐侯辟光为济南王。淮南厉王子在者三人:阜陵安为淮南王,安阳侯勃为衡山王,阳周侯赐为庐江王。"[1] 因此,在淳于意答诏中就出现了"胶西王、济南王和淄川王"等名号。

多有学者认为司马迁在记载时以最尊的称号称呼,是古时的惯例。例如同传对扁鹊事迹的记载就用了"赵简子"之称,这是扁鹊在世时尚未有的谥号,司马迁诸侯王的称谓并不能作为确定年代的依据。因此,淳于意病案所提到的诸侯王名称,可能是后人的改称。但由于证据有限,推论成分较多[2],因此,为了确保时间上的合理性,便提出诏问并非只有文帝,还有景帝,且诏问次数不止一次的设想,张朝阳甚至认为诏问达九次之多,由于淳于意的回答出现了淄川王。淄川王始封于文帝十六年,所以诏问的时间上限便是文帝十六年。从司马迁对淳于意答诏的记载来看,司马迁对称号的使用还是相当谨慎并且有所区别,比如司马迁的笔下出现了"故济北王阿母""阳虚侯相""齐王故为阳虚侯时",尤其是在提及齐王刘则时,引用了"文王"的谥号。考虑到扁鹊距司马迁的时代较远,误用称号也是极有可能的,但齐文王刘则距离司马迁时代较近,而且又是诸侯称号,司马迁不得不谨慎,错误的概率很低。此外,司马迁为淳于意作传,依据的定是宫廷档案,尤其是淳于意答诏时的"诊籍"记录,并非专业医者的司马迁面对如此有价值的史料,没有理由另行改写转述,只需要原文抄录即可。因此,司马迁在淳

[1]《资治通鉴·文帝纪》。
[2] 沈澍农:《〈仓公传〉中的时间问题蠡测》,载《中华中医药学会医古文分会成立三十周年暨第二十次学术交流会论文集》,2011年8月。

于意传的记载应当真实可信，不能为了得到预想的时间轴而怀疑司马迁对淳于意医案记载的"马虎"。据何爱华先生的考证，淳于意为齐地官贵平民等诊治的时间应该是淳于意从文帝十六年（前164年）到景帝三年（前154年）时期。在这一时期，淳于意还应召去淄川，还为淄川王刘贤治过病。[1] 我们无法确认淳于意是否活到了景帝三年，但他与诸侯王及其大臣的来往多在文帝前元十六年后。依"诊籍"称引人物的惯例，淳于意诊治的齐国官员大多是齐孝王刘将闾的部下。

紧接着以上问题，淳于意再次答诏曰"身居阳虚侯国，因事侯。侯入朝，臣意从之长安，以故得诊安陵项处等病也。"根据《史记·汉兴以来诸侯王年表第五》所载，刘将闾仅在孝文后元三年（前161年）庚辰来朝，就此可以判断文帝诏问淳于意的大致时间当在公元前161年，不晚于公元前160年，否则距文帝十三年已经超过7年，远过了"十年所"的时限。

三、答诏之后为何踪影难觅

既然缇萦上书能够废除肉刑，在救父壮举一战成名之后，却在史书中销声匿迹，且淳于意的余生若不是有文帝诏问，我们也无从得知，淳于父女二人在案结之后如同人间蒸发，消隐无踪。从特地为淳于意这位神医作传的角度来看，司马迁理应对淳于意案结后的生活给予足够关注，更何况淳于意的诊籍涉及的多为案结之后遇到的病患，司马迁对淳于意父女在上演"人间真情"之后便保持缄默，实在令人生疑。唐人白居易在为好友元稹之母所作的《唐河南元府君夫人荥阳郑氏墓志铭》，以史上奇女子生平事迹来衬托元郑氏的完美一生便提到："昔漆室缇萦之徒，烈女也！及为妇则不闻。伯宗梁鸿之妻，哲妇也！及为母则无闻。文伯孟氏之亲，贤母也！为女为妇时亦无闻。"白居易的总结或许能够为缇萦救父之后默默无闻的平淡生活而被史官刻意忽视提供了解释。作为平民女性的缇萦，太史公未详尽地介绍其生平事迹，而是仅抓住表现人物性格的典型事例，寥寥数笔，此乃《史记》的书写风格使然。

假如文帝同意了缇萦的请求，缇萦当"没入为官婢"。文帝变革传统肉刑似乎兼顾了缇萦之后"代亲受刑"的"缇萦们"。"没入为官婢"的"婢"乃奴婢，文

---

[1] 何爱华:《淳于意生平事迹辩证》，载《文献》1988年第2期。

帝下旨："其除肉刑，有以易之；及令罪人各以轻重，不亡逃，有年而免。"[1]

已有学者从考证淳于意的墓址推测在案结之后淳于父女的命运。淳于意墓位于山东泰安而非原籍临淄，其原因在于案结了事后，淳于意为躲避当权者的再次陷害，便隐居在泰安一带民间行医。因此，淳于父女在案结之后的人生经历无人得知，史料便多无记载。《重修泰安县志》（1928 年）和《泰山药物志》（1939 年）都提到"意，汉为奉高县令"，奉高即今泰安。淳于意是否曾做过奉高县令，已经无从考证[2]，然前述清人蔡东藩《前汉演义》提到过淳于意曾做过县令，可能是后人为了提升淳于意的名望将蔡东藩的演义当成史实来转述。即便学界质疑淳于意之墓的真实性，但并未否认淳于意后半生四处行医，后代家道殷盛，亡故后葬于泰安。[3] 通常为解决允许代刑出现的复仇问题，官府或免刑之人惯以移乡避仇、经济赔偿及禁止复仇等措施来应对，想必淳于意父女选择在泰安一代活动正是基于这一考虑。早年间淳于意"出行游国中"所说的"国"即齐国境内，行游诸侯是在一分为六的大齐国境内，最后落脚到杨虚侯国，杨虚侯国国都在今山东聊城茌平东北。若淳于意果真在案结返回到泰安定居，离此前所依附的杨虚侯国国都不远，但两地离齐国国都临淄较远。倘若缇萦是男儿，以缇萦救父之孝行，完全可以凭借文帝十五年（前 165 年）的《策贤良文学诏》[4] 入仕为官，光耀门楣。当时文帝下诏令诸侯王、公卿、郡守举荐贤良、能直言极谏的人，皇帝亲自策问考试，缇萦可谓直言极谏的典型，实在是被推荐的合适人选。

当时，汉廷对王国的内部事务干预甚少，因而知之甚少。史家根据汉廷档案等材料记录下来的汉初王国史事，涉及其建国和谋反过程时都相当详细，而有关建国后至谋反前的内容却十分简略。[5] 司马迁以宫廷档案——"紬史记石室金匮之书"[6]——为材料撰写必然对淳于意和缇萦在案结之后的事情几无了解，故而对淳于意父女的生平无法详细追踪，只是因为淳于意案变成了诏狱以及此后有文帝诏问之事才让司马迁为仓公所作的传记有故事可写。

前述论证大致梳理了在案发前后淳于意的性情抱负、人生履历及其政治社会关系，这是正确评价淳于意案审理过程和评估审判结果的必要准备。如果对于淳

[1]《汉书·刑法志》。

[2] 王光辉等：《淳于意坟茔初步考证》，载《中华医史杂志》2001 年第 1 期。

[3] 范正生：《淳于意与"救女坟"考辨》，载《泰山学院学报》2011 年第 1 期。

[4]《汉书·晁错传》。

[5] 陈苏镇：《汉初王国制度考述》，载《中国史研究》2004 年第 3 期。

[6]《史记·太史公自序》。

于意的性格特征、社会关系和职业经历没有完全理清的话，我们就难以深入淳于意案的审判过程去恰当解释文帝选择废除肉刑的动机及其政治效果。分析淳于意案的审理过程和审判结果是回归纯粹的法学规范分析——以刑事法（实体法和程序法）的分析为中心，只不过中国传统社会政法合一，正确的法学规范分析当建立在政治文化背景分析的基础上，这是我们之所以不厌其烦、不厌其详地在前面花费大量篇幅来评述淳于意的个人生活史和汉初的帝国政治史之原因所在。只有将法学的规范分析与政治的文化分析紧密结合起来，我们才能置身于当时历史环境，更加深入透彻地了解案件所牵扯的当时社会实况。

第三章
淳于意案的刑事法律分析

　　本章运用法律规范分析范式重点从刑事诉讼法和刑法两方面介绍、分析淳于意案的内容。本章开始从刑事诉讼法的视角分析谁告发、纠举了淳于意，淳于意案的主审官是谁，为什么淳于意案最后由汉文帝定谳，淳于意为何不上书自讼，淳于意父女为何甘愿认罪伏法领刑，最后不执行肉刑是刑事判决的变更抑或刑罚执行的变更，主审官廷尉嘉为何在易刑上失声。本章第二节对淳于意案从刑事实体法方面进行分析，研究了被告人淳于意的罪名，是犯贪污受贿罪、大不敬或废格诏令罪，还是因医疗事故而犯罪或构成不作为犯罪，探讨了被告人淳于意被廷尉嘉判了何种肉刑。

第一节　淳于意案的刑事诉讼法分析

一、告发者与纠举

淳于意东窗事发，是谁告的，大致有两种说法，一是一腰缠万贯富商的妻子病重，请淳于意治病，由于病入膏肓无药可救，吃药没多久就病逝。富商很是生气，把淳于意告到了官府。二是几个藩王诏淳于意去看病，淳于意拒不答应，得罪了权贵，这几个藩王属于皇族，纠举其到汉廷。

汉承秦制。秦的起诉方式分为两种：一是当事人或亲属的告发，二是官吏的纠举。后来法制改革，汉朝起诉叫作告劾：告（告诉）指当事人或其亲属直接到官府控告，类似于今天的自诉；劾（举劾）指官吏代表国家纠举犯罪，类似于现代诉讼中的"公诉"。但汉朝的刑事诉讼没有严格区分自诉和公诉。淳于意案的案由至今不甚明了。如果案子是医疗事故引起的，则由病人及其家属告发。如果案由是贪污受贿，则由官府纠举。

《史记·孝文本纪》云："（文帝二年）十一月，日有食之。十二月望，日又食。上曰：'……及举贤良方正能直言极谏者，以匡朕之不逮。'"文帝因日食之变而求"能直言极谏者"，但汉之众臣鉴于秦之群臣"忠谏者谓之诽谤，深计者谓之妖言"之前车，惧怕言辞获罪，"不敢尽情"，故时隔五个月后[1]，文帝不得不诏除"诽谤妖言之罪"以打消"进谏者"后顾之忧以"闻过失"，广开言路：

> 古之治天下，朝有进善之旌，诽谤之木，所以通治道而来谏者。今法有诽谤妖言之罪，是使众臣不敢尽情，而上无由闻过失也。将何以来远方之贤良？其除之。民或祝

---

[1]《汉书》记载文帝除诽谤妖言在二年五月。由于汉初以十月为岁首，故而文帝二年十二月求贤良方正直言极谏者，是在文帝二年五月之前，相隔五月。

诅上以相约结而后相谩，吏以为大逆，其有他言，而吏又以为诽谤。此细民之愚无知抵死，朕甚不取。自今以来，有犯此者勿听治。[1]

进谏者能否上达天听，与当时的上书制度有关。张家山汉简《二年律令·贼律》云："诸上书及有言也而谩，完为城旦舂。其误不审，罚金四两。"[2]《汉书·艺文志》载："汉兴，萧何草律，亦著其法，曰：'……吏民上书，字或不正，辄举劾。'"结合这两则材料可知，《二年律令·贼律》规定的"其误不审，罚金四两"当包括"字或不正"一类情形，而"罚金四两"则通过官吏"举劾"来完成。据《汉书·魏相传》"诸上书者皆为二封，署其一曰副，领尚书者先发副封，所言不善，屏去不奏"，"举劾"当为"领尚书者"之职责，因为书奏在上呈皇帝之前，秘而不宣，只有"领尚书者"得见副本内容。对于吏民上书"字或不正"尚且被举劾，那么涉及诽谤、妖言的"所言不善"者被举劾，就更不待言了。"所言不善"的书奏既已"屏去不奏"，皇帝无缘得见，故而"领尚书者"的举劾行为，是其职权范围，无需上报皇帝，皇帝也无暇了解"字或不正""其误不审""屏去不奏"等细末之事。又据卫宏《汉旧仪》记载："中垒校尉主北军垒门内，尉一人主上书者狱，上章于公车，有不如法者，以付北军尉，北军尉以法治之也。"[3]北军尉具有审判权，"不如法者"被"领尚书者"举劾后，将交付北军尉法办，故有"章交公车，人满北军"[4]的情形。"人满北军"并非皆为诏狱，其中必有许多吏民的书奏尚未送呈到皇帝手上，便因内容犯禁（诽谤、妖言、欺谩等等）而被截留，并被"领尚书者"所举劾，交由北军尉治罪。[5]西汉除了以上吏民上书外，还有其他形式如"遮行上书"，"因嬖人奏之"，"因邮"或"因县道"转奏等方式。自高祖至武帝，不论是告发谋逆还是平冤上诉一般都能够迅速上达皇帝的面前，处事效率比较高。

史载的上书有建言、申冤、告发等情况，"告发"主要是针对诸侯国的叛乱和诸侯王的恶事。从高祖至文帝时期"上书"告发的一般规律来看，只有关涉重要的政治事项才会被定为诏狱。"人上书言意"之人可为普通百姓，亦可为王侯官贵。身为普通百姓，上告者可能是某种罪行的受害人或其亲属。如汉武帝时邯郸人江充曾为敬肃王上客，因赵太子丹"收系其父兄，按验，皆弃市"，遂"诣阙告太子

[1]《史记·孝文本纪》。
[2] 张家山二四七号汉墓竹简整理小组：《张家山汉墓竹简（二四七号墓）》（释文修订本），文物出版社 2006 年版，第 9 页。
[3] [清] 孙星衍等辑：《汉官六种》，周天游点校，中华书局 1990 年版，第 90—91 页。
[4]《汉书·刘向传》。
[5] 宋洁：《汉文帝"除诽谤妖言诏"发覆》，载《史学月刊》2014 年第 3 期。

丹与同产姊及王后宫奸乱"等情况，天子大怒，派人"收捕太子丹，移系魏郡诏狱。"[1]上告者可以不是犯罪行为的直接受害者或其亲属，例如汉高祖十二年，"民道遮行上书，言相国贱强买民田宅数千万"，高祖大怒，"下相国廷尉。"[2]达官贵人上书告发是提请诏狱的重要因素，如宣帝京兆尹赵广汉因怀疑丞相夫人杀婢而"上书告丞相罪"。[3]在以皇帝名义下诏要求廷尉审理的狱案中，犯罪主体都与"帝室"有所相涉，如皇亲国戚、宫廷宦官以及平民百姓。[4]就此而言，淳于意案能够成为诏狱当与"帝室"有关，最有可能的就是"帝室"权贵告发，即地方王侯：赵王和吴王的可能性最大。淳于意案是因拒绝应召而被地方藩王仗势上书文帝控告所致，乃千古一大冤案似有道理。[5]

总之，最可能是赵吴二王等地方藩王因应召不得而被激怒，上告文帝整治淳于意及其投靠者。

二、淳案作为诏狱案件形式上由廷尉主审

1.关于淳于意案审理机关的两种不同观点

关于淳于意案的审理机关有两种说法。一种说法是：淳于意是在当地就被司法官员判处肉刑，汉朝的廷尉没有参与审理。淳于意只是被押送到长安接受肉刑。中央司法机关只是执行刑罚。

另一种说法则认为，被告人淳于意被押送到长安，由廷尉对其"鞫狱"（审讯），御史大夫参与审理。廷尉在诏狱审判中沿用西周以来的五听之法。审讯后依据律令作出判决，并向被告及其亲属"读鞫"（宣判）。如果被告及其亲属不服，允许其申请重审，称为"乞鞫"。

2.淳于意案属于诏狱案件

除了《史记·扁鹊仓公列传》对淳于意案的审理程序并未提及之外，其他文献均有"诏狱逮系长安"的表述。

---

[1]《汉书·江充传》。
[2]《汉书·萧相国世家》。
[3]《汉书·赵广汉传》。
[4] 阎强乐：《汉代廷尉考论》，兰州大学 2018 年硕士学位论文，第95页。该文在第105页所制"汉代廷尉治狱表"并未囊括淳于意一案。
[5] 何爱华：《淳于意生平事迹辩证》，载《文献》1988 年第2期。

　　"诏狱"在古代中国应当有两重含义：一是指皇帝下诏专门审理的狱讼[1]，涉案对象多为权贵显宦，涉案性质不同于一般讼案；二是指具体的牢狱，各朝"诏狱"之名有所不同。[2]"诏狱，本以纠大奸匿，故其事不常见。"[3]

　　诏狱案件的罪名甚多，有些在史籍中有明确记载，如"欲反""不敬"，往往牵涉皇权安危，涉案人员则多为将相大臣、诸侯王及其近臣。关于诏狱的史料记载最早见于《汉书·文帝纪》，文帝四年（前 176 年）九月，"绛侯周勃有罪，逮诣廷尉诏狱"。有学者根据西汉"诏狱"所涉具体对象，将之细分为四类，即：诸侯王及其家属、幸臣；宫廷妇女与宗亲外戚；公卿大臣；地方大吏。[4]"诏狱"作为维护君权的手段屡屡加以使用，如衡山王当时还感叹道："我为王，诏狱岁至"。[5]因此，宋人张方平在《乐全集》中痛言汉、唐两代之衰，将诏狱之弊视为乱政之首：

　　　　盖一成之法，三尺具存。而舞文巧诋之人、曲致希合之吏，犹或高下其手，轻重在心，钩摭锻磨，罔用灵制。又况多张网罘，旁开诏狱。理官不得而议，廷臣不闻其辨。事成近习之手，法有二三之门哉！是人主示天下以私而大柄所以失于下，乱所由生也。[6]

　　基于以上判断，有学者对汉代两个十分特别的诏狱案产生了疑问，其一便是淳于意案，史料没有记载案由，但从淳于意当受肉刑来看，该案似乎并非特别重大的案件。其二便是丞相匡衡儿子匡昌醉酒杀人案。不过，有研究指出淳于意"有罪当刑，诏狱逮系长安"中的"诏狱"并非特定监狱或特别案件之意，而是另有特别审判机构/组织之意。[7]为了证明此观点，研究者还列举了汉哀帝时高安侯董贤为了收集傅皇后的罪证，以诏狱的形式逮捕皇后的弟弟傅喜：

　　　　后贤果风太医令真钦，使求傅氏罪过，遂逮后弟侍中喜，诏狱无所得，乃解，故傅氏终全于哀帝之时。[8]

[1] 余行迈：《西汉诏狱探析》，载《云南师范大学学报（哲学社会科学版）》1986 年第 3 期。
[2] 张忠炜："诏狱"辨名，载《史学月刊》2006 年第 5 期。
[3]《宋史·刑法志》。
[4] 余行迈：《西汉诏狱探析》，载《云南师范大学学报·哲学社会科学版》1986 年第 3 期。
[5]《汉书·景十三王传》。
[6]《乐全集·诏狱之弊》。
[7] 黄静：《西汉"诏狱"与法制》，载《河北法学》2015 年第 7 期。
[8]《后汉书·桓谭传》。

此案由侯爵挑起并涉及皇后，自然以诏狱形式处理，并无不妥。再回到淳于意案和匡昌醉酒杀人案，从缇萦上书文帝的审判程序，以及文帝废除肉刑的结果来看，淳于意作为诏狱案确证无疑。而且，如果照此解释，丞相匡衡子杀人的史料记载最后也由皇帝出场了结：

> 久之，衡子昌为越骑校尉，醉杀人，系诏狱。越骑官属与昌弟且谋篡昌。事发觉，衡免冠徒跣待罪，天子使谒者诏衡冠履。而有司奏衡专地盗土，衡竟坐免。[1]

匡昌是"系诏狱"，与淳于意的"诏狱逮系长安"表述类似，且最后都由皇帝终结案件，当是诏狱无疑。匡昌案并未提到被害人是谁，且在候审期间竟有下属和弟弟试图谋取匡昌的大权。匡衡自觉教子无方，且身居高位，有放纵之失，故而主动请罪，此案在当时定然是具有重大影响之刑案。就此而言，"诏狱"或由帝王直接下诏审理，或是以帝王名义审理的特别案件。从史籍相关记载来看，通常启动诏狱的途径包括：一是自下而上的告劾。地方或中央有人控举，廷尉先行受理各地上报的重大或疑难案件，如牵扯重大便上奏皇帝，待皇帝知悉下诏后作为诏狱案处置。二是自上而下由皇帝直接下诏审判。不论采取何种启动形式，一般须有皇帝许可，以其诏书为立案依据。

"诏狱"意味着此案已经被皇帝所关注，乃钦定钦审之案，有最高的审判规格。"逮系"意味着淳于意"匿迹"终被发现，被人上书控告。既然是诏狱，就意味着淳于意案事关重大，必须"逮系（逮捕拘囚）长安"。按照秦汉诉讼程序，审判机构在立案之后即有权颁发公文给罪犯所在地要求捉拿案犯和传讯证人并将其押送到指定监狱候审，即称为"逮"，相关文书称为"逮书"。[2]司马迁的记载系为了突出缇萦孝行，故而忽略了证人（上书控告者）等淳于意案的具体细节。"系"表明淳于意当戴刑拘，并未因为淳于意担任太仓长而享有特权。[3]不过，淳于意罪不至死，因为在"逮系长安"之前，已经被认定为"有罪当刑"。根据缇萦上书所言"死

[1]《汉书·匡衡传》。

[2] 宋杰：《秦汉罪犯押解制度》，载《南都学坛》2009 年第 6 期。

[3] 汉代凡被逮捕及关押者均须戴刑具，称之为"系"。景帝之初即下令："高年老长，人所尊敬也；鳏寡不属逮者，人所哀怜也。其著令年八十以上，八岁以下，师、朱儒当鞠系者，颂系之。"景帝后元三年（前 141 年）下诏："孕者未乳，当鞠系者，颂系。"所谓"颂系"，即指老少、废疾和妇女等人犯罪可不戴刑具，如淳曰："颂者容也，言见宽容，但处曹吏舍，不入犴牢也。"

者不可复生，刑者不可复属"，"死"与"刑"相对，"刑"在此指肉刑，只不过在诏狱尚未定谳之前，淳于意具体将会面临何种肉刑难以知晓。

《汉书·刑法志》载"齐太仓长淳于公有罪当刑，诏狱逮系长安"；《史记·扁鹊仓公列传》载"人上书言意，以刑罪当传西之长安"；《史记·孝文本纪》载"齐太仓长淳于公有罪当刑，诏狱逮徙系长安"；《资治通鉴》载"齐太仓长淳于意有罪，当刑，诏狱逮系长安"。可见《汉书·刑法志》《史记·孝文本纪》和《资治通鉴》对淳于意获罪的原因一概忽略，只有《史记·扁鹊仓公列传》提及"然左右行游诸侯，不以家为家，或不为人治病，病家多怨之者""人上书言意"和"仓公乃匿迹自隐而当刑"。但上述史料较为统一的记载便是淳于意案是作为诏狱处理的。

审判规格提升到诏狱的层次上，淳于意就没有任何把握能影响审判并避免肉刑之苦。因此，在赴长安受审之时，他才会对女儿们牢骚抱怨，感叹生女无用，"缓急无可使也"。这只能说明淳于意实在难以预料赴京审判的后果，深感无法逃过此劫。

有的研究者将缇萦救父和淳于意案放在文景之际政治环境下来分析。从淳于意因行医招来病家怨恨而被揭发来看，其案之性质尚不构成诏狱审判。只有从控告之人的身份背景上可以解释为何该案成为钦案。于是，有学者将淳于意案置放在当时央地斗争的环境中来分析。最早关注淳于意案所涉政治关系的研究为白坤的《"缇萦救父"新考》[1]以及张朝阳的新近系列研究。[2]由于仅涉及这两位研究者，现按照发表顺序逐一评论。

白坤的研究把淳于意案推到了吴王集团和齐系诸侯两股政治势力的交锋背景下，其主要观点认为文帝赦免淳于意不仅体现了汉初刑罚体制改革的基本精神，而且暂时稳定了吴王集团，为中央进一步争取齐系诸侯提供了可能。[3]

我们暂且先把文帝是否赦免了淳于意一事的真实性放置一旁，逐一分析其观点的合理性。

首先，白坤认为吴王刘濞是在淳于意为刘将间的门客时邀请其前往吴国行医问诊，淳于意不敢前往而得罪了吴王，导致吴王与齐系诸侯交恶，吴王便将此事上报文帝要求处理。然而，当时亦有赵王邀请遭到拒绝，为何只是吴王与齐系诸侯结下梁子而告御状？并且，当时刘将间并未继承齐王位，只是杨虚侯，并不能

[1] 白坤：《"缇萦救父"新考》，载武汉大学历史学院主编：《珞珈史苑》（2014年卷），武汉大学出版社2015年版。
[2] 张朝阳：《缇萦如何能救父：汉天子的软实力》，载《文史知识》2017年第8期，以及张朝阳：《〈史记·仓公列传〉探微：废除肉刑与齐文王之死》，载《中华文史论丛》2018年第1期。
[3] 白坤：《"缇萦救父"新考》，载武汉大学历史学院主编：《珞珈史苑》（2014年卷），武汉大学出版社2015年版。

代表整个齐系诸侯。白坤之所以有如此推测是建立在淳于意本可以使用赎刑[1]却没有使用赎刑的前提下，故而认定背后有更加复杂的政治考虑。这一理由说服力显然不够。文帝完全可以利用这一案件让齐王和吴王互相攻伐，坐收渔翁之利。这只是吴王因为齐王门客不为其治病而心生怨恨，其矛头针对的只是齐王，文帝完全没有理由因此小事而积极介入淳于意案。

其次，白坤认为文帝利用缇萦"巫儿"的身份为赦免缇萦之父提供正当性依据。已有文献并没有提到淳于意的长女以及缇萦其他姐姐们的婚嫁情况，我们就不能以齐国有长女不嫁，"为家主祠"的"巫儿"习俗就推断缇萦作为季女是"巫儿"，于是就不能推断汉文帝利用巫术（缇萦"巫儿"的身份）来说服吴王等人接受对淳于意的宽宥。我们更无法判定的是，吴王等人是不是一定就迷信巫术，否则怎么可能信服文帝利用"巫儿"作为裁决的合理理由？最后，白坤认为汉文帝废除肉刑是顺应了以劳役刑为主的新刑罚体系之需求，淳于意恰好赶上了这一改革红利。汉文帝以劳役刑为主的刑罚改革并未充分利用早已有的徒刑来解决生刑与死刑的差距，突然废除肉刑之举显然没有做足充分的准备，并不是按照劳役刑的既定方向进行的改革。

张朝阳则认为《史记·扁鹊仓公列传》记录的这两个独立事件"废除肉刑"与"齐文王之死"之间存在某种关联，二者共同服务于文帝削弱诸侯王权力的大战略。[2]之所以如此判断，则是围绕文帝为何亲审淳于意案展开，否则该案完全可以在齐国定谳。促使文帝提升淳于意案审判规格的原因在于，淳于意受齐王室和权贵庇护，致使病家的不满无法在齐国的司法场域中得到理性解决。为了警示齐王和收拢齐国民心，文帝便介入齐国司法以持续压制齐国势力。然而，缇萦上书让文帝主导的司法方向发生了逆转。或许，文帝确实被缇萦孝道打动，但同时发现了淳于意的利用价值，让淳于意以行医之名行政治阴谋之实。

3.廷尉是淳于意案形式上的主审法官

既然是诏狱，当由文帝最终定谳，而缇萦上书已经提到其父将面临肉刑，这表明缇萦在上书之前就已经获悉淳于意将面临肉刑，其原因在于诏狱的形式审判者为廷尉，缇萦上书之前，淳于意应该已经由廷尉审理过。廷尉掌诏狱，并主郡

---

[1] 有学者仅凭太仓令的月俸就推断他能够支付得起赎金，过于武断。须知他膝下有五个女人，家庭开支以及行游采药之资应当花费不小，家庭是否殷实等都无从考证。再则，在吴王邀请淳于意诊治之时，淳于意很可能还没有就任仓公一职。

[2] 张朝阳：《〈史记·仓公列传〉探微：废除肉刑与齐文王之死》，载《中华文史论丛》2018 年第 1 期。

国上报的疑案（奏谳），淳于意案必经廷尉之手。只有廷尉判定当处肉刑之后，缇萦才会在上书中提到初审结果。

诏狱案件的审判都是由廷尉来主审，史书屡有"下廷尉""诣廷尉""召致廷尉"等用语，例如"绛侯周勃有罪，逮诣廷尉诏狱"[1]，表明廷尉审理"诏狱"的常态性。[2] 具体审判则是采"杂治"的形式，即一般是由皇帝派遣的某些中央和地方大官共同审判。皇帝下令"杂治"的罪行多为反逆重罪，罪犯多为王侯，而参与"杂治"的机关由皇帝指定，尽管有的机构如少府本身并无司法职权。[3] 牵涉"诏狱"以及"诏狱"案件，案犯均羁押于廷尉府下监狱——廷尉诏狱，作为收审二千石以上的公卿守相官员以及诸侯王与宗亲外戚的专门场所。位列三公的丞相和御史大夫也参与审理诏狱案，如赵广汉曾因诛杀荣畜一事，"人上书言之，事下丞相、御史。"[4] 廷尉审理诏狱不仅受法定程序和律法制约，也有朝野政治势力的掣肘和社会舆论的干扰，因此"诏狱"的判处并非易事，也不会一概顺从皇帝意志。汉文帝时期（前177年）廷尉张释之拒绝秉承圣意而选择依法轻判的两大诏狱即是明证，张释之之所以敢顶撞皇帝，是为了捍卫他所坚持的法律信念：

> 法者，天子所与天子公共也。今法如是，更重之，是法不信于民也。且方其时，上使使诛之则已。今已下廷尉，廷尉，天下之平也，壹倾，天下用法皆为之轻重，民安所错其手足？唯陛下察之。[5]

不过，在被称为史上第一个诏狱案的"周勃谋反案"中，廷尉同样是张释之，但他竟在此案中并未露脸，基本没有主导权。周勃谋反案恰好发生在司马迁《史记·扁鹊仓公列传》误认为淳于意案发时间的文帝四年秋。该案与淳于意案有某些类似，颇为值得关注。《汉纪·孝文皇帝纪上》载：

> 绛侯周勃有罪，逮系诏狱。勃在国常恐惧，每郡守使丞尉行县。勃常被甲持兵，人有告勃欲反。下廷尉，吏侵辱之。勃以千金与狱吏，吏乃止。勃以公主为证。公主孝文女，太子胜尚之，及薄昭为言薄太后，因请上曰：

[1]《汉书·文帝纪》。
[2] 宋杰：《汉代的廷尉狱》，载《史学月刊》2008 年第 1 期。
[3] 张德美：《秦汉时期诏狱的审理程序》，载《河北法学》2018 年第 5 期。
[4]《汉书·赵广汉传》。
[5]《资治通鉴·汉纪六》。

"侯奉高帝玺，持兵于北军，此时犹不反。今居一小县乃反邪？"绛上赦勃，

复爵邑，就国。勃出曰："吾尝将百万众于北军，安知狱吏之贵哉。"

对于周勃谋反案，当时的丞相张苍和御史大夫袁盎没有任何发言权，即便是当时被文帝所赏识的廷尉张释之亦没有主导权，导致绛侯周勃竟被小吏屈辱，不得不用重金贿赂才得以幸免刁难。为了脱罪，周勃利用儿媳（女儿）公主之证向太后求情才得以赦免。周勃是侯爵，其所能调动的资源当然比淳于意要大的多，只不过淳于意不涉及谋反，罪行便要轻得多。周勃和淳于意在同样被人控告后，前者喊冤，力证清白，后者认罪，寻求代刑，最后二人都是靠走"女儿路线"才得以脱险。薄太后证明周勃无谋反之心的论述并不完全站得住脚，"此一时彼一时"，文帝也并非真正欲治周勃之罪，真实的目的是敲打功臣集团，给尚未稳固的皇权统治加上保险。因此，丞相、御史大夫和廷尉等人对文帝借机警示功臣集团的用意了然于心，作为功臣集团既得利益者的张苍等人只能选择袖手旁观，不会主动插手干预，更何况这涉及到外戚的利益。

总之，在诏狱案件的审判程序上，廷尉依法定然会参与。淳于意被押送到长安以后，廷尉嘉作为主审法官主持审理了此案，并以现行刑律判处淳于意肉刑——可能是割鼻子或砍左脚。

三、淳于意案最后由汉文帝定谳

文帝六年（前173年），针对如何处置淮南王刘长谋反一案，在"事觉，治之"以后，文帝征求群臣意见，丞相张苍、典客行御史大夫冯敬，与宗正、廷尉共同上奏提出意见"长所犯不轨，当弃市，臣请论如法"。但文帝表示"朕不忍致法于王，其与列侯、吏二千石议。"于是，列侯、吏二千石等四十三人共议后一直认为"宜论如法。"最后文帝还是决定"赦长死罪，废勿王。"可见，皇帝对诏狱具有绝对的主导权。只有在皇帝难以决定或者与主审官员意见不一致时，皇帝才寻求采用大臣议罪的程序，十分类似于西周之际就已经施行的"三刺之法"决疑程序，这是汉代很多诏狱最后定谳较为普遍的做法。当皇帝认为诏狱案完全可以自主做决定的时候，包括廷尉在内的所有高级官员都可以被忽略，更何况到了文帝十三年（前167年），汉文帝的执政时间已经过半，皇权已不再像执政初期那样孱弱，而是变

得足够强大，可以驾驭功臣集团，廷尉等人的声音就更加不重要了，文帝完全可以我行我素，独断专行，这就是在淳于意案中张苍和冯敬都没有讨论案件处理的结果，直接秉承帝意从司法跳到了立法的原因。封建专制制度下，皇帝具有至高无上的绝对权力，法自君出，狱由君断，皇帝始终是诏狱案的主导者，既是案件发动者，又是全程操控者，更是最终裁判者。淳于意在汉文帝的最终裁决后，不用执行肉刑了（肉刑已经被废除了，执行没有依据了）。

四、淳于意为何不上书自讼

汉代律法规定，在一般刑事案件判决后，当事人或其亲属如对判决不服，可以向其所在地县道官提出申诉，称为"乞鞠"，如《二年律令·具律》规定："罪人狱已决，自以罪不当欲气（乞）鞠者，许之。……气（乞）鞠者各辞在所县道，县道官令、长、丞谨听，书其气（乞）鞠，上狱属所二千石官，二千石官令都吏覆之。"[1] 淳于意案为诏狱，最终由皇帝决定，"自以罪不当欲气（乞）鞠"的理由根本不存在，当事人或其亲属只能在皇帝做出决定之前上书，史书称之为"上书讼罪"或"上书自讼"。"上书讼罪"通常由诏狱被告之亲属为之，例如汉昭帝时阳城侯刘德之子刘向"坐铸伪黄金，当伏法，德上书讼罪。"[2] 汉宣帝时京兆尹赵广汉因"贤父上书讼罪，告广汉，事下有司覆治。"[3] 这应当是缇萦之所以能够上书文帝救父的程序保障。

"上书自讼"同样有例，汉元帝时御史中丞陈咸因建议朱云"上书自讼"而被定下"漏泄省中语"之罪，几乎丢了性命："时槐里令朱云残酷杀不辜，有司举奏，未下。咸素善云，云从刺候，教令上书自讼。"《汉书·陈万年传》。汉安帝元初三年（115年），彭城靖王刘恭因被国相赵牧"诬奏恭祠祀恶言，大逆不道。有司奏请诛之。恭上书自讼。朝廷以其素著行义，令考实，无徵，牧坐下狱，会赦免死。"[4] 以上两例既有高级官员又有藩王，皆以"上书自讼"自证清白。而子为亲，子劝亲"上书自讼"的例子西汉并未发现，然东汉有2例值得特别注意。东汉和帝永元四年（92年）外戚梁夫人嬺因受窦皇后迫害家破人亡，在窦氏失势后，"上书自

---

[1] 张家山二四七号汉墓竹简整理小组：《张家山汉墓竹简(二四七号墓)》(释文修订本)，文物出版社2006年版，第149页。
[2] 《汉书·楚元王传》。
[3] 《汉书·赵广汉传》。
[4] 《后汉书·孝明八王列传》。

讼"冤情，解救尚在人世的母亲与弟弟，可谓"缇萦救父"故事的东汉版本：

> 后和帝立，窦后崩，诸窦以罪诛放。嬺从民间上书自讼曰："妾同产女弟贵人，前充后宫，蒙先帝厚恩，得见龙乘。皇天授命，育生明圣，托体陛下。为窦宪兄弟所谮诉而破亡，父竦冤死牢狱，体骨不掩，老母孤弟，远徙万里。独妾脱身，窜伏草野，尝恐殁命，无由自达。今遭陛下神圣之德，揽统万机，宪兄弟奸恶伏诛，海内旷然，各得其所。妾幸苏息，拭目更视，敢昧死自陈：父既湮没，不可复生，母垂年七十，弟棠等远在绝域，不知死生。愿乞母弟还本郡，收葬竦枯骨。妾闻文帝即位，薄氏蒙达；宣帝纪统，史氏复兴。妾自悲既有薄、史之亲，独不得蒙外戚余恩。"[1]

建光元年（121年）幽州刺史冯焕因"怨者乃诈作玺书谴责焕、光，赐以欧刀。……焕欲自杀，（冯焕之子冯）绲疑诏文有异，止焕曰：'大人在州，志欲去恶，实无它故，必是凶人妄诈，规肆奸毒。愿以事自上，甘罪无晚。'焕从其言，上书自讼，果诈者所为，徵奋抵罪。"[2]这是子劝父"上书自讼"而自证清白的典型。缇萦既然能够有上书的智慧，为何不劝其父"上书自讼"呢？

淳于意对此案是不服的，但为什么自己不上书自讼？在汉代，不论是受到举劾的官员，还是被逮捕入狱的囚徒都可以上书自讼。例如元初四年（117年），尚书郎张俊"自狱中占狱吏上书自讼，书奏而俊狱已报。廷尉将出谷门，临行刑，邓太后诏驰骑以减死论。"[3]经过覆案，若证属实，被劾者免予论处，而举劾者则要承担相应的责任。比如，东汉永建元年（126年），司隶校尉虞诩被劾以"盛夏多拘系无辜，为吏人患"。虞诩上书自讼曰："臣所发举，臧罪非一，二府恐为臣所奏，遂加诬罪。臣将从史鱼死，即以尸谏耳。"汉顺帝"省其章，乃为免司空陶敦。"不仅没有追究他的责任，反倒罢免了弹劾者司空陶敦。[4]汉安元年（142年）崔瑗为济北相，"光禄大夫杜乔为八使，徇行郡国，以臧（赃）罪奏瑗，征诣廷尉。瑗上书自讼，得理出。"[5]

淳于意逢此大难后感叹"生子不生男，缓急无可使者。"这一叹息至少可以表明，

---

[1]《续列女传·梁夫人嬺》。
[2]《后汉书·冯绲传》。
[3]《后汉书·袁安传》。
[4]《后汉书·虞诩传》。
[5]《后汉书·崔骃列传》。

淳于意对获罪受刑一事心有不甘，否则即便是儿子也无法让他脱罪，更不会用激将法来让女儿代为上书。心有不甘是因为蒙受不白之冤，激将女儿而不是亲自上书，则是因为女儿上书救父，可以以孝心打动汉文帝，比自己上书自讼以请求免除自己的肉刑之苦胜算更大。

五、淳于意为何甘愿认罪伏法领刑

被告人淳于意及其女缇萦自然知道肉刑对淳于意意味着什么，但为什么还认罪伏法？

肉刑不仅是对肌体的损毁，而且更是对精神的摧残，正如文帝所言，肉刑的伤害是"终身不息"。与其说肉刑是一种侮辱刑，不如说是一种因身体受到外部伤残而同时具有的身份刑。凡受肉刑者身份低贱，只能操贱役和被视为不洁不祥之人，对后人也有很大的影响。常人一旦受肉刑是上有辱祖先，下遗害子孙。即使被释放，个人自由有相当一部分永久性地丧失。同时，秦和汉初之人一旦受肉刑，家庭随即遭到破坏。[1]这些对淳于意而言将是毁灭性的打击。仕途终止，事业终结，极有抱负的淳于意几乎形同废人，从此再无颜面苟活于人世。虑及此，淳于意必将竭尽所能追求"逢凶化吉"。"生子不生男，缓急无可使也"可能只是淳于意一句牢骚话，但没想到激发了缇萦随父西行受审领刑的斗志。父女二人在通往长安的路途上，必定在盘算救父如何能够成功的计策。而且，淳于意定会寻求刘将间的帮助，在到达长安之前，二人对缇萦上书救父应当已经达成了一致。

不论淳于意是被病家诬告有罪，或齐文王家族因齐文王之死而迁怒淳于意上书诬告[2]，还是赵王、胶西王、济南王、吴王等因不满淳于意不就召上书诬告[3]，诬告原因虽各不相同，但淳于意确实被诬告冤枉的事实得到了绝大部分学者的认可。[4]从缇萦上书的叙述修辞来看，起笔便称"妾父为吏，齐中称其廉平，今坐法当刑"，此句言简意赅，但效果惊人。如果是地方藩王因为淳于意拒绝应邀治病而上书告

---

[1] 张建国：《汉文帝除肉刑的再评价》，载《中外法学》1998 年第 3 期。

[2] 范行准：《中国医学史略》，中医古籍出版社 1986 年版，第 32 页。

[3] 何爱华：《淳于意生平事迹辩证》，载《文献》1988 年第 2 期。

[4] 尚有学者综合所有观点认为，齐文王死后，仰慕淳于意大名的几位诸侯王征辟淳于意而不得，便借机诬告淳于意"不为人治病，病家多怨之者。"在各位诸侯王的压力下，文帝派人拘拿淳于意并押解长安定罪。查案之时，又发现淳于意曾迁徙户籍，违反了汉代户籍制度，于是，多罪并举，淳于意被判肉刑。参见甄雪燕：《淳于意与最早的医案——"诊籍"》，载《中国卫生人才》2013 年第 4 期。前述研究已经表明，违反户籍之法并不值得被诏狱关注，仅在王国内便可决断，西汉初封国享有相对独立的审判权，由内史执掌。

发的话，作为齐国官员的仓公根本没有法定义务为人治病，其既不是御医，也不是民间游医，为人治病只是其业余爱好，而且为官清廉，何罪之有？但在淳于意父女看来，承认"坐法当刑"就意味着已然认罪服判。作为14周岁左右的小女孩，并未采用伸冤的叙述策略，实在是有些反常。而且，在表述上完全不提因坐哪条律法而受何种肉刑，这显然不是正常的诉讼文书表达模式。即便是司马迁对此作了文学化处理，但作为废除肉刑的关键理由，应该需要着重阐发的。唯一合理的解释是，这一修辞策略应该是经过高人指点，并得到了刘将闾甚至是文帝的事前认可。在淳于意案变成诏狱后，刘将闾自当设法营救，缇萦以代父受刑的孝道上书文帝应该是刘将闾等人的计策。刘将闾能继齐王位，当被文帝所看好。为了营救淳于意，刘将闾将淳于意案提前跟文帝汇报过，并将缇萦上书救父的计划同文帝沟通过。文帝在提前得知缇萦上书救父后已经下定决心废除肉刑。

采取伸冤模式的上书会将文帝置于险境。地方藩王故意作局诬陷仓公，作为中央一方的文帝直接跳过了司法的"诬告反坐"，不接地方借力司法挑衅中央王权的阴招儿，而是通过废除肉刑这一立法举措，获得更多的民间支持，建立属于平民皇帝自己的政治资本。这比利用平反冤案去发现所谓的真相，以"诬告反坐"治罪地方藩王更加高明。因为案发在地方，地方保护主义自然让伸冤难上加难。更何况让文帝陷入了到底是相信外人所言还是相信至亲所言的两难境地。假如果真能查清冤案，以"诬告反坐"的原则惩治地方藩王，无疑是逼迫地方藩王以"清君侧"的名义提早发动政变，因为他们会找出借口，指责向来以孝治天下的文帝因外人蛊惑而做出"骨肉相残"之行为。这是文帝、刘将闾和淳于意应该都明白的道理。文帝欲在淳于意案上进行司法反击肯定处于下风，极易变成"欲加之罪"，给地方借机反抗中央以口实，还不如直接将此司法上的难题顺势转化为立法上的革新，化被动为主动，不仅解救了以仓公为代表的黎民之需，推动了本来就难以改革的肉刑之制，而且还成功地进行了皇权的政治营销，是为最优选择。

六、刑事判决的变更抑或刑罚执行的变更

缇萦上书汉文帝应是在廷尉嘉对淳于意做出肉刑判决之后。汉文帝废除肉刑后，汉文帝或廷尉是变更了淳于意案的刑事判决，还是在执行阶段变更了所执行的刑罚种类？很可能是后者。

淳于意案经过廷尉嘉审理后被定罪并判处肉刑。如果淳于意或其小女儿缇萦及其亲属不服，在 3 个月内可以"乞鞫"（申请重审），但他们没有乞鞫，而是认罪伏法。缇萦申请代父受刑，情真意切，感动了汉文帝。文帝下旨："其除肉刑，有以易之；及令罪人各以轻重，不亡逃，有年而免。"淳于意最终免受肉刑。但是汉朝没有建立类似今日的审判监督程序，国家司法机关并没有对淳于意的刑事判决进行变更，由于肉刑易刑，从法理上来讲这种现象应该属于刑罚执行的变更。我们认为，由于未见易刑记录，淳于意是否被执行刑罚存在两种可能：第一，最后似乎没有受到刑事处罚，很有可能是汉文帝启用了当时已经萌芽而东汉才定型的皇帝录囚制度，维持廷尉嘉对淳于意做出的有罪判决，没有直接推翻廷尉原来做出的有罪判决，给廷尉留了面子，也避免了激怒起初告发纠举淳于意的王公贵族，但执行阶段免除了淳于意的刑罚。[1]第二，肉刑易刑为笞刑，淳于意成为第一个领受废除肉刑之后新刑罚的人。

七、主审官廷尉嘉为何在易刑上失声

淳于意案时的廷尉应当是嘉（"嘉"为名字，不是姓），他在汉文帝十年（前170 年）到汉文帝十四年（前 166 年）之间担任廷尉。嘉作为淳于意案的主审法官，对本案中被告人淳于意构成什么罪，判决以后对汉文帝下诏全面废除肉刑因而解脱淳于意，实际上使淳于意逍遥法外，廷尉嘉没有发表自己的看法，似乎保持了沉默。史料中史官也没有记载廷尉嘉的判决词，后人对廷尉嘉对本案所持的真实想法无从得知。廷尉嘉为什么失声，是廷尉已经揣摩到了汉文帝的心思而彼此心照不宣，还是有难言之隐，或对汉文帝的做法以沉默表示抗议？

自秦昭王以来直到西汉前期，丞相、御史大夫之下，最重要的官职便是廷尉与内史。[2]在丞相张苍和御史大夫冯敬这两位功臣集团代表人物搭档期间，廷尉换了三任：文帝六年的廷尉贺，文帝十年的廷尉昌，廷尉嘉。由张苍和冯敬垄断中央一切决策，廷尉连姓都未曾留下，足见其地位之弱，完全未获得重视。文帝之际最出名的廷尉莫过于张释之，张释之在文帝三年到文帝九年任职，以不遵从帝意依法轻判诏狱案名垂青史。当时文帝皇位尚未稳固,自当对张释之有所依赖。[1]此后,廷尉便不再强硬。从史料记载来看,在文帝下诏表示借淳于意案废除肉刑的设想后,只有丞相和御史大夫(副丞相)担当了具体改革的设计方案之重任,并没有给廷尉丝毫参与的机会,这说明在文帝十三年淳于意案发之时,廷尉权刻意被文帝忽视了,原因除了皇权已经稳固强大外,很可能在于廷尉的处理意见并未说服文帝或让文帝满意。而在文帝六年处理淮南王谋反一案时,廷尉贺同丞相张苍、时任典客的冯敬等共同奏议。同样在文帝后元年(前163年),时任廷尉信还与丞相更议著令。[2]一般而言,廷尉在决狱、制令等方面的职权为丞相、御史所分享[3],但并不意味着廷尉之权被丞相和御史完全侵占。如果说更改律令属于国家重大决策的话,一般由"三公"议决,作为九卿的廷尉无权参与实属应当,那么对于具体案件审判而言,既然有廷尉参与,当然需要征求其意见。然而,在史料的所有记载中,我们无法找到本应该积极发表意见的廷尉之身影。

表 10　文帝当政期间廷尉任职情况表[4]

任职年限	姓名/名	事迹	出处
汉文帝元年—汉文帝二年(前179—前178年)	吴公	治平为天下第一,故与李斯同邑而常学事焉……	《史记·贾谊列传》
汉文帝三年—汉文帝九年(前177—前171年)(汉景帝初期亦曾短暂任职)	张释之	处理中渭桥民惊驾案,民盗高庙坐前玉环案,不遵圣意。	《史记·张释之列传》
汉文帝六年(前174年)	贺	丞相张仓、典客冯敬、行御史大夫事宗正(?)逸、廷尉(?)贺、备盗贼中尉(?)福奏议淮南王刘长谋反事,当弃市,文帝赦长死罪。	《史记·淮南衡山列传》
汉文帝十年(前170年)	昌		《汉书·百官公卿表》
汉文帝十年—汉文帝十四年(前170—前166年)	嘉		《汉书·百官公卿表》

[1] 张释之(生卒年月不详),字季,堵阳(今河南南阳方城)人。文帝时,张释之捐官出仕为骑郎,十年未得升迁,后经袁盎推荐,任为谒者,因向文帝陈说秦汉兴亡之道,而补任为谒者仆射,累迁公车令、中大夫、中郎将等职。后升任廷尉,严于执法。显然,张释之不是功臣集团的同路人,无背景无资历,同贾谊一样受文帝认可而得到提拔,是文帝急于拉拢和倚重的新人,故而支持其严格执法,"其决疑平法,务在哀鳏寡,罪疑从轻,加审慎之心。朝廷称之曰:'张释之为廷尉,天下无冤民。'"(《汉书·余定国传》)司马迁引用《尚书》之语称赞张释之"不偏不党,王道荡荡;不党不偏,王道便便"。(《汉书·张释之传》)
[2] 《汉书·百官公卿表》。
[3] 沈刚:《汉代廷尉考述》,载《史学集刊》2004年第1期。
[4] 阎强乐:《汉代廷尉考论》,兰州大学2018年硕士学位论文,第24-25页。

汉文帝十五年—汉文帝十六年（前 165 年—前 164 年年）	宜昌*		《汉书·百官公卿表》
汉文帝后元年—汉文帝后七年（前 163—前 157 年）	信#	廷尉与丞相更议著令。廷尉信谨与丞相议曰："吏及诸有秩受其官属所监、所治、所行、所将，其与饮食计偿费，勿论。它物，若买故贱，卖故贵，皆坐赃为盗，没入赃县官。吏迁徙免罢，受其故官属所将监治送财物，夺爵为士伍，免之。"	《汉书·百官公卿表》

（说明 * : 廷尉宜昌应当不是姓宜名昌，宜昌是全名，是为了与前廷尉昌区别开。
　　# :"信，史不着其姓，文帝后元年为廷尉，景帝初迁奉常。"参见 [清] 严可均辑：《全汉文》（卷 19），任雪芳审订，商务印书馆 1999 年版，第 191 页。)

　　在文帝提议废除肉刑之后，从时任丞相张苍和御史大夫冯敬的回奏可以看出，二人对文帝下定决心通过此案废除肉刑的心思并未提前察觉。但是，因二人皆为功臣集团的代表，他们的意见至关重要。因此，文帝决心废除肉刑之后，他们提供的刑罚改革方案竟一字不改地被文帝接受。这其中的原因大致有二：一则表明二人对文帝早已有废除肉刑之想法了然于心，应当早有对策以应不时之需。二则表明文帝是借二人之口将自己的改革设想和盘托出，表明改革方案已经得到功臣集团官员的认可，中央核心决策圈已对此问题达成了共识，他人再也无可反驳，为刑罚改革扫清了障碍。后来，张冯二人的改革方案被班固及后世者认为是"好心办坏事"，作为常伴文帝左右的"旁观者"，丞相和御史大夫应该对刑罚之后果有所预料，但二人只是遵照圣意草拟回奏，且把一切责任都推给了文帝，并未提出任何质疑，是否是二人故意所为给文帝抹黑，不得而知。

　　西汉若丞相缺位，往往以御史大夫递补，并与丞相（大司徒）、太尉（大司马）合称三公。御史大夫寺在未央宫内，与皇帝亲近，负责制定、保管和监督律令的执行，[1] 诏书则先下御史大夫，再达丞相、诸侯王或守相。文帝上台后，采取了尊宠优待老臣诸措施，包括益封邑、复徭役等，特别是坚持了丞相皆用开国老臣的原则。文帝一朝廿三年历任丞相周勃、陈平、灌婴、张苍、冯敬、申屠嘉，全部是高帝时旧臣，这种措施保持了皇权与军功老臣集团之间的权力平衡。文帝委派张苍和冯敬拟定废除肉刑之后的刑罚替代方案，亦是遵循老臣认同，避免废除肉刑的较大阻力。同时，汉廷政务运行尤其是重大决策常用廷议方式。据统计，文献记载文帝统治期间廷议记录约有十次，其中有议收孥之法、议立太子、议淮南

---

[1] 侯旭东：《西汉御史大夫寺位置的变迁：兼论御史大夫的职掌》，载《中华文史论丛》2015 年第 1 期。

王罪、议公孙臣礼制改革、议祀之制、议定礼仪、议对南越朝鲜的用兵、谋议封禅、议任用贾谊为公卿、议出击匈奴与和亲孰便等，涉及到了皇位继承、对外和战、刑罚和礼制改革等各方面朝政大事，可见文帝时期大臣对皇朝政治决策的参与度和影响力。[1] 文帝时期的政治势力除了自身掌控的皇权外，还有"军功大臣"和"山东诸侯"两大力量，文帝既要与大臣联合以控制诸侯，又要依恃山东同姓王国的力量对付大臣以伸张皇权。中央权力掌握在功臣集团手中，作为一个政治集团，文帝必须尊重他们的既得利益和政治取向。[2]

以老臣为首的功臣集团倾向于保守，文帝的诸多政治革新，包括法律改革在内，目的是展示清理一切暴秦苛法的态度来向民众示好，因此，包括废除肉刑在内的刑罚改革必然是史上首次。不过，文帝废除肉刑坚持了文帝二年（前178年）废除收孥之法时所提出的法律基本原则：

> 又诏丞相太尉御史："法者治之正，所以禁暴而卫善人也，今犯法者已论，而使无罪之父母妻子同产坐之及收，朕甚弗取。'其议，左右丞相周勃陈平，奏言："父母妻子同产相坐及收，所以累其心使重犯法也，收之之道，所由来久矣，臣之愚计，以为如其故便。"文帝复曰："朕闻之，法正则民悫，罪当则民从，且夫牧民而道之以善者，吏也。既不能道，又以不正之法罪之，是法反害于民为暴者也，朕未见其便宜孰计之。"平勃乃曰："陛下幸加大惠于天下，使有罪不收，无罪不相坐，甚盛德，臣等所不及也，臣等谨奉诏尽除收律相坐法。"其后（文帝十七年）新垣平谋为逆，复行三族之诛。[3]

在老臣周勃和陈平看来，"收之之道，所由来久矣，臣之愚计，以为如其故便"，文帝却再次表明了态度，既否定了法的合理性，又从"导民"的立场重申了法的功能性，集惩罚（法正）和预防（道之以善）的刑罚目的论出发论证废除收孥之法的必要性。如此，功臣集团只能奉诏尽除。同样，在除肉刑的理由选择上，文帝延续了以上论证模式，其言到："今人有过，教未施而刑已加焉，或欲改行为善，而道亡繇至，朕甚怜之。夫刑至断支体，刻肌肤，终身不息，何其刑之痛而不德

---

[1] 王健：《汉文帝时期的朝政制衡与施政精神》，载《咸阳师范学院学报》2007年第5期。
[2] 薛小林：《汉文帝时期的权力结构与政治斗争——以臣立君为中心的考察》，载《南都学坛》2014年第3期。
[3] 《西汉会要·刑法一》。

也！岂称为民父母之意哉？""教未施而刑已加或改行为善而道亡繇至"乃"导民"不善之表现，而"断支体，刻肌肤，终身不息"非"法正"之样态。丞相张苍和御史大夫冯敬虽然如周勃和陈平一样奏言"肉刑所以禁奸，所由来者久矣"，但亦同周勃和陈平一样认同"陛下下明诏，怜万民之一有过被刑者终身不息，及罪人欲改行为善而道亡繇至，于盛德，臣等所不及也。"[1]故而功臣们只能遵诏办理。因此，有学者认为，文帝二年借废除收孥之法表达了要"正法"的态度，这是文帝"本好刑名之言"[2]使然。而在文帝十三年借缇萦上书救父"除肉刑，有以易之；及令罪人各以轻重，不亡逃，有年而免"的刑罚改革方案，仅是"正法"的一个内容，表面上看来除肉刑是刑法宽松，但实际效果却加强了法制，这就是汉文帝的内秀统治法。[3]只不过在废除收孥之法仅15年后，因文帝十七年新垣平谋逆而恢复，再次表明了刑罚乃统治工具而已。废除肉刑则一直到景帝元年（前156年）和中六年（前144年）分两次完善，但仍是"死刑既重，而生刑又轻，民易犯之。"这一状况一直延续到汉亡未曾有任何改进，武帝之后的皇帝精力都被耗费在简约武帝制造的"文书盈于几阁，典者不能遍睹"的苛法之事上，只是聚焦于法律整体简约，而无暇顾及刑罚适中的细节修正。

对汉文帝废除肉刑，连丞相、太尉和御史大夫事先都不知道，作为九卿之一的廷尉嘉也不清楚就并不奇怪了。对废除肉刑的改革方案，廷尉嘉没有参与设计，被边缘化了。淳于意案最终因肉刑的废除结果与廷尉嘉原判的结果判若云泥，所以在这些问题上，当时的廷尉失声了。

---

[1]《汉书·刑法志》。
[2]《史记·儒林传》。
[3] 俞慈韵：《略说汉文帝除肉刑》，载《社会科学辑刊》1981年第4期。

第二节　淳于意案的刑事实体法分析

一、太仓长淳于意是否犯贪污受贿罪

淳于意的太仓长一职在案结后被朝廷罢免，这说明朝廷有权干预王国太仓主官的任免。如果淳于意案发是基于淳于意的职务太仓长的话，淳于意最有可能涉及的便是贪污渎职类罪。以下结合文帝当政之际类似于太仓长这类官员所面临的官场环境以及太仓（国家粮库）系统所属官僚系列来分析淳于意贪污渎职类犯罪之可能。

1.文帝农本之诏与淳于意案的契合度

汉文帝继承了先秦时期以农为本的思想，反复强调农业的重要性，认为"夫农，天下之本也"。在中国古代农业思想的发展史上，汉文帝是第一位留下直接论述农业问题思想资料的封建君主。汉文帝即位之初，百姓生活困苦。据《汉书·食货志》载晁错奏言："今农夫五口之家，其服役者不下二人，其能耕者不过百亩，百亩之收，不过百石。"当时农田每亩产量最多一石。[1] 石是重量单位，为 120 斤，但自秦汉开始，石也作为容量单位。[2] 当时的农业生产很不景气，粮食产量和人均粮食量都很低。作为劳动密集型的农业在汉初已经是岌岌可危，欲要养活西汉初期 1200 万 ~ 1800 万的

---

[1] 张履鹏，邹兰新：《西汉文景时期的粮食生产水平当议》，载《古今农业》2015 年第 2 期。

[2] 汉代的一斤要比今天的一斤小，根据出土的汉代文物，基本可以判断，汉代的一斤只有 250 克，而今天的一斤是 500 克。汉代的一亩和今天的一亩也不一样。汉代一亩 465 平方米。今天一亩则为 666 平方米。汉朝粮食的产量大约每亩 360 斤粮食。但是换算成今天的亩和斤，那就是亩约 257 斤了。在中国经济史、商业史颇有著述的吴慧，把汉朝的亩产三石，换算成今天的市制是亩产 281 斤。（参见吴慧：《中国历代粮食亩产研究》，中国农业出版社 2016 年版。）吴慧认为汉代平均亩产折市制为每市亩 264 斤。估计低者，如学者曹贯一就认为折市制仅 58.5 市斤到 117 市斤 / 市亩，人均原粮占有量为 456 市斤。（参见花火春秋聊：《中国古代人均粮食占有量"兴衰史"》，新浪网 2018 年 10 月 28 日。）

人口[1]，朝廷压力倍增。如此紧迫的农业生产危机引发了一系列社会问题，纵然农人"春耕夏耘，秋获冬藏，伐薪樵，治官府，给徭役。春不得避风尘，夏不得避暑热，秋不得避阴雨，冬不得避寒冻。四时之间，亡日休息。又私自送往迎来，吊死问疾，养孤长幼在其中"，勤苦如此，"尚复被水旱之灾，急政暴虐，赋敛不时，朝令而暮改。当具有者半贾而卖，亡者取倍称之息。于是有卖田宅，鬻子孙，以偿责者矣。"

机智而聪慧的贾谊因得到文帝赏识而拜官，他在汉文帝二年（前178年）便上《论积贮疏》直陈国本之重要：

> 汉之为汉，几四十年矣，公私之积，犹可哀痛！失时不雨，民且狼顾；岁恶不入，请卖爵子，既闻耳矣。……夫积贮者，天下之大命也。苟粟多而财有余，何为而不成？……今殴民而归之农，皆著于本。[2]

粮食积蓄令贾谊哀痛不已，在贾谊的提醒下，文帝于同年春正月诏曰："夫农，天下之本也，其开藉田，朕亲率耕，以给宗庙粢盛。民谪作县官及贷种食未入、入未备者，皆赦之。"同年九月再次下诏："农，天下之大本也，民所恃以生也，而民或不务本而事末，故生不遂。朕忧其然，故今兹亲率群臣农以劝之。其赐天下民今年田租之半。"文帝在同一年竟然两次采取力度最大且惠及最广的劝农之策督促农本的贯彻推行，实属情急之下的罕见之举。

在淳于意案发的前两年，即文帝十一年（前169年）晁错再次就农本之国策（前200年—前154年）上《守边劝农疏》云：

> 先为室屋，具田器，乃募罪人及免徒复作令居之；不足，募以丁奴婢赎罪及输奴婢欲以拜爵者；不足，乃募民之欲往者。皆赐高爵，复其家。予冬夏衣，廪食，能自给而止。郡县之民得买其爵，以自增至卿。其亡（无）夫若妻者，县官买予之。[3]

文帝十二年（前168年）晁错再上《论贵粟疏》，提出入粟于官、拜爵除罪等一系列主张：

---

[1] 葛剑雄：《西汉人口地理》，商务印书馆2014年版，第62页。
[2]《汉书·食货志》。
[3]《汉书·晁错传》。

方今之务，莫若使民务农而已矣。欲民务农，在于贵粟；贵粟之道，在于使民以粟为赏罚。今募天下入粟县官，得以拜爵，得以除罪。……。边食足以支五岁，可令入粟郡县矣；足支一岁以上，可时赦，勿收农民租。[1]

对晁错的连续上书，文帝不得不引起重视与反思，遂于十二年三月再次下诏曰：

道民之路，在于务本。朕亲率天下农，十年于今，而野不加辟，岁一不登，民有饥色，是从事焉尚寡，而吏未加务。吾诏书数下，岁劝民种树，而功未兴，是吏奉吾诏不勤，而劝民不明也。且吾农民甚苦，而吏莫之省，将何以劝焉？其赐农民今年租税之半。

文帝总结了自文帝二年下劝农诏到十二年依然还是"野不加辟，岁一不登"的农衰之象，直指官员贯彻落实不力。在淳于意案发的前两个月（文帝十三年三月），文帝还在下诏强调以身作则督促农业粮食生产：

朕亲率天下农耕以供粢盛，皇后亲桑以奉祭服，其具礼仪。

在十三年五月废除肉刑后，文帝依然把注意力放在贯彻执行农本之道上，他紧接着在六月继续下诏督促劝农政策的落实：

农，天下之本，务莫大焉。今勤身从事而有租税之赋，是谓本者无以异也，其于劝农之道未备。其除田之租税。赐天下孤寡布帛絮各有数。

频繁的下诏无疑会有损皇帝之权威，然情况依旧没有改观，三年之后，文帝依然发现农本之道的彻底推行事与愿违，故而在诏问淳于意的同年，即十六年春三月，文帝开始采用集思广益之法向高级官员及饱学之士征求维持以农为本的国策。如果说此前的诏书均是依靠自上而下的单方面督促农业生产的话，文帝这次已是黔驴技穷，只能寄希望于自下而上的智力支持缓解国本之危的压力，文帝意味深长且又无可奈何地下诏曰：

---

[1]《汉书·食货志》。

间者数年比不登，又有水旱疾疫之灾，朕甚忧之。愚而不明，未达其咎。意者朕之政有所失而行有过与？乃天道有不顺，地利或不得，人事多失和，鬼神废不享与？何以致此？将百官之奉养或废，无用之事或多与？何其民食之寡乏也！夫度田非益寡，而计民未加益，以口量地，其于古犹有余，而食之甚不足者，其咎安在？无乃百姓之从事于末以害农者蕃，为酒醪以靡谷者多，六畜之食焉者众与？细大之义，吾未能得其中。其与丞相列侯吏二千石博士议之，有可以佐百姓者，率意远思，无有所隐也。[1]

正如晁错所言，"今法律贱商人，商人已富贵矣，尊农夫，农夫已贫困矣。""民近战国，皆背本趋末。"[2]文帝反复下诏申明以农为本的国策，表明当时已无法用政治手段解决重农抑商的痼疾。于是，文帝将农业不兴归咎于官吏们玩忽职守，而农业领域的官员作为追责的对象自然首当其冲。古代农业行政范围涉及劝农、屯田、营田、仓储、田赋、农田、农户、水利、赈济等不同事务。凡职掌这些事务的官员在某种意义上都可以称为农官或农政官。[3]

自高祖到武帝统治的一百年内，朝廷一直在和颇具影响力的城市首领进行斗争。[4]城市首领以商人为主，他们利用秦汉更迭之际的战事，在边关交易、畜牧业与运输业、采矿业与冶铁业等大发横财。例如西汉初期以冶铁致富的卓氏、程郑、宛孔氏、邴氏，以卖盐致富的刀闲，以货运致富的师史等。为了维护其商业财富稳固和地方影响力，富商大贾与地方藩王相互勾结利用：商人利用诸侯特权谋求暴利而成为城市首领，"因其富厚，交通王侯，力过吏势；以利相倾，千里游敖，冠盖相望，乘坚策肥，履丝曳缟。"[5]"封君皆低首仰给。"[6]诸侯则利用商人资财强化割据政权，威胁中央。如果说淳于意作为太仓长依然还行医民间以补贴家用甚至升官发财念念不忘的话，那么他在文帝眼中便是不务正业、以医经商、攀附藩王（侯）刘将闾，公然违反朝廷三令五申的重农抑商国策之农官典型。

汉文帝十二年（前168年），晁错上疏对文帝说：英明的君主在位时，百姓不会受到饥饿、寒冷的折磨。这并不是说君主能亲自耕种供给百姓食物，亲自织布

---

[1] 以上关于文帝劝农的诏书均参见《汉书·文帝纪》。
[2] 《汉书·食货志》。
[3] 王勇：《中国古代农官制度》，中国三峡出版社2010年版，第2页。
[4] 许倬云：《汉代农业》，江苏人民出版社2012年版，第1页。
[5] 《汉书·食货志》。
[6] 《史记·平准书》。

供给百姓衣服，而是君主为百姓开辟了生存之道。所以尧虽然遇到9年的大涝灾，商汤虽然遇到了7年的大旱灾，而全国并没有被抛弃的病饿者，其原因就在于积蓄财物多并做了充分的准备。现在海内一统，土地广阔而人口众多，这都不亚于商汤和夏禹之时，再加上没有持续几年的旱涝灾害，但蓄积却没有上古时多。原因何在？这是由于土地的余力没有被完全利用。百姓还有余力没有发挥，适合耕种的土地还没有全部被开垦，山林川泽的财富还没有全部被开发，不从事生产而消耗粮食的游民还没有全部回归农耕生产。严寒之时人们急需衣服，不会要求衣服要轻柔暖和；饥饿难忍急需食品时，人们不会要求食品香甜可口。饥寒临身，人们顾不得讲究廉耻。一天吃不到两餐就会饥饿，一年不做衣服穿就会挨冻，这都是人之常情。如果饥饿却得不到食物，寒冷却得不到衣服，即便是慈母也无法保住她的儿子，君主又怎能控制得住广大百姓呢？英明的君主知道这个道理，所以引导百姓从事农桑，辛勤耕织，少征赋税，多搞蓄积，用这些方法来充实府库，防备旱涝灾害，这样才能稳定对百姓的统治。百姓的善恶，就看君主如何去引导他们；百姓追求财富就如同水只会向下流而不会选择流动方向一样。

淳于意案发时值文帝深刻反思践祚10年来无法彻底推行以农为本的国策档口，淳于意也恰好处在粮仓主官太仓长这一涉农关键岗位上，再结合淳于意案结后皇帝诏问的时间正在文帝再次反思并检讨重农之国本落实不力的关键节点，两次时间上的巧合让我们很难不把淳于意案同文帝欲追究重农国策推行不力的官员责任联系起来。照此推理，邀请淳于意治病遭拒的几个藩王大概率是编造了淳于意利用担任太仓长的职务之便，贪污受贿。这种犯罪是汉文帝和朝廷狠抓的大案要案，淳于意才被逮捕并被送到中央司法机关受审。

2.西汉仓官职制与淳于意的隶属关系

正如贾谊所言，因"积贮"关乎农业国家重大安全，秦汉将"重储"作为正统思想推崇备至，存在普遍的轻商或抑商现象，"储"与"商"不可并提，建立完备的粮食专仓储备正是重农抑商的核心。欲厘清淳于意案的案由，首先需要确定淳于意官居的太仓长在汉代粮食专仓储备官僚制度体系中的地位及其隶属关系，而后才能确定淳于意案与文帝持续不断地强调农本的国策之执行是否有关，以及文帝之所以将淳于意案提升为诏狱案件来审理的理由。

汉初王国制度多与汉制相同。《汉书·百官公卿表》上"诸侯王"条："有太傅辅王，内史治国民，中尉掌武职，丞相统众官，群卿、大夫、都官如汉朝。"结合《后汉书·百官志》的记载："汉初立诸王，因项羽所立诸王之制，其官职傅为太傅，相为丞相，又有御史大夫及诸卿，皆秩二千石，百官皆如朝廷。国家唯为置丞相，其御史大夫以下皆自置之。"就此而言，除了太傅、丞相、中尉以外，包括廷尉在内的二千石官和千石以下县令长都由诸侯王自行任命。

　　齐太仓长淳于意号"仓公"，著录有"齐太仓印"封泥[1]，可与文献互证。西汉郡国诸仓官置长丞，属大司农（初名治粟内史）[2]，《汉书·百官公卿表上》载："（大司农）属官有太仓、均输、平准、都内、籍田五令/丞"。《史记》称仓公为齐太仓长，《汉书》称之为太仓令，如果比照汉代县令/长之别，太仓长/令应是同一职务，由所辖粮仓的大小决定。[3]次于令/长的官员为丞，这是汉代官制的常例。有学者亦认为朝廷之太仓置令，令下有丞；王国之太仓置长，长下有丞。[4]因史料不足，至今无法确定淳于意系太仓长或者太仓令，但并不影响判断其职位之隶属关系。

　　据秦简《仓律》条载，设置在都城内的粮仓称为"大（太）仓"。诸侯国粮仓官制类如中央，王国在国都附近亦有太仓之设，除了齐太仓之外，还有楚太仓[5]、吴太仓[6]、菑川太仓。[7]统属于大司农的职官包括直属中央的国有粮仓职官、郡县仓廪职官、王国粮仓职官和军仓农仓职官[8]，但王国国都的太仓长一职到底属于中央官员还是王国官员，似未有定论。王国百官建置大体与汉相当，其初置只见内史而无治粟内史，或表明诸侯国内并未设置过治粟内史一职，因此，王国的太仓主官最初应是王国内史的属官，由王侯自行任免。随着国家渐趋稳定，朝廷的治粟内史当在吕后二年（前186年）以后从内史分离出来独掌国家财政，因诸侯国拥有独立的粮仓系统，粮仓往往拥有手工业作坊，兼具生产功能，乃藩王掌握的一支重要的手工业力量。粮仓和武库是西汉前期地方诸侯王对抗王朝中央集权统治的重要物质基础。入仓粮食的来源包括国家征收的民田田租、国有土地的收入、私人为赎罪、补官输入仓库的粮食和通过市场购入的谷物等。除此之外还包括了

[1] 孙慰祖主编：《古封泥集成》，上海书店 1994 年版，第 56 页。
[2] 严耕望：《中国地方行政制度史甲部——秦汉地方行政制度》，台北"中央"研究院历史语言研究所 1997 年版，第 190 页。
[3]《汉书·百官公卿表第七上》载：县令、长，皆秦官，掌治其县。万户以上为令，秩千石至六百石。减万户为长，秩五百石至三百石。
[4] 孙闻博、周晓陆：《新出封泥与西汉齐国史研究》，载《南都学坛》2005 年第 5 期。
[5] 韦正、李虎仁、邹厚本：《江苏徐州市狮子山西汉墓的发掘与收获》，载《考古》1998 年第 8 期。
[6]《汉书·枚乘传》"海陵之仓"条下臣瓒曰："海陵，县名也，有吴大仓（古文"大""太"通用）。"
[7]《史记·扁鹊仓公列传》。
[8] 邵正坤：《汉代仓储职官考述》，载《兰州学刊》2007 年第 4 期。

生产仓器,即是标准化的量器。[1]尽管诸侯国主管太仓的官员仅秩六百石[2],与县令大致平级,但因其具有重要的地位,藩王们大多采取各种措施加强对粮仓的管理,可见淳于意之所以愿意弃医从政离开刘将闾而返回齐国故地,并非一时心血来潮。太仓长一职的重要性及其与最高权贵接触的机会都比成为齐王御医更有诱惑力。

正因为地方粮仓系统十分重要,中央为了强化对诸侯的控制,便将掌管粮仓的主官归为治粟内史的属吏,因此《汉书·百官公卿表上》"治粟内史"条便有"郡国诸仓农监、都水 60 五官长丞皆属焉"之记载。总之,王国的太仓系统官员在成为中央属吏后,职务归属上受中央统管,日常履职则听从藩王差遣,其主要负责王国境内的粮食调配,必须熟知当地民情,因此多由本地人担任。尽管太仓主官隶属中央,但根据王国内官员任免规则,仅秩六百石的太仓长仍由藩王选置,后报请朝廷备案。据此,有学者认为因淳于意乃隶属朝廷官员,其"有刑罪当传西之长安"便是职务犯罪,当然属于中央管辖范围的正常案件。[3]这一判断一则是未曾注意到淳于意案的诏狱性质。如果是职务犯罪,淳于意作为中央官员只需按照一般的审理程序审判即可,大可不必上升到诏狱的层面。[4]二则并未结合太仓主官隶属关系变化的实际效果加以考虑。吕后当政之时对地方藩王打压甚多,将藩王重要的战略物资储备之太仓收归中央管控,这正是吕后专门设置治粟内史统管国家财政以严防地方藩王尾大不掉的目的所在。[5]到了文帝执政初期,央地势力对比情势大变,中央羸弱,地方藩王强大,诸王国势力已极度膨胀,"王国大者跨州兼郡,连城数十,宫室百官,同制京师"。[6]一些藩王"出入拟于天子","不听天子诏"[7],时刻觊觎皇权。隶属于中央属吏的仓公仅具有形式意义,即便是藩王任命的仓公需要知会朝廷,那也仅是形式上的程序/礼节而已。

粮食发放是仓廪的主要职能。各仓虽有较为健全的会计审核制度,同时还有

[1] 邵鸿:《西汉仓制考》,载《中国史研究》1998 年第 3 期。

[2] 《后汉书·百官志》。

[3] 王尔春:《汉代宗室问题研究》,吉林大学 2015 年博士学位论文,第 78–80 页。

[4] 汉代针对特殊人物的犯罪进行特殊的司法管辖,一般司法机构无权审理。淳于意为齐国六百石官吏,是否享有上请的特权?已有研究指出,在汉文帝统治之际尚未有六百石官员特殊司法管辖之规定,直到汉宣帝黄龙元年(前 49 年)才下诏:"吏六百石位大夫,有罪先请。"(《汉书·宣帝纪》)到东汉建武三年(27 年),光武帝下诏:"吏不满六百石,下至墨绶长、相,有罪先请。"(《后汉书·光武帝纪》)长、相应为县长,侯国相。参见程政举:《汉代上请制度及其建立的理性基础》,载《河南财经政法大学学报》2012 年第 1 期。

[5] 景帝从吴楚"七国之乱"吸取了教训,认为仅削小藩国国土还不够,重要的是压缩王国权力,首先要从削减官职入手。景帝时便直接将王国少府取消,以断绝王国重要财源,到武帝时,继续削减王国官职并降低某些官员的品秩。成帝时除去王国内史,以相、中尉治国。至此,国中之国的王国已经有名无实。

[6] 《汉书·诸侯王表序》。

[7] [日]泷川资言考证:《史记会注考证附校补》,[日]水泽利忠校补,上海古籍出版社 1986 年版,第 1921 页。

严格的监督管理机制保障粮食配给系统的正常运转，但仍会出现官员盗取粮食或发放不实等案件。除了负责日常"禀食"事务外，秦代仓廪还负责向徒隶借贷"粮食、衣物"等生活物资，刑徒在粮食不能自给的情况下而向仓、田官、司空等机构借贷。为了偿还借贷，徒隶只能出卖劳力，于是成为一类专门的"居债（居贷）"者。[1] 若从汉承秦制的角度来看，汉初对秦代仓制的继承赋予了身为太仓长的淳于意以上诸多大权[2]，淳于意极有可能触犯律令构成职务犯罪。如前所述，仓公并非最直接掌管农务的农官[3]，文帝无法将其作为惩治执行农本国策不力的典型以诏狱处理，淳于意的典型意义不够。更何况，既然作为典型，文帝应当秉公执法，不会因为缇萦上书便宽宥淳于意。毕竟，从以上诏书所言来看，文帝对破坏农本之官员已经忍无可忍，更不会利用此案废除肉刑。总之，利用诏狱审理淳于意案并且借由此案废除肉刑，并非与淳于意可能出现的职务犯罪（贪贿渎职类犯罪）有直接关系，尤其是当藩王的太仓主官完全听令于地方藩王之时，不执行贯彻朝廷旨意实属当然。不过，淳于意作为仓公不安于本职，当是被人上书控告的罪行，这是淳于意案与文帝一再强调贯彻执行农本国策诏文的唯一关联。也即，未能很好地履职只是淳于意"坐法当刑"附带的一个罪状。

倘若说淳于意构成贪贿，那么在张苍和冯敬所拟定的刑罚改革方案中就不会有"当斩右止及杀人先自告及吏坐受赇、枉法、守县官财物而即盗之、已论而复有笞罪皆弃市"之规定。这一建议无疑否定了淳于意可能犯有监守自盗、诈取，以及受官属馈赠与受故官送罪。因此，缇萦称其父"齐中称其廉平"应当可信，否则有欺君之嫌。

通过考察王国太仓的功能，我们大致可以了解到淳于意为何对即将面临的肉刑如此紧张。已有研究指出，秦仓还是分配刑徒劳作的重要机构。里耶秦简"仓徒簿文书"是关于仓分配徒隶从事具体劳作的记录，此类文书中多见"仓"派遣隶臣妾从事"上事守府"或"为吏养（徒养）"等劳役的记载[4]，岳麓秦简《仓律》则规定"吏仆养、上事官府"的职务多是由"隶臣"来担任。[5] 尤其是他在对太仓

---

[1] 居债（居贷）以人身劳役作为对国家的抵负代偿手段。参见张金光：《秦制研究》，上海古籍出版社 2011 年版，第 553 页。

[2] 谢坤：《岳麓秦简涉仓诸律所见秦仓制考述》，载《中国农史》2016 年第 6 期。

[3] 汉代地方农官有两类：一是由诸曹直接统属的农官——农司马、渔监、田典、左田、劝田史、劝农史等；二是中央派驻地方的农官——漆官、橘官、都田啬夫、都田佐等。参见郭俊然：《出土资料所见汉代地方农官考论》，载《昭通学院学报》2015 年第 1 期。

[4] 湖南省文物考古研究所：《龙山里耶秦简之"徒簿"》，载中国文化遗产研究院编：《出土文献研究》（第 12 辑），中西书局 2014 年版，第 129 页。

[5] 谢坤：《岳麓秦简涉仓诸律所见秦仓制考述》，载《中国农史》2016 年第 6 期。

的管理过程中所目睹的刑徒艰难度日的现实——当然也有他作为医生曾亲历患者遭受身体痛楚的样态，让即将成为徒隶的他必定会向五个女儿歇斯底里地呐喊："生子不生男，缓急无可使也"，他也必然会想方设法，竭尽所能，动用一切可以利用的关系解救自己于水火之中。

二、淳于意是否犯了大不敬或废格诏令罪

大不敬是中国封建时代十恶罪之六，指蔑祖、侵犯帝王的尊严或人身安全的言行。汉代已有"不敬"或"大不敬"之罪。

废格诏令罪中的"诏令"，是古代帝王、皇太后或皇后所发命令、文告的总称，特指皇帝发布的命令，民间则一般称为"圣旨"。诏令大体上可分两大类：一是发布重大制度、典礼、封赏的文书；二是日常政务活动的文书。概括起来有制、诏、诰、敕、旨、册、谕、令、檄等。"令"是汉朝的一种法律形式。[1]

废格，即搁置不实施，废格诏令罪是汉代侵犯皇帝权力及尊严的一种罪名，指搁置皇帝诏令，拒不执行即官吏不执行而且阻碍皇帝的诏令，它视为侵犯皇权的犯罪。汉律规定："废格明诏，弃市。"[2] 搁置皇帝诏令，拒不执行者，在闹市处死，暴尸三日。

淳于意不受藩王召见，是否犯有大不敬或废格诏令罪？这两项罪名皆以皇帝为犯罪对象而非诸侯。淳于意的行为不可能构成这些罪。

三、是否因医疗事故而犯罪或构成不作为犯罪

古代尚无"医疗事故罪"的罪名。不为人治病而招致病家怨恨或者因误诊而

---

[1] 汉朝的法律形式包括：

1. 律（基本法律）：即法典，是一种比较稳定的法律形式，主要调整重要和基本的法律关系。汉律六十篇指的是萧何所定的《九章律》（九篇），叔孙通所定《傍章律》（十八篇），张汤所定的《越宫律》（二十七篇），赵禹所定的《朝律》（六篇），加在一起共六十篇。汉律还有一个名称，"三尺法"，因为汉律是用三尺竹简书写的。

2. 令（临时方面的诏令）：又叫做"诏"，是皇帝根据形式变化及时发布的。"令"可以用于补充法律，解释法律，甚至可以代替法律，"令"往往又可以成为以后修订法律的根据。

3. 科（单行刑事条例）：又叫做"科条"或"事条"，是从秦朝的"课"发展而来的，据刘熙的《释名》记载："科，课也，课其不如法者罪责之也。"科是关于考核，以及处刑标准的具体的法律形式。据《后汉书》记载："汉兴以来，三百二年，宪令稍增，科条无限。"可见，汉朝的"科"作为法律形式已经被广泛使用。

4. 比：决事比，又叫决事比，即可以用来比照判案的典型判例。作为一种灵活的法律形式，"比"可以补充律、令的不足，在汉朝的时候被广泛使用。可以比照的断案成例。律无正条规定时比照最接近的律令条文或同类型案件。

[2]《史记·南王刘安列传》。

导致病人死亡并不是入罪的理由，至少在唐代之前。古代中国并未有明确的律法对这种行为进行规制惩戒，更注重医者的自律性。在我国古代，对于医疗过失犯罪的规定经历了由非犯罪化，到重刑化，再到轻刑化的演变过程。[1] 随着封建制度的逐步建立，皇权的至高无上影响了对于医疗事故罪责的规定。秦汉时期医生看错病导致病人伤亡的按"伤人""杀人"罪处理。到了唐代，法律规定对于一般的医师（非宫廷御医），如在诊疗过程中因过失致患者伤亡，医师会被追究其刑事责任。而对于御医的规定，要远远严于一般医师。《唐律·职制律》规定:诸合和御药，误不如本方，及封题误者，医绞。即规定但凡身为宫廷御医的，只要出现了开错了药的行为，无论最终有没造成危害性的后果，御医一律要被处死。《唐律》上有处理医疗事故的专门条文，《杂律》"医合药不如方"条规定:"诸医为人合药及题疏、针刺，误不如本方，杀人者，徒二年半。""其故不如本方，杀伤人者，以故杀伤论；虽不伤人，杖 60。"意思是说，无意用错方子害死人得坐牢。故意用错方子死了人，就以杀人定罪。汉初包括淳于意在内的名医把病人治死了或导致伤害应以杀人罪或伤人罪定罪。

不作为犯罪，古已有之。不作为犯罪，是指行为人违反法律直接规定，负有法定义务而拒绝履行,情节严重或情节恶劣的行为。[2]其特征是:违反法律直接规定、负有法定义务、拒绝履行、情节严重或情节恶劣的行为。其中的"法定义务"包括职业或者业务要求的作为义务。医生是一种职业，负有救死扶伤的义务。医生拒不给病人看病治病，致使病人伤亡的行为就是一种不作为犯罪。汉律继承了秦不作为罪的法制原则，"其见知而故不举劾，各与同罪，失不举劾，各以赎论；其不知不见不坐。"

如果淳于意是因为给人看病治疗引发医疗纠纷而被送廷尉处受审，则该案可以说是我国古代有据可查的第一起"医闹"事件。由于个性使然，淳于意确有拒绝给达官贵人看病的现象，限于当时的医疗条件和科学水平，淳于意在给人治病过程中也发生过病人不幸死亡或病情日趋严重的情况。其中一些病人及其家属难

---

[1] 据史料记载，我国最早关于医疗事故罪责的法律规定可追溯到西周时期。西周时期对于医疗事故的问责轻描淡写。据《周礼·天官》记载，医师职司是:"掌医之政令，聚毒药以共医事"。西周对于医师实施考核制度，"岁终则稽其医事，以制其食：十全为上，十失一次之，十失二次之，十失三次之，十失四为下"，"死则计其数以进退之"。即对于医生治死病人，惩罚仅仅是在年终的"考核"中按照治死病人的比率减少其收入而已。
[2]1975 年出土的睡虎地秦墓竹简《云梦秦简·法律答问》中记载了一个案例:"啬夫不以官为事，以为私事，论何也？当迁。迁者妻当包不当？不当包。"大意是说：一个地方的啬夫不把本职工作当回事，不履行职责，而专门干坏事。后来，地方司法机关向中央司法机关请示如何处置，中央司法机关批复说:啬夫要受到迁刑，但是他的妻子可以不到流放地。《云梦秦简》还记载: 凡见知"盗"而不告不捕（不作为）的行为，要科以相应的刑罚。

免不对淳于意心怀不满甚至仇恨，向官府投诉告发其行为。不排除淳于意被诉罪名涉嫌贪污受贿和因行医中病人伤亡导致的杀人伤人罪，而不是单一的贪污受贿罪，司法机关对他实行数罪并罚。另外，也不能排除这些病人或家属公报私仇，假公济私，诬告淳于意贪污受贿，借以发泄私愤。但是，当时淳于意不是专职医生，他给人看病是出于业余爱好，他的职务职责是管理国家的粮仓，没有救死扶伤的医生职业义务。所以，淳于意不给达官贵人看病，不构成不作为犯罪。

从以上淳于意是否构成这些罪名的分析中可以看出，淳于意被诬告的可能性最大。

四、被告人淳于意被廷尉嘉判了何种肉刑

肉刑，指施加于罪犯或犯过者的肉体的惩罚。在中国刑法史上，肉刑并不是从来就有的。肉刑起源于苗族。《尚书·吕刑》记载："苗民……爰始淫为劓（yì）刵（èr）椓（zhuó）黥（qíng）"，意思是，苗民的刑罚有割鼻、揭去膝盖骨、切割男性性器官、头额刺墨。所以，苗族的刑罚体系由四种肉刑和一种死刑组成，苗族的肉刑有膑（揭去膝盖骨）、劓（yì 割鼻）、宫（切除男性性器官）、刺墨（额头刺墨），死刑有刭（割颈）。后来受到夏族的影响，这五种刑罚被强制改为抉目（剜去眼珠）、截刖（fèi）（切去小腿肚以下）和矛鳟（zūn）刺喉（断颈，使身首异处）等三种刑罚。

史书上没有记载淳于意被判的哪种肉刑，由于淳于意曾作为医生四处行医，为了表示惩罚，砍足的可能性更大一点。

《二年律令》是张家山 247 号汉墓出土的全部律令的总称，共有竹简 526 枚，简长 31 厘米，简文记载了从汉高祖五年（前 202 年）到吕后二年（前 186 年）的 27 种律文和关律令的内容，相关犯罪及其适用肉刑的情况具体如下表所示。

表 11 《二年律令》规定肉刑适用犯罪情况表

类罪	个罪	罪状与所受肉刑	出处
妨害家庭伦理秩序罪		教人不孝，黥为城旦舂。	贼律
		复兄弟、孝（季）父柏（伯）父之妻、御婢，皆黥为城旦舂。	杂律

		谋贼杀伤人，未杀，黥为城旦春。	
侵犯人身权利罪	伤害罪	贼杀人，及与谋者。未杀，黥为城旦春。	贼律
		贼伤人，及自贼伤以避事者，皆黥为城旦春。	
		鬼薪白粲殴庶人以上，黥以为城旦春。城旦春也，黥之。	
		奴婢殴庶人以上，黥頯，畀主。	
	诬告罪	诬告人以死罪，黥为城旦春，它各反其罪。	告律
		证不言请（情），以出入罪人者，死罪，黥为城旦春，它各以其所出入罪反罪之。	具律
		译讯人为。（诈）伪，以出入罪人，死罪，黥为城旦春，它各以其所出入罪反罪之。	
	强奸罪	强与人奸者，府（腐）以为官隶臣。	杂律
		强略人以为妻及助者，斩左止（趾）以为城旦。	
侵犯财产罪	盗窃罪	盗藏（赃）直（值）过六百60钱，黥为城旦春。	盗律
		不当卖而私为人卖，卖者皆黥为城旦春，买者智（知）其请（情），与同罪。	
	诈骗罪	为伪金者，黥为城旦春。	钱律
		诸谋盗铸钱，颇有其器具未铸者，皆黥为城旦春。智（知）为及买铸钱具者，与同罪。	
	放火罪	燔寺舍、民室屋庐舍、集最（聚），黥为城旦春。	贼律

以上所示肉刑多为黥刑，仅有一处为斩左趾，一处为腐刑。《二年律令》规定的黥刑既适用于平民，也适用于官员，可谓打击官员渎职犯罪的重要手段。黥刑既可以单独适用，也可以作为徒刑的附加刑适用，以"黥为城旦春"最多。"黥为城旦春"在《二年律令》中被使用了 27 次，"黥"和"春"合并适用 1 次，单独适用 8 次。[1] 虽然《二年律令》并未反映文帝时的肉刑适用情况，但大体一致。

据缇萦上书所言"刑者不可复续"推测，淳于意被判的肉刑应当不可能为黥刑，黥刑虽会使身体皮肤受到损伤，但不存在"复续"之说。受劓刑或刖刑对身体并不会造成太过严重的伤害，不会影响到日常生活和劳作生产，淳于意案既为诏狱审理，所受肉刑当重。缇萦认为其父"虽欲改过自新，其道莫由，终不可得"，可以推测，淳于意所受肉刑为斩趾刑可能较大。

---

[1] 翟芳：《从〈二年律令〉看黥刑在汉初的运用》，载《史学月刊》2010 年第 6 期。

第四章
淳于意其女救父的事迹与成功原因

　　本章探讨了淳于意小女缇萦跟随父亲长途跋涉奔赴长安，在京城街上拦驾上书的经过，分析了促使缇萦救父的品德、才干和勇气，指出缇萦救父之所以成功，与客观上顺应时代法制改革的潮流、上书内容契合文帝改革的潜意识、以退为进的申诉技巧、淳于意贪污受贿存疑较多，以及文帝禀赋经历对本案处理结果的影响等因素息息相关。

第一节　缇萦救父的大致经过

一、父亲大难临头弱女子挺身而出

汉文帝十三年（前 167 年），临淄地方一代名医和体制内的太仓长淳于意被人诬陷，被官府纠举押送长安受审。淳于意有 5 个女儿，可没有儿子。他离开家的时候，望着女儿们叹气，"生子不生男，缓急无可使也"，大意是"唉，可惜我没有男孩，遇到急难，一个有用的也没有。"虽然 5 女都因此而感伤，但其他 4 女没有行动表示。只有最小的女儿缇萦悲愤交加。她不信女儿不如儿子，遂自告奋勇提出要陪父亲一起上长安去，家人劝阻无效。小女缇萦当时大概 14 周岁。[1] 再据《汉书·惠帝纪》载："令民得卖爵。女子年 15 以上至 30 不嫁。"缇萦刚到初婚年龄，智力和心理皆已发育成熟，但极有可能尚未婚配——否则其夫君为何不出头。她不像可能早已出嫁的四个姐姐一样从属夫家，被家庭所累，不便抛头露面，而是凭借自己初生牛犊不怕虎的韧劲和刚刚成熟的情商智商上书救父。加上缇萦从出生到成熟正值父亲的事业从起步到兴旺的初始阶段，从小就耳濡目染了父亲的艰辛与不易，对父亲即将遭受肉刑而失去经营事业面临的精神压力感同身受，听闻父亲抱怨生女无用后便毅然地开始了救父的计划。

二、长安街上拦驾上书

淳于意小女儿缇萦在长安可能得高人指点。作为家属，不是伸冤否认淳于意违反国家的刑律构成了犯罪，而是乘

---

[1] 何爱华：《淳于意生平事迹辩证》，载《文献》1988 年第 2 期。

汉文帝出巡拦驾上书，并说"我的父亲担任官吏，齐地的人都说他清廉公平，如今犯法应当获罪受刑。我为那些受刑而死的人感到悲哀，即使他们有心改过，他们也不会再长出新的肢体。我愿意舍身到官府做奴仆，来赎父亲的罪过。"

代亲受刑就是无罪的人替有罪的亲人承受刑罚，主要有死刑、杖刑、劳役等代亲受刑的结果。代亲受刑不是刑律明文规定的制度，而是统治者以诏令认可或默许的现象。申请代亲受刑主要有四种可能的结果：第一，政府感念这种行为，赦免受刑人的刑罚；第二，同意代刑，被代者免刑，对代刑人执行刑罚；第三，不同意代刑；第四，不同意代刑同时感念这种行为，降低刑罚力度。缇萦申请代父受刑时可能有点诚惶诚恐，不知会是哪一种结果。

汉文帝看到她当面递交的申诉状后，大为感动，就召集大臣们说："犯了罪该受罚，这是没有话说的。可是受了罚，也该让他重新做人才是。现在惩办一个犯人，在他脸上刺字或者毁坏他的肢体，这样的刑罚怎么能劝人为善呢。你们商量一个代替肉刑的办法吧！"遂让丞相张苍和御史大夫冯敬商议改革方案，方案将原来要执行的墨刑、劓刑和斩左、右趾改成笞刑和死刑。于是，廷尉嘉对淳于意判决的肉刑失去了执行的法律依据，淳于意得以保全身体，并可能被免于刑事处罚，平安回家，当然淳于意原来的太仓长职务被撤掉了。缇萦上书申请代父受刑并最终成功救出父亲的故事遂传为千古佳话。

缇萦的上书内容似故意省略了其父的罪状罪名和刑种，一则可能是为了避免贻人口实，让地方藩王难有反驳之机，以"此处省略一万字"的形式来上书，乃文帝及其淳于意背后团队一致认同的最保险方式。二是司马迁为了让后人只关注缇萦的孝行和文帝的仁德，故意删减上书情节。

第二节　促使缇萦救父的品德、才干和勇气

一、缇萦救父之孝的出发点

代父受刑在代刑现象中最为突出且最为普遍，史籍记载案例甚多。代兄受刑较为普遍，与代父受刑的记载几乎不分伯仲。代刑的刑罚种类不一，有死刑、劳役、笞杖、戍边等，但以代死者为多。或因死刑乃极刑，代死行为往往被视为义壮之举，更能吸引史家眼球而被载入史册。缇萦虽不是代父受死，但因其引发了文帝的刑罚改革，故而被留名青史。孝之伦理的推动是代父受刑的主因，当父母面临刑灾，作为子女如不能为父母解难，如何谈得上事亲尽孝？虽然孝道的"五致"（居则致其敬、养则致其乐、病则致其忧、丧则致其哀、祭则致其严[1]）并无"刑则致其代"，但由于包含了父母生老病死的全过程，自然也涵盖了父母坐罪情形下的事奉。代父母受刑是事奉的最高境界。更何况子女的身体父母所给，所谓"身也者，父母之遗体"。[2]现在父母入罪有难，由子女挺身代刑，正是子女尽孝的题中应有之义。此外，代父母受刑还在于子女要应承担失谏不孝的责任。尽孝并不意味子女对父母盲从，必要时还需对父母"谏诤"，否则就是不孝。明代洪武年间黄岩人陈圭的父亲为仇人所讦当死，陈圭遂上书乞代父死，理由就是"臣为子不能谏父，致陷不义，罪当死，乞原父使自新"。

古代中国个人权利救济最常见的是士民百姓个人以一己名义提出救济要求、采取救济举措的情形，但也有个人借助宗族、乡党、江湖、行会、寺院等社会力量进行的维

---

[1]《弟子规·入则孝》。
[2]《礼记·祭义》。

权。[1]某种情形下的代亲受刑可以视为个人单独维权的壮举。例如明代嘉靖大臣冯恩因上疏得罪皇帝，论为死罪。为了讼冤，其 13 岁的长子冯行可"伏阙讼冤，日夜匍匐长安街，见冠盖者过，辄攀舆号呼乞救"，冯恩的母亲吴氏亦"击登闻鼓讼冤"，"终无敢言者"。次年，冯行可"上书请代父死，不许"。到冬天，临近冬至行刑季节，"事益迫，行可乃刺臂血书疏，自缚阙下"，再次请求代父一死，冯恩终于免死而改处流放。[2]可见，效法缇萦救父的后来者并未有缇萦如此之幸运。之所以如此，则是因为无法判断上书所言代刑是否只是为了博取同情，其真心实意很难判断。

距离缇萦救父最近的当属南梁的即天监初（503 年）莲勺人吉翂。吉翂之父被奸吏所诬，"罪当大辟"，15 岁的吉翂"挝登闻鼓，乞代父命"，梁武帝让廷尉彻查此事时说："吉翂请死赎父，义诚可嘉；但其幼童，未必自能造意。卿可严加胁诱，取其款实。"[3]虽然最后"高祖乃宥其父"，但梁武帝对吉翂代父受刑最直观的反应却是幼童背后定有人鼓动唆使，才让廷尉严加查察，而当年的汉文帝为何就轻易相信了大致与吉翂同龄的缇萦所言？梁武帝的类似猜疑，后世帝王臣子亦有之，例如元代有民误殴人死，其子"请代死"。廉访使布鲁海牙便叮嘱地方官吏，"使擒于市，惧则杀之"，结果因"既而不惧"而父子并释。[4]

对代亲受刑之人的诚心表示质疑是最正常不过的"合理怀疑"，汉文帝竟然轻易被说服。明代洪武年间江宁人周婉之父"坐罪论死"，同样与缇萦年岁相仿的女子 16 岁的周婉便"叩阍请代"。朱元璋疑其受人唆教，于是"命斩之"，然周婉"颜色不变"。太祖惊叹之下，遂命宽宥其父之死而"谪戍边"。然周婉并不领情："戍与斩，均死尔。父死，子安用生为，顾就死以赎父戍。"朱元璋不禁大怒，"命缚赴市曹"处斩，周婉却"色甚喜"。至时，朱元璋观察到周婉代父行刑的确至真至纯，当即将其父释放，并亲题御屏"孝子周婉"。[5]明太祖两次试探才在最后关头赦免了周婉之父，这当然与朱元璋多疑的性格有关，但同样谨小慎微的汉文帝却在缇萦救父之事上显得格外"莽撞"，因为缇萦代父受刑的独特性在于引发了废除肉刑改革刑罚的重大问题，不仅仅只是代父受刑之事。缇萦之后的代亲受刑并不涉及刑罚本身的合理性问题。隋唐之后的刑罚体系已经成熟完善，并未给隋唐之后皇帝借代亲受刑的孝行改革刑罚任何机会。

---

[1] 范忠信：《传统中国法秩序下的人民权益救济方式及其基本特征》，载《暨南学报（哲学社会科学版）》2013 年第 8 期。
[2]《明史·冯恩传》。
[3]《梁书·孝行传》。
[4]《元史·布鲁海牙传》。
[5]《明史·孝义一·周婉》。

　　子女代亲受刑的孝行背后在多大程度上是因年少无知还是迫不得已而受人指使所为？如果父辈们果真是罪有应得，却利用子女孝行脱罪，皇帝之仁慈岂不是放纵了坏人？更何况皇帝若是允许了代亲受刑，本该受刑长辈的逍遥法外，不该受刑的晚辈却遭来无妄之灾，那么孝还是值得推崇的最好价值吗？例如清末陈康祺（1840—1890 年）所撰《郎潜纪闻三笔》有载：

　　　　嘉庆十七年（1812 年），四川重庆州十一岁女子畲西州，以其父畲长安遣戍湖北，其祖父母年逾八旬，无人侍养，匍匐入京，叩请释放。台臣为之奏请，上以畲长安原犯情罪尚非常赦所不原，念伊女年幼至性，加恩释放回籍，是又本朝一缇萦、秦休矣。

　　畲长安之所以入罪，则"因控告谭飞农等开赌私宰等事，审属虚诬，问拟军罪，发遣湖北。核其情罪，尚非常赦所不原。"并且后来得知畲西洲进京为父求情乃余长安的主意。余长安回到老家后，重施故计，继续刁唆词讼，图诈钱文，凭借其女儿为钦定孝女而更有恃无恐。即便如此，此事依然被《清诗纪事》视为缇萦救父的翻版：或询女年年十一，君不见，千古缇萦更谁匹？李宗昉（1779—1846 年）亦有诗云："呜呼百男趋趄，不如缇萦。千夫优柔，不如秦休。缇萦秦休皆英流，于今又见畲西州。"其完全沿用了班固对缇萦救父的评价。

　　王夫之（1619—1692 年）借吉翂之事有感而发，道出世上众子女的常情是"不畏而不敢"救亲：

　　　　缇萦、吉翂之事，人皆可为也，而无有再上汉阙之书、挝梁门之鼓者，旷千余年。坐刑之子女，亦无敢闻风而效之，何也？不敢也。不敢者，非畏也，父刑即不可免，弗听而已矣，未有反加之刑者，亦未有许之请代而杀之者，本无足畏，故知不畏也。不畏而不敢者，何也？诚也。平居无孺慕不舍之爱，父已陷乎罪，抑无惊哀交迫之实。

　　　　当其挝鼓上书之日，而无决于必死之心，青天临之，皎日照之，万耳万目交注射之，鬼神若在其上而鉴观之，而敢饰说以欺天、欺鬼、欺人、欺己、以欺天子与法吏也，孰敢也？缇萦、吉翂之敢焉者，诚也；天下后世之不敢效者，亦诚也。诚者，天之道也，人之心也。天之道，其敢欺也乎哉！

于是而知不敢之心大矣。[1]

缇萦虽不是饱学之士,但也不是不学无术的文盲。她从小受到了基本的文化教育和品德教育。汉代标榜以孝治天下,孝,顺也,顺从父母意志,对父母之意不能有所违背。皇帝谥号皆加"孝"字。《汉书·惠帝纪》的"孝惠皇帝",颜师古注曰:"孝子善述父之志。故汉家之谥,自惠帝已下皆称孝也。"汉代在乡里设置"孝悌"官职,力倡子孙与父祖尊亲同居共财,惠帝特下诏鼓励同居共财,在基层民间弘扬孝道观念。法律亦严格禁止不孝行为,子杀、殴、詈直系尊亲属皆处弃市刑。[2] 缇萦正是听到了父亲怨女的牢骚与愤恨,才决定奔赴长安代父受刑,这是缇萦孝行的第一层含义。

淳于意一心求子,无奈却生下五个女儿,身为名医早年"问善为方数者事之久矣,见事数师,悉受其要事,尽其方书意,及解论之",但依然没有寻得生子的偏方。求子心切的淳于意在四处游学拜师求方的过程中,不可能不去打听包括房中术在内的生子秘诀。他对生子的渴望便会经常在对女儿的日常对谈中流露出来,缇萦身在其中,朝夕相对父亲怨女之色,其代父受刑是否还有另外一层意思,即当时父亲尚无子,为了保全父亲身体,为此后育子提供可能呢?古人"不孝有三,无后为大"的孝道观念对已经明事理通人情的少女缇萦当有影响。这是缇萦孝行的第二层含义。太史公对这些家庭关系细节自然是无从了解,故而其言简意赅地记载少女缇萦随父西行且上书愿代父受刑之举,必定会让人产生各种想象和怀疑。

二、缇萦通尺牍的能力

在古代中国,男女不平等,"女子无才便是德",女儿一般很难受到良好的教育。但淳于意身为知识分子,知道知识就是力量,相信知识改变命运。缇萦之父对其进行的日常知识教育竟最后改变了其父的命运。此乃"知识改变命运"的典范。

淳于意成为名医后从医收入不菲,经济上有能力支撑后代的学习费用。缇萦又是他最小的女儿,视为掌上明珠。因此淳于意对缇萦从小加强文化教育。并且,淳于意家门庭若市,登门就诊的病人中有三教九流,达官贵人和凡夫俗子应有尽有,

[1]《读通鉴论·梁武帝四》。
[2] 龙大轩:《孝道:中国传统法律的核心价值》,载《法学研究》2015 年第 3 期。

缇萦跟随在父亲身边耳濡目染，见多识广。这些使她养成了处事不惊、遇事不乱的行事风格，具备了洞悉官吏心理的能力和申辩的基本文字功夫。[1]

司马迁认为"缇萦通尺牍，父得以后宁"。"尺牍"一词最早即见于《史记》,《说文》云："牍，书版也。"当时的牍通常长一尺，因而名之。《汉书·匈奴传》载："汉遗单于书，以尺一牍。"尺牍作为西汉的一种书写工具，使用范围较广，普通臣民上书皇帝可用,两国之间的外交辞令亦可用。此时的尺牍是指书写工具的实物形态，文体意义不明显。就此说来，缇萦当初通文墨，但并非确定擅长政论文体。

从传统典籍《礼记·内则》可知，女子教育内容大多为女子德行以及技能教育，与政治有关的内容非常少。普遍研究认为，汉代女性教育以家庭教育为主，教育内容并不局限于"三从四德"之类的道德说教，还有诗书、音乐、艺术等方面。[2]一些出身于官僚、贵族、士大夫家庭的女性除接受女德、女子艺术教育外，多有诵经读骚，广观博览，以至于能通百家之言者。女性教育与汉初女性地位十分相关，学界对汉初女性之地位一直存在着高低两种截然相反的评价。最早对这一问题进行细致研究的观点指出，汉代婚姻关系中的男尊女卑的倾向明显，但妇女地位仍然比唐代之后高。[3]早期研究者认为在汉文化融合多种文化因素初步形成的时代，儒学礼制尚未规范所有社会层面，"夫为妻纲"的性别统治格局并未定型，存在"妇人尊贵"的现象。汉代贵族妇女在婚姻关系和家庭生活中占据较高地位"使男事女，夫诎于妇"的情形在民间也有表现[4]，甚至成为有些地区的民俗特征。《汉书·地理志下》所载陈国（今河南淮阳附近）就有"妇人尊贵"的习俗。[5]婚姻关系反映女性地位。在西汉中前期,由于去古不远而儒家礼教并未严格限制女性自由，当时女性的社会地位和自由度均较后世为高。总之,汉初的妇女受礼教影响比较小，实际地位并不很低，女性享有许多自由。[6]

较为折中的研究指出，礼教同时在这一时期从国家法律与社会习俗方面逐渐加强对女性身心的控制。张家山汉简《二年律令》的相关法律规定显示汉初女性

---

[1] 有的学者持不同的观点，认为仓公成到案发不过十年间，根据淳于意的自述"文王病时，臣意家贫，欲为人治病，诚恐吏以除拘臣意也，故移名数，左右不脩家生，出行游国中"，可以断定的是在缇萦幼年时，包括淳于意五女在内至少七口之家仍然拮据，缇萦的早年教育条件并非优越，而且其父"左右行游"，飘忽不定，这些因素都决定了缇萦的受教育程度也仅限于初通文墨（通尺牍）。

[2] 姚琪艳:《汉代女性研究综述》，载《中国史研究动态》2015 年第 1 期。

[3] 彭卫:《汉代婚姻关系中妇女地位考察》，载《求索》1988 年第 3 期。

[4] 《汉书·王吉传》。

[5] 王子今:《汉代的女权》，载《东方》1999 年第 3 期。

[6] 参见施红:《试论西汉前、中期妇女地位》，载《北京师范学院学报（社会科学版）》1989 年第 2 期; 贾丽英:《论汉代妇女的家庭地位》，载《四川大学学报（哲学社会科学版）》2001 年第 6 期。

虽然有部分的财产和身份继承权,其人身安全上得到了一定的保护,但在男女关系上,女性对男性有依从性,家庭地位不高。相比唐代,女性的社会空间略显狭小。[1]

以上研究只是对汉初女性地位的总体判断,具体尚需要结合地域文化和家庭背景来进行特殊评价,可谓因人而异。比如缇萦成长于齐鲁文化之地,虽然为儒家文化发源地,但在文帝初期儒学尚未得到全面兴盛和发展,我们只能判断当时缇萦成长的环境有利于其受到思维和书写能力的教育培养,以孝为中心的儒家仁义道德当然是价值观的核心,在救父的特殊场景下,当然会高于儒家宣扬的"男尊女卑""男主外,女主内"的价值观,因此,缇萦应当具备上书代父受刑的社会文化条件。

当然,对缇萦的能力不能估计过高。太史公称赞"缇萦通尺牍,父得以后宁"。这表明缇萦的文字书写能力至少在司马迁看来是十分了得的,不过这是司马迁看到上书原文的直观评价而已。当然,缇萦在随父西行长安的路途中,可能会与父交谈甚至商议对策,因此,缇萦所上文帝之书不排除他人代笔的可能。即便缇萦受到了良好的家庭教育,能够准确揣摩文帝心思,一语中的,也需要他人参谋,否则,涉世未深,与政治无涉的女子怎能有如此政治智谋?

三、敢作敢为和奋不顾身的担当精神

淳于意被押送长安受审时,按照常理来讲,随父西行,代父受刑的应当是淳于意的长女,而不是小女。如果说小女最为聪慧,那也应当是五女都随父西行,再由缇萦执笔以五女名义共同上书。但缇萦义无反顾,独自一人陪父亲长途跋涉,并一路侍奉父亲。

到了长安后,不排除以前被名医生淳于意救治过的人或具有正义感打抱不平的人出手相助,但缇萦第一次到长安,两眼一抹黑,在人生地不熟的京城奋不顾身,冒着"犯跸"(冲犯皇帝的车驾)的风险,冒着被视为刁民乱喊冤的风险,面临救父失败无颜见江东父老的窘境,承受着变为官婢的巨大心理压力,坦然面对,大义凛然,无所畏惧,这种不怕千难万险勇往直前和敢作敢为的担当精神实在令人钦佩。

---

[1] 夏增民:《从张家山汉简〈二年律令〉推论汉初女性社会地位》,载《浙江学刊》2010年第1期。

第三节　缇萦救父成功的因素分析

一、客观上顺应了汉初法制改革的时代潮流

秦朝仅仅 14 年就灭亡了，汉朝统治者认为秦朝短命的原因主要是两个：即赋役过重和刑罚严酷泛滥。汉初的统治者对发生不久的秦二世而亡的历史教训记忆犹新，他们利用民众对秦王朝残厉法制的不满，顺从民意，进行了政治与法律改革，不搞劳民伤财、严刑峻法的统治，改以宽刑薄赋的政策，保养民力，增殖人口，以达到恢复和发展经济、稳定统治秩序的目的。这种治国理念强调官员不妄为，勿急切，避免苛政扰民，使社会生活在自然的状况下得以安定。

在经济上，汉初统治者采取休养生息政策，促进了生产力的恢复和发展。但在法制上，汉承秦制，汉初基本上沿袭了秦朝的法律制度，社会要求变革的呼声日趋高涨，全面修改沿袭的严刑峻法是大势所趋。淳于意案作为个案在法制改革的历史潮流中成了全面法制改革的导火索，一方面缇萦救父的言行推动了法制改革，另一方面"时势造英雄"，缇萦救父的行动在改革洪流中又因肉刑的废除而获得了成功。

二、上书内容契合了文帝改革的潜意识

西汉高祖（前 202—前 195 年在位）、惠帝（前 195—前 188 年在位）、吕后（前 188—前 180 年称制）三代，表面上奉行的是无为而治的黄老之道，实际上在法律制度方面仍是汉承秦制，并没有太大改动。这一点只要对比 1975

年出土的睡虎地秦简中的秦代律令和1983年出土的张家山汉简中的吕后二年律令，就可一目了然。

"缇萦救父"体现了民众对于法制改革的渴求，而汉文帝原本就想强化中央政府法律权威、修改沿袭的严刑峻法。缇萦上书的要求与汉文帝法制改革的潜意识不谋而合，天理国法人情，国法要循天理，道法自然，"法正"才能民从。汉文帝同样信奉黄老之道，但区别于前代君主的特点在于"好刑名之言"，在"循名责实"方面，很有自己的想法。"缇萦救父"虽说给政府出了一道难题，换个角度看，却也给了政府一次机会，可以以此为契机，全方位改革承袭的秦代法制。尤其是缇萦上书中并没有过多在案情上纠缠，而是着重批评肉刑的不合理，正好与汉文帝的改革意图一拍即合。

缇萦上书的途径虽然不存在问题，但既然是正规的司法途径，上书的内容对淳于意案的介绍就不应该如此简短，仅15个字就认罪服判。对于需要谨慎对待此案的文帝而言——因为是诏狱，不得不谨慎，经历过多次地方诸侯叛乱的他必然对涉及地方诸侯之案慎之又慎，不可能不追问淳于意案的具体由来和审判过程以及可能引发的政治后果。而缇萦上书竟未能将淳于意所犯何事，当受何刑陈述清楚，仅凭孩童所言"欲改过自新者，其路莫由"来代父受刑就能让文帝即刻废除肉刑，令人费解。

考虑到淳于意的后台刘将间及其与文帝的特殊关系，刘将间应该同文帝有过审前沟通。更何况淳于意的身份是齐国官员而且为刘将间门客，为了巩固削弱齐国王侯势力之成果，仓公必然会询问刘将间的意见。已有文献对上书内容做如此简单的记载，以及文帝废除肉刑的诏书丝毫不提及孝道的理由，十分明显地表明，缇萦上书所写内容根本不重要，重要的只是上书的形式，为文帝发布废除肉刑的诏书酝酿情感，提供借口。

文帝"悲其意，此岁中亦除肉刑法"，表面上成全了缇萦的孝道，实际上则使之变成普惠之法。

三、以退为进的申诉技巧

缇萦上书文帝进行申诉，并不直接反驳对父亲的指控，缇萦并非为父鸣冤，而是以退为进，承认父亲违反了国家现行的刑律。上书情真意切，从廉、慈、孝三个方面展开，先述说其父是廉吏，因为医名太盛，反而得罪了人；然后承认法律的权威，但过重的刑罚会断绝犯罪者的改过自新之路，对国家和君主并没有好处；最后表达了自己为父亲尽孝的愿望，希望以身替父。

代刑请求的言行技巧是成功与否的关键，有学者将其归纳为理孝兼具类、情法交融类、把握时空类、喜颜悦色类、以退为进类等5种，缇萦上书兼具强有力的说理性和浓厚的孝义性。所谓理，即缇萦认为"死者不可复生，刑者不可复属，虽后欲改过自新，其道亡繇也"。如果这个道理连一个民间幼女都能懂的话，皇帝更是没有回绝的余地；所谓孝，即缇萦为赎父罪，居然"愿没入为官婢"，如前所述，"没入官婢"即等同于被判处隶臣妾之罪，兼具刑徒和终身为奴的性质[1]，这需要极为强大的孝心才能义无反顾。

缇萦之前比较著名的代父受刑案发生在春秋战国，赵简子欲伐楚，然因津吏醉酒而无法摆渡，导致贻误战机，于是简子怒而欲杀之。津吏的女儿女娟便提出"愿以鄙躯易父之死"，却遭到赵简之"非女之罪也"的拒绝。女娟于是采取了"以退为进"的言辞技巧："主君欲因其醉而杀之，妾恐其身之不知痛，而心不知罪也。若不知罪杀之，是杀不辜也。愿醒而杀之，使知其罪。"史载"简子曰善，遂释不诛"。[2] 女娟的故事乃代父受刑失败的案例，但与缇萦的故事十分类似，二人都是从知罪和改过的角度，也即刑罚的目的（惩罚和预防）是否实现的角度来为父辩解，只不过前者失败，后者成功，而且像缇萦上书一样引起刑罚重大变革的少之又少。这不得不让人思虑缇萦上书背后可能借助了强大的能量。

唐敬宗宝历年间有二女为父伸冤，不惜以死抵罪之事迹，虽然与缇萦代亲受刑多有不同，但仍被后人作为缇萦救父之再现称赞，史载：

> 唐时初兴银冶，置场曰"金溪"，有司命孝女父典其事，岁久，银不足以充贡，倾家无以偿，榜掠不堪。二女不忍见其父抵罪也，相顾泣曰："地产有限，父何辜？若罪不可赎，女生何为？"皆跃入冶中焚死。刺史以闻，贡即停罢，冶遂废，唐宝历乙巳也。[3]

---

[1] 陶亮：《"免隶臣妾"解》，载《文化学刊》2007年第5期；朱德贵：《岳麓秦简所见"隶臣妾"问题新证》，载《社会科学》2016年第1期。"隶臣妾"一词是秦律中的专有法律术语，不仅指官奴隶，而且也指刑徒，经过战国时期和秦朝的发展，在西汉时期的法律中演变为一个纯粹的徒刑刑名。参见李力：《"隶臣妾"身份再研究》，中国法制出版社2007年版，第4页。

[2]《列女传·辩通传·赵津女娟》。

[3] [康熙]《金溪县志·艺文》。

元人刘杰作《重建孝女祠记》将此孝行与缇萦救父故事进行对比，借以讥讽敬宗昏庸无道，揭露当时的苛政之患[1]：

> ……向非二女捐躯一死，其父之罪可释乎？后人之患可逃乎？仁人君子善为国谋者，必不忍为也。汉文帝时，太仓长淳于意有皋当刑，其少女缇萦上书愿没入为官婢以赎父罪，文帝悲怜其意，乃除肉刑。呜呼，缇萦非特赎父罪也，肉刑之除赖以更生者，岂特一世一人而已哉？二孝女视缇萦之事无愧也，然有幸不幸焉。上书即从，缇萦幸而遇文帝，爱民纳谏，恭俭宽仁，有为之主也。二孝女不幸死于宝历，当时人主游戏无度，昵比群小，侮弃谠言，何暇吏民之恤哉！使其时上书以赎父罪，敬宗必不能如文帝之从缇萦矣。投弃烈焰，委而不顾，孝女但知有父，而不知有己。既获死于父难，报亲之心遂矣，瞑目长逝，复何憾哉！然自缇萦观二女之死，岂不重为当时痛也欤！自古君臣以利为国者，卒不能逃后世公论也，观二女事，亦当知所惧矣。[2]

缇萦之幸在于遇到明主，缇萦的后继者们却没有如此之幸，人主好恶阴晴不定，因此代父受刑之结果是否能皆大欢喜，仅凭人主随心所欲。

四、淳于意贪污受贿存疑较多

早期研究者已经认定淳于意案是因拒绝应召而被地方藩王仗势上书文帝控告所致，该案乃千古一大冤案。[3]

淳于意案发离家时的叹息表明，淳于意对获罪受刑一事心有不甘，否则不会用激将法来让女儿代为上书。心有不甘是因为淳于意认为蒙受了不白之冤。

淳于意是当地乃至全国的名医，向其求治的络绎不绝，收入不菲；并且淳于意身为太仓长，作为国家不大不小的官吏，没有衣食之忧；缇萦上书中提到其父为人清正廉洁，被淳于意医好的患者也可以为其作证；告发、纠举淳于意的人可能是因为他医务繁忙无暇顾及而得罪的人，甚至此案涉及几个藩王国争夺医疗人才的政

---

[1] 吴小红：《苛征、祠祀与地方利益：元代金溪二孝女祠祀研究》，载《中国史研究》2012年第1期。
[2] 《金溪县志·艺文》。
[3] 何爱华：《淳于意生平事迹辩证》，载《文献》1988年第2期。

治因素，不排除他们诬告的可能，地方藩王作局诬陷淳于意的嫌疑很大；五听审讯方式下的证据重言词证据，淳于意案的证据没有形成完整的证据链。这些疑点使文帝内心里怀疑淳于意贪污受贿的真实性，他已经推测到此案为冤假错案。所以，虽然没有宣布其无罪，但免于刑事处罚。

五、文帝禀赋经历对淳于意案处理结果的影响

吕后死后，西汉统治阶级内部矛盾日益激化，刘氏皇族集团与吕氏外戚集团的斗争，以皇族集团胜利而告终。太尉周勃，丞相陈平，大将军灌婴为首的"功臣派"，联合了齐王刘襄、朱虚侯刘章，诛灭了吕氏宗族。公元前180年9月，刘邦第四个儿子是年23岁的代王刘恒接旨进京。此时虽然吕氏宗族被灭，但吕后安排的少帝还在皇位上。

当时在位的少帝，不是惠帝与皇后所生，是惠帝与宫女所生，吕后将少帝的亲生母亲逼杀，把后来的少帝交给皇后抚养，对外宣称少帝就是惠帝与皇后所生。灭掉吕氏以后，"功臣派"成员疑虑：少帝乃吕后所立，少帝长大后，一旦掌握了皇帝大权，"功臣一派"必受牵连，受牵连者，无一人能活。所以"功臣派"商议按两个标准推举新皇帝：一是必须血统正宗，二是必须是弱势皇子。按照血统论，新皇帝应在刘邦的儿子、兄弟、孙子中间推举。当时有资格竞选皇位的人选有刘邦的一个弟弟刘交，两个儿子代王刘恒、刘长和三个孙子齐王刘襄、朱虚侯刘章、东牟侯兴居。在平灭诸吕之后，功臣集团认为齐王刘襄的势力过于庞大，不好掌控，便选择当时刘氏宗亲当中势力最为薄弱的代王刘恒做了皇帝，也就是汉文帝。

汉文帝在位时，存在诸侯王国势力过大及匈奴入侵中原等问题。对待诸侯王，采用以德服人、以武平乱的态度。对待匈奴，采用和亲止战的方式，营造安定团结、休养生息的政治局面。道德方面，文帝亦曾经亲自为母亲薄氏尝药，深具孝心。

文帝以秦亡为鉴，深知百姓生活之乐苦对政权安定的意义，在位时奉行黄老"无为而治"的政策。汉文帝为人宽容平和，衣着朴素，励精图治，在历史上以个性柔弱、宽厚仁慈著称。汉文帝的母亲薄太后出身低微，在汉高祖在世的时候是个不得宠的妃子，早年嫁给魏王魏豹。楚汉之争时，魏豹被韩信所败后，薄姬被送进宫中织布的工房。刘邦有次到织布工房中，看见薄姬有姿色，诏令纳入后宫，薄姬就生下了儿子刘恒。刘邦专宠戚夫人，薄姬和儿子不得宠。刘邦死后，后宫吕后专权，

导致后宫之中腥风血雨。她怕住在宫里受吕后的陷害，就请求跟着儿子住在代郡。母子俩人在那里吃了不少苦。刘恒在地位卑微的母亲身边耳濡目染，了解社会基层，懂得民间疾苦，清楚肉刑给人们造成的巨大危害和激起的剧烈反抗，养成了宽厚待人的品质，与在皇宫中不食人间烟火长大的其他皇家子弟大相径庭。据《史记》记载，他在位时颁布诏书告诉大臣们"法者，治之正也，所以禁暴而率善人也"（法令是治理国家的准绳，这是来制止暴行的，来引导人们向善）。汉文帝树立以身作则、"以德化民"之形象，但他从不以"有德"自居，而是多次下诏自责，把自然变异和农业歉收等归咎于自己"不德""德薄"和"失德"，常说"吾甚自愧""朕甚自愧"。与文帝之前的皇帝诏令带有强制、命令的风格特征相较，文帝善于在诏令中淡化帝王的威权，而以一种亲民的口吻表现出谦让宽容的性格特点。总之，汉文帝的个人成长经历和品行操守使他对缇萦代父受刑的孝心颇为感动，心有灵犀一点通，使他能够体恤民情，这些因素对促使文帝改革不合理的残酷肉刑有一定影响。

第五章
淳于意其主文帝对此案的应对考量

　　文帝废除肉刑，不仅是中国法律史上的标志事件，更是中国政治史上的标志事件。对该事件发生原因的阐释不能脱离文帝对当时大政方针的决策考量。将废除肉刑作为政治事件来解读，才能领会到如此重大的法律改革并非一蹴而就，其背后牵涉十分棘手及复杂的政治博弈。本章开头分析了文帝处理淳于意案的方案，为什么不适用赎刑，不特赦，如何以颁布废肉刑诏书来釜底抽薪，以立法解决司法困局，然后探讨了汉文帝将淳案作为皇族内部争夺医疗资源的纠纷来处理的考量，研究了汉文帝在各方政治博弈中平衡各方利益，调整国家结构中央地关系的政治智慧和娴熟统治手腕。

第一节 文帝处理淳于意案的方案之选

一、赎刑之排除

淳于意之所以没有被适用赎刑免受皮肉之苦，一则在于没有资格和机会适用；二则在于罪名尚不确定，赎刑也就缺少了适用的前提。

西汉当时已有用赎刑免除肉刑之苦的律法，为何淳于意未曾用赎刑进行自救？在已有研究看来，淳于意由于家贫无法适用赎刑，只能默认肉刑之苦。[1] 司马迁就是因为没有赎金而遭受宫刑，他曾无助地感叹道："家贫，财赂不足以自赎，交游莫救，左右亲近不为壹言。"[2] 我们认为，淳于意定然是在解决了"利禄"之后才在齐国都城临淄安定下来，摆脱贱业的游医身份，为获取"功名"而跻身于官贵行列的。从仓公学成到案发已有 10 年，成为名医的淳于意早已解决了温饱问题，家境殷实，不至于支付不了赎金。

据《二年律令·具律》关于汉初赎刑的法律规定显示，当时主要有赎耐、赎迁、赎鬼薪白粲、赎城旦春、赎黥、赎斩、赎宫、赎腐、赎死等，具体如下。

> 赎死，金二斤八两。赎城旦春、鬼薪白粲，金一斤八两。赎斩、府（腐），金一斤四两。赎劓、黥，金一斤。赎耐，金十二两。赎迁，金八两。有罪当府（腐）者，移内官，内官府（腐）之。[3]

---

[1] 庄小霞、薛婷婷：《仓公犯的是什么罪》，载《春秋》2006 年第 2 期。

[2]《汉书·司马迁传》。

[3] 彭浩、陈伟、[日] 工藤元男：《二年律令与奏谳书——张家山二十七号汉墓出土法律文献释读》，上海古籍出版社 2007 年版，第 140 页。

按照最高的赎金——斩刑需金一斤四两算，淳于意需要 12500 钱来赎罪。当时太仓长月俸 6000 钱，加上为人治病和诸侯打赏所得，钱财方面绰绰有余。[1] 只不过《汉书》记载的赎刑适用对象多为侯爵，还有宰相、大司农、车骑将军、西域都户等显赫职位，并没有淳于意这一级别的官员适用赎刑。汉初赎刑的对象主要包括皇亲国戚者、位高权重者、劳苦功高者，并且作为体恤老弱的善举。同时，史书所载适用赎刑的大都为死刑，并非肉刑。[2]

表 12 《史记》《汉书》所载赎刑情况一览表

序号	人物	官职	时间	原文	出处	适用赎刑	罪名	可赎原因
1	张不疑	留文成侯之子	公元前185年	高后三年，侯不疑嗣，十年，孝文五年，坐与门大夫杀故楚内史，赎为城旦。	《汉书·高惠高后文功臣表》	不详→劳役刑	杀人	贵族
2	无特定人	无特定人	不详	淮南王安废法行邪，怀诈伪心，以乱天下，荧惑百姓，倍畔宗庙，妄作妖言。春秋曰‘臣无将，将而诛’。安罪重于将，谋反形已定。臣端所见其书节印图及他逆无道事验明白，甚大逆无道，当伏其法。而论国吏二百石以上及比者，宗室近幸臣不在法中者，不能相教，当皆免官削爵为士伍，毋得宦为吏。其非吏,他赎死金二斤八两。	《史记·淮南衡山列传》	死刑→免死刑	大逆	
3	赵食其	右将军	公元前134年	赵食其，祋祤人。武帝立十八年，以主爵都尉从大将军，斩首六百60级。元狩三年，赐爵关内侯，黄金百斤。明年，为右将军，从大将军出定襄，迷失道，当斩，赎为庶人。	《汉书·卫青霍去病传》	死刑→贬为庶人	迷路，耽误战情致后果严重	军功
4	王恢	浩侯	公元前133年	正月甲申封，一月，坐使酒泉矫制害，当死，赎罪，免。	《汉书·高惠高后文功臣表》	免死刑	为保全师，怯于迎战。	贵族
5	苏建	平陵侯	公元前123年	三月丙辰封，六年，坐为前将军与翕侯信俱败，独身脱来归，当斩，赎罪，免。	《汉书·景武昭宣元成功臣表》	免死	独身而归	军功
6*	公孙敖	合骑侯	公元前121年	以五年四月丁未封，至元狩二年坐将兵击匈奴与票骑将军期后，畏懦当斩，赎罪。	《汉书·高惠高后文功臣表》	免死	怯战	军功
7	张骞	博望侯	公元前121年	六年三月甲辰封，元狩二年，坐以将军击匈奴畏懦，当斩，赎罪，免。	《史记·高惠高后文功臣表》	免死	怯战	军功

[1] 黄惠贤、陈锋:《中国俸禄制度史》，武汉大学出版社 1996 年版，第 45 页。
[2] 高叶青:《汉代的罚金和赎刑——〈二年律令〉研读札记》，载《南都学坛》2004 年第 6 期。

					出处			
8	高不识	宜冠侯	公元前121年	五月庚戌封，四年坐击匈奴增首不以实，当斩，赎罪，免。	《汉书·高惠高后文功臣表》	免死，除爵	增首不实	军功
9	郑庄（郑当时）	大司农	汉武帝征讨匈奴之际	郑庄使视决河，自请治行五日。上曰："吾闻'郑庄行，千里不赍粮，请治行者何也?'"然郑庄在朝，常趋和承意，不敢甚引当否。及晚节，汉征匈奴，招四夷，天下费多，财用益匮。庄任人宾客为大农僦人，多逋负。司马安为淮阳太守，发其事，庄以此陷罪，赎为庶人。顷之，守长史。上以为老，以庄为汝南太守。数岁，以官卒。	《史记·汲郑列传》	贬庶→事高为汝南郡太守	为人年已，贪赃枉法	两朝大臣，年事已高
10	李广	郎中令	公元前119年	后四岁，广以卫尉为将军，出雁门击匈奴。匈奴兵多，破广军，生得广。单于素闻广贤，令曰："得李广必生致之。"胡骑得广，广时伤，置两马间。络而盛卧。行十余里，广阳死，睨其傍有一儿骑善马，暂腾而上胡儿马，因抱儿鞭马南驰数十里，得其余军。匈奴骑数百追之，广行取儿弓射杀追骑，以故得脱。于是至汉，汉下广吏。吏当广亡失多，为虏所生得，当斩，赎为庶人。	《汉书李广苏建传》	死刑→庶人	领战死伤重	军功
11	韩延年	成安侯	公元前117年	三月壬午封，七年，元封六年，坐为太常行大行令事留外国书一月，乏兴，入谷赎，完为城旦。	《汉书·高惠高后文功臣表》	不详→劳役刑	怠政	贵族
12	石庆	丞相	公元前112年	尝欲请治上近臣所忠、九卿咸宣，不能服，反受其过，赎罪。	《汉书·万石君列传》	?→免罪	进谏，被反受其过	位高权重
13	杨仆	将梁侯（封爵），楼船将军	公元前109年	三月乙酉封，四年，元封四年，坐为将军击朝鲜畏懦，入竹二万个，赎完为城旦。欲请蜀刀，问君贾几何，对曰率数百，武库日出兵而阳不知，挟伪干君，是五过也。受诏不至兰池宫，明日又不对。假令将军之吏问之不对，令之不从，其罪何如？推此心以在外，江海之间可得信乎！今东越深入，将军能率众以掩过不？仆惶恐，对曰："愿尽死赎罪!"与王温舒俱破东越。后复与左将军荀彘俱击朝鲜，为彘所缚，语在朝鲜传。还，免为庶人，病死。	《汉书·高惠高后文功臣表》《史记·酷吏列传》	死刑→劳役刑	二将争功，使时机耽误，死伤众多。	军功

14	庆文	太常	公元前103年	庆文深审谨，然无他大略，为百姓言。后三岁余，太初二年中，丞相庆卒，谥为恬侯。庆中子德，庆爱用之，上以德为嗣，代侯。后为太常，坐法当死，赎免为庶人。	《史记·万石张叔传》	免死，贬为庶人	犯死罪，不详	贵族
15	赵弟	新畤侯	公元前94年	四月丁巳封，七年，太始三年，坐为太常鞫狱不实，入钱百万赎死，而完为城旦。	《汉书·高惠高后文功臣表》	？→劳刑役	渎职罪	贵族
16	贺敬声	太仆	公元前92年	贺子敬声，代贺为太仆，父子并居公卿位。敬声以皇后姊子，骄奢不奉法，征和中擅用北军钱千九百万，发觉，下狱。是时诏捕阳陵朱安世不能得，上求之急，贺自请逐捕安世以赎敬声罪。上许之。后果得安世	《汉书·公孙刘田王杨蔡陈郑传》	徒刑→刑免罪	擅用公帑	将功补过
17	苏昌	蒲侯	公元前91年	侯夷吾嗣，鸿嘉三年，坐婢自赎为民后略以为婢，免。	《汉书·高惠高后文功臣表》	贬为奴婢→免		
18	多军	无锡侯	公元前89年	侯卯嗣，延和四年，坐与归义赵文王将兵追反虏，到弘农擅弃兵还，赎罪，免。	《汉书·高惠高后文功臣表》	死刑→免死	擅弃兵还	军功
19	丙吉	廷尉右监	汉武帝之际	后人有告相贼杀不辜，事下有司。河南卒戍中都官者二三千人，遮大将军，自言愿复留作一年以赎太守罪。河南老弱万余人守关欲上书，关吏以闻。大将军用武库令事，遂下相廷尉狱。久系逾冬，会赦出。	《汉书·魏相丙吉传》	免刑徒刑	滥杀无辜	民众爱戴
20	刘德	阳城缪侯	汉武帝之际	以宗正关内侯行谨重为宗室率，侯，子安民以户五百赎弟更生罪，减一等，定户六百四十户。	《汉书·外企恩泽图表》	免死	？	身份高贵
21	无特定人	贵戚子弟	汉武帝之际	贵戚近臣多奢僭，充皆举劾，奏请没入车马，令身待北军击匈奴。奏可。充即移书光禄勋、中黄门，逮名近臣侍中诸当诣北军者，移劾门卫，禁止无令得入入宫殿。于是贵戚子弟惶恐，皆见上叩头求哀，愿得入钱赎罪。上许之，令各以秩次输钱北军，凡数千万。	《汉书·江充传》	？→免罪	奢靡僭越	皇亲国戚
22	昭平君	汉武帝夷安公主之子	？	久之，隆虑公主子昭平君尚帝女夷安公主，隆虑主病困，以金千斤钱千万为昭平君豫赎死罪，上许之。	《汉书·东方朔传》	死刑→免死（预赎罪）	秉性顽劣	皇亲国戚

23	充国	太 医 监（上 桀 父 宠臣）	汉昭帝 之际	数守大将军光，为丁外人求侯，及桀欲妄官禄外人，光执正，皆不听。又桀妻父所幸充国为太医监，阑入殿中，下狱当死。冬月且尽，盖主为充国入马二十匹赎罪，乃得减死论。	《汉书·外戚传上》	死刑 → 死 免	大 不 敬 之罪	贵 族 亲戚
24	韩昌、 张猛	车 骑 都尉 光 禄 大夫	汉元帝 之际	昌、猛奉使无状，罪至不道。"上薄其过，有诏昌、猛以赎论，勿解盟。	《汉书·匈奴传》	不详	不道	高官
25	刘向	谏 大 夫、散 骑 给 事 中	公元前48年	向字子政，本名更生。年十二，以父德任为辇郎。既冠，以行修饬擢为谏大夫。……更生幼而读诵，以为奇，献之，言黄金可成。上令典尚方铸作事，费甚多，方不验。上乃下更生吏，吏劾更生铸伪黄金，系当死。更生兄阳城侯安民上书，入国户半，赎更生罪。上亦奇其材，得逾冬减死论。	《汉书·楚元王传》	免死，反对宦官弘恭、石显坐罪下狱。	反对宦官弘恭、石显坐罪下狱。	王 公 之 后，有才
26	段会宗	西域都户	公元前29年后数年不详	会宗更尽还，以擅发戊己校尉之兵乏兴，有诏赎论。	《汉书·傅常郑甘陈段传》	不详	擅自发兵	高官

（说明 *：前 129—14 年为汉武帝攻打匈奴时期。）

综合而言，淳于意可用赎刑几无可能，无怪乎他要发出"生子不生男，缓急无可使也"的怒吼。

更值得注意的是，据汉元帝光禄大夫贡禹对赎罪之法提出的严厉批评来看，在文帝时代，"赏善罚恶，不阿亲戚，罪白者伏其诛，疑者以与民，亡赎罪之法，故令行禁止，海内大化，天下断狱四百，与刑错亡异。"而到武帝时期，由于"用度不足，乃行一切之变，使犯法者赎罪，入谷者补吏，是以天下奢侈，官乱民贫，盗贼并起，亡命者众。"而今如果"欲兴至治，致太平，宜除赎罪之法。"[1] 例如江充为直指绣衣使者，举劾大量贵戚近臣，奏请"没入车马，令身待北军击匈奴"。"于是贵戚子弟惶恐，皆见上叩头求哀，愿得入钱赎罪。上许之，令各以秩次输钱北军，凡数千万。"[2] 可见，仓公在文帝之际应当无适用赎刑的可能，追求"赏善罚恶，不阿亲戚"的执政者汉文帝只能另想他招，成全孝女之心。

---

[1]《汉书·贡禹传》。
[2]《汉书·江充传》。

缇萦上书以"愿入身为官婢"来"赎父刑罪"，可以看做是为汉文帝变相地为适用赎刑提供参考。而类似以身为官婢赎罪的做法在汉代并非仅此一例，例如武帝时有人告发河南太守魏相"贼杀不辜，事下有司。河南卒戍中都官者二三千人，遮大将军，自言愿复留作一年以赎太守罪。河南老弱万余人守关欲入上书，关吏以闻。"[1] 较多的是立功赎罪，成功者如武帝时公孙贺之子公孙敬声"骄奢不奉法，征和中擅用北军钱千九百万，发觉，下狱。是时诏捕阳陵朱安世不能得，上求之急，贺自请逐捕安世以赎敬声罪。上许之。"[2] 父以捕贼立功作为条件为子赎罪。不成功者为景帝之际，"彭祖上书冤讼（太子）丹，愿从国中勇敢击匈奴，赎丹罪，上不许。"[3]

除此之外，武帝穷兵黩武，耗费空乏，还允许战略物资马匹用作赎刑，例如"显为上书献城西第，入马千匹，以赎山罪。"[4] 昭帝时"盖主为充国入马二十匹赎罪，乃得减死论。"[5] 宣帝时"更生兄阳城侯安民上书，入国户半，赎更生罪。"[6] 若是官贵有罪，需经上请程序，文帝之后一般由皇帝下诏才允许适用赎刑，《汉书》常用"有诏赎论"的表述，例如"会宗更尽还，以擅发戊己校尉之兵乏兴，有诏赎论。[7]"上薄其过，有诏昌、猛以赎论，勿解盟。"[8]

二、赦免权被束之高阁

文帝之所以没有动用赦免权解救淳于意，在于赦免权行使成本过高，而且无助于压制地方藩王的挑衅之势。

特赦，是针对特定对象（个人、群体或特定地域的人、特定集团的人）及其所犯的特定罪行而实施的赦免，包括曲赦、别赦、赦徒三种。曲赦多行之于军事甫定之地，意在安民。比如文帝安定济北。别赦的对象为特定个人，或者与特定事件相关的群体。比如，汉高祖赦田横，赦奕布等，景帝赦襄平侯纪嘉等。可以说汉代的曲赦、别赦多是针对谋反大逆等重罪，淳于意之罪当无此性质。赦徒则是针对轻罪的赦免。秦汉之际在刑制方面逐渐出现了徒刑取代肉刑的演变趋势，

[1]《汉书·魏相传》。
[2]《汉书·公孙贺传》。
[3]《汉书·景十三王传》。
[4]《汉书·霍光传》。
[5]《汉书·外戚传上》。
[6]《汉书·楚元王传》。
[7]《汉书·段会宗传》。
[8]《汉书·匈奴传下》。

徒刑取代肉刑的结果是导致大量刑徒的产生，他们在重大国家工程营建和官府作坊都承担了相当繁重的劳力，因此，多有刑徒叛乱发生。或许是基于此教训，文景之际亦有赦徒之例，例如文帝二年（前 178 年），赦民谪作县官者。景帝中元四年（前 146 年），赦徒作阳陵者。这两次赦徒是针对特殊群体（刑徒）的赦免，而且根据缇萦的上书，淳于意并不会成为刑徒，否则就不存在代父受刑之说了。就此而言，淳于意无法适用赦徒这一免除肉刑之法。

赦免在汉代正处于形成期，大多数的赦免是应时之需，并没有形成固定的赦免惯例，存在一定的例外情形。自西汉建立到景帝结束的 60 多年内，赦事多与削藩有关。朝廷在削弱地方藩王势力的过程中，常常采用曲赦该地区吏民的做法，争取民心。例如文帝三年，济北王之乱前后，曾曲赦济北一带。景帝四年，吴楚"七国之乱"时大赦天下，平定七国后，则赦免从反的吏民。[1] 针对淳于意案，单纯选择赦免并非明智之举，淳于意个人的影响力尚不足以使文帝动用赦免权。该案涉及赵吴齐多国，为争取民心，相较于赦免淳于意而言，废除肉刑惠及的民众更多，更值得文帝冒着因刑罚改革不完备而被后世批评的风险。并且，文帝对赦宥十分谨慎，统治期间赦免屈指可数。直到武帝以降，汉代赦宥习惯才似确立下来，此后各帝平均不到两年就有一赦。若因淳于意案就轻易动用赦宥权，乃意味着文帝对地方藩王的纷争别无他法，只能被动地消极应对，如此做法等同于纵容和妥协，让借机试探中央态度的地方藩王们更加有恃无恐——既然皇帝都不能积极处置地方藩王之纷争，中央的权威也就荡然无存，拥护这样消极无能的皇帝毫无意义，只能群起而反之。

已有关于汉代赦免的统计并未将淳于意案列入，从文帝并未驳回廷尉的判决来看，淳于意并未享受赦免的特权。纵观文帝一朝，对赦免向来谨慎，而且若考虑到淳于意案是地方藩王上告所为，文帝更没有理由特赦这样一个遭受藩王愤恨的地方名医。地方藩王控告淳于意的意图尚未有确凿的证据，然不论地方藩王是蓄意挑拨中央和齐国的关系，还是借机试探中央对所有地方藩王的态度，对文帝而言，特赦均非回击地方试探的良策，反倒会进一步滋长地方藩王的欲望，不断向中央发难，滋生事端。

更进一步而言，从文帝直接绕开廷尉而改革肉刑的行为来看，廷尉的颜面得到保全，文帝就没有必要以赦免的方式再变相地变更廷尉的判决。淳于意在废除

---

[1] 邬文玲：《汉代赦免制度研究》，中国社会科学院研究生院 2003 年博士学位论文，第 20–41 页。

肉刑以后，要么维持有罪判决但免于刑事处罚，要么没有被免于刑事处罚，改为接受笞刑，还是没有免除皮肉之苦，只不过身体肌肤能够在受刑之后恢复罢了，如果是这样，淳于意将是肉刑改革之后的第一个新刑罚领受者。

表13　高祖到景帝赦免情况一览表

帝王	纪年	月 / 日	赦免类别	赦因
高祖	二年	春正月	赦罪人	拔北地
	二年	六月壬午	赦罪人	立太子
	五年	春正月	赦天下殊死以下	无
	六年	六月壬辰	大赦天下	定都
	六年	十二月	赦天下	无
	八年	秋八月	吏有罪未发觉者赦之	
	九年	春正月	丙寅前有罪殊死以下皆赦之	平息贯高谋逆案
	十年	秋七月癸卯	赦栎阳囚死罪以下	太上皇崩
	十年	九月	赦代地吏民	代相国陈豨反
	十一年	春正月	大赦天下	无
	十一年	秋七月	赦天下死罪以下皆令从军	淮南布反
	十二年	二月	赦燕地吏民	燕王卢绾反
	十二年	四月丁未	大赦天下	高祖崩
	十二年	五月丙寅	减赎	惠帝践祚
惠帝	元年	冬十月	减赎	无
	五年	春三月甲子	赦天下	帝冠
高后	元年	春正月	大赦天下	临朝称制
	六年	夏四月	赦天下	星昼见
	八年	秋七月辛巳	赦天下	吕后崩
文帝	元年	七月	赦天下	践祚
	二年	春正月丁亥	赦民谪作逮贷	劭农
	三年	秋七月	曲赦济北吏民	济北王兴居反
	七年	夏四月	赦天下	郊见五帝
	十五年	夏四月	赦天下	无
	后四年	五月	赦天下	日食

景帝	元年	夏四月	赦天下	劝农
	三年	春正月	大赦天下	吴楚七国反
	三年	夏六月	曲赦七国吏民	平定"七国之乱"
	四年	六月	赦天下	立太子
	中元元年	夏四月	赦天下	无
	中元四年	秋	赦徒作阳陵者	
	中元五年	六月	赦天下	
	后元元年	三月	赦天下	

三、废肉刑诏书的颁发及其内容

在中国古代，夏商周时期的刑罚以肉刑为中心。春秋战国时期，肉刑的适用更为广泛。晏婴作为使臣到齐国谈及对齐国的印象时，就曾当着齐景公的面说："国之诸市，屦贱踊贵。"说明当时受刑的人很多。秦朝仍然延续黥、劓、刖、宫等四种肉刑。汉承秦制。汉朝初年，仍然沿用肉刑，汉文帝元年（前 179 年）废除了宫刑，只剩下三种肉刑，即黥、劓、刖（既包括斩左趾，又包括斩右趾）。

在皇权至上的封建社会，皇帝是最大的立法者，法自君出。《除肉刑诏》就是法律。汉文帝十三年，发布《除肉刑诏》："盖闻有虞氏之时，画衣冠异章服以为戮，而民弗犯，何治之至也？今法有肉刑三，而奸不止，其咎安在？毋乃朕德之薄，而教不明与？吾甚自愧。故夫训道不纯，而愚民陷焉。""今人有过……朕甚怜之。夫刑至断肢体，刻肌肤，终身不息，何其楚痛而不德也，岂为民父母之意哉？其除肉刑，有以易之。"[1] 诏令认为，现行法律体系中有那么多肉刑，犯罪却没有得到扼制，表面上错在犯罪者，实际上政府也有一定的责任。政府的责任在于要对民众进行教育，让他们知道什么可以做，什么不能做。如果不加以教育，就用断肢体、刻肌肤的方法，惩罚那些犯了错的人，那么他们即使想改恶从善也来不及了，更何况仍会有其他人再次走上犯罪的道路。因此，我们应该取缔这些残害肉体的刑罚，代之以更具实际教育和惩戒功能的刑种。教化不明，皇帝德薄，是民众犯错之根本。人有过错，未闻教化而已受大刑，想要改过从善，是不可能的事。砍去犯人的手脚、

---

[1]《史记·文帝本纪》。

在肌肤上刻下疤痕，使其终身残疾，是何等之痛楚，何等之不道德。对人民，不能不教而诛；对官吏，要求以父母之心对待人民；对自己，把天下人所有过错都揽了过来，层层递进，体现汉文帝之慈善不忍之心。

文帝废除肉刑的诏书，可以分两个部分来理解：前一部分一直在自我检讨，反思为何肉刑在却不足以止奸，根源在于自身德薄；后一部分强调如何通过废除肉刑来改正自己的过失，即为君父者不可不教而诛或先刑而后教。这一表述完全没有提到缇萦救父之孝行对决定废除肉刑有任何作用，缇萦上书的作用想必是激发了文帝利用儒家思想进行"罪己"深入思考后幡然觉醒的思维火光，促使文帝不再犹豫，下定当即废除肉刑的决心。正如《史记·孝文帝本纪》所言"书奏天子，天子怜悲其意"的短短几字，诏文应当是在文帝"怜悲其意"之后所想所思。就此看来，缇萦救父的上书只是触发文帝决心立刻废除肉刑的机关而已。有学者研究指出，汉文帝下诏"除收孥""赏赐长老""除诽谤""通关梁""不受献"以及释放奴婢等措施与除肉刑法是一体的，淳于缇萦之上书只是文帝易刑的燃点，但并非该学者所谓的纯属偶然耳。[1]文帝二年（前 178 年）"尽除收孥相坐律令"，废除了收孥及与之有关的相坐法令。既然改革了连坐之法，文帝势必应该继续推进未尽的刑罚改革，这很可能是缇萦和父仓公乃至背后可能的团队对文帝给予的提醒和暗示，为文帝当即废除肉刑提供机会。

肉刑是直接摧残身体的刑罚。汉以前有黥、劓、刖、宫等。汉文帝废肉刑，文帝将原来的四个肉刑全部用新的刑罚代替：黥刑，改为髡钳城旦春，即五年苦役；劓刑，改为笞三百；斩左趾者，改为笞五百；斩右趾，改为弃市，即死刑。

《汉书·刑法志》记载了这次因案立法的重大改革，其中的几句话很可能是汉文帝的原话，他说：现行法律体系中有那么多肉刑，犯罪却没有得到扼制，表面上错在犯罪者，实际上政府也有一定的责任。政府的责任在于要对民众进行教育，让他们知道什么可以做，什么不能做。如果不加以教育，就用断肢体、刻肌肤的方法，惩罚那些犯了错的人，那么他们即使想改恶从善也来不及了，更何况仍会有其他人再次走上犯罪的道路。因此，我们应该取缔这些残害肉体的刑罚，代之以更具实际教育和惩戒功能的刑种。

---

[1] 王泽武：《汉文帝"易刑"再考》，载《江西社会科学》2002 年第 8 期。

四、再思诏问之目的

文帝听闻废除肉刑后的新刑罚极易导致"外有轻刑之名，内实杀人"之批评，故而需要一个榜样来说服批评者。这是文帝亲自诏问淳于意的主要目的，希望以此探寻第一个领受废除肉刑之后新刑罚的人身体和生活状态，以此检验废除肉刑后的刑罚改革效果。淳于意在返回故地后，当以受刑为鉴，力争达到缇萦陈情上书之效果，绝不辜负文帝为此废除肉刑的期待。在淳于意看来，文帝还想要了解享受废除肉刑政策好处的第一人是如何起到榜样作用的。因此，淳于意有选择地向文帝详细汇报了25则经典病例，不仅有应邀诊断，还有偶然地主动问诊，且覆盖面如此之广，着实是在向文帝表明忠诚，他一直在以身说法，将文帝的仁德四处传唱，其行医的过程便是宣传废除肉刑利好宣扬文帝体恤万民的过程。

司马迁在翻阅相关宫廷档案后，认为淳于意答诏的病例十分珍贵，以史官的眼光看准了淳于意诊籍的医学价值，对缇萦救父和淳于意案之具体细节反倒忽略，以兼顾篇幅，突出重点。而且作为孝女典型的缇萦和名医淳于意之后续故事竟然没有留下只言片语，不禁让人怀疑这是否是刻意阉割故事情节。尤其是司马迁以列传的方式记载仓公父女，竟忽略了基本的履历，我们很难消除对司马迁有难言之隐的怀疑。淳于意利用这一医学交流方式间接向文帝传递了其对于齐国的重要性，让我们无法忽视淳于意曾作为藩王官员和王国名医的双重身份对于平衡央地关系可能具有的重要作用。仓公传能够保留在《史记》中应该是得到了汉武帝的认同，符合"政治正确"，否则便不会流传后世。司马迁当时在狱中能够看到有关淳于意案的所有资料，也在一定程度上证明了仓公之贡献已然被文景武三代帝王所认可，这必然与仓公对文景武三代以"削藩"为主旨的国策推行所做的突出贡献有关。再结合到《扁鹊仓公列传》在《史记》所放的位置，可以说仓公成功吸引了地方诸侯藩王之间的注意力，即以亲齐国的政治立场让赵吴等强国在文帝执政时期不敢轻举妄动。

集王国官员和全国名医于一身的淳于意对文帝制衡诸侯发挥了不可忽视的作用。文帝最终选择将淳于意这一稀缺的医疗资源留在刘将闾身边，是为了进一步巩固削减齐国势力的政治成果，并借此可以向赵吴等大国表明齐国同中央高度一致的政治立场，足以暂时打消赵吴等国试图发乱中央的念头。更重要的是，文帝抢在地方诸侯之前将废除行之千年的肉刑这一重大利好施之万民，赢得了最重要的民心支持，更是让赵吴等国不得不重新考虑反叛的时机是否合适，这无疑推迟了"七王之乱"的爆发时间，为景帝能够赢得这场生死攸关的恶战争取到了时间。如此，因淳于意得罪其他诸侯引发的诏狱反倒成了淳于意无意中为文帝制衡地方藩王做出的巨大政治贡献。

五、废除肉刑后的刑罚易刑

文帝的刑罚改革包括了易刑和免刑。张苍和冯敬遵旨草拟的刑罚改革方案，不仅涉及到废除肉刑后的刑罚替代机制，还包括刑罚执行的免刑政策，具体内容如下：

其一，确定对不逃亡的受刑人依照受刑轻重分别减轻苦役，刑期届满后释放为平民，但受刑人逃亡的及重新犯有耐以上罪的除外：

> 罪人狱已决，完为城旦舂，满三岁为鬼薪白粲。鬼薪白粲一岁，为隶臣妾。隶臣妾一岁，免为庶人。隶臣妾满二岁，为司寇。司寇一岁，及作如司寇二岁，皆免为庶人。其亡逃及有耐罪以上，不用此令。[1]

据此，完城旦舂的刑期当是 5 年，即：服原判劳役 3 年，改服鬼薪白粲 1 年，再改服隶臣妾 1 年。隶臣妾的刑期当是 3 年，即：服原判劳役 2 年，改服司寇 1 年。司寇的形期是 2 年。西汉刑徒的名称是 4 种：城旦舂、鬼薪白粲、隶臣妾、司寇。另外，《汉书·刑法志》颜师古注："鬼薪白粲满 3 岁为隶臣（妾），隶臣（妾）一岁免为庶人。"即服原判劳役 3 年，再改服隶臣妾 1 年。据此，文帝时期所定刑徒刑期是：完城旦舂 5 年，鬼薪白粲 4 年，隶臣妾 3 年，司寇 2 年。[2] 即便以后有类似缇萦者代父受刑，果真能"没入为官婢"，极有可能为隶妾，最终可以免为庶民。显然，张冯二人对此有所兼顾。并且文帝后来对官奴婢颁有单独赦免的诏令，即后元四年（前 160 年）夏五月，赦天下，免官奴婢为庶人。[3]

其二，在本令颁行以前已服城旦舂一年，但未监禁的，依照完城旦舂减轻苦役程度，再释放为平民："前令之刑城旦舂岁而非禁锢者，如完为城旦舂岁数以免。"

[1]《汉书·刑法志》。
[2] 刘笃才：《读〈汉书·刑法志〉札记两则》，载《辽宁大学学报》1987 年第 5 期。
[3]《汉书·文帝纪》。

其目的是减轻役使刑徒劳力的时间而解放民力，与民休息。从张冯二人提出方案的整体性来看的话，废除肉刑正是基于这个目的。

六、从废肉刑反思淳于意案的实质

史料没有披露淳于意到底被判为处何种肉刑，但肉刑具有身体刑性和耻辱性的双重性质，已经足以让以行医为生的淳于意失去未来。在文帝看来，若是因为淳于意拒不前去给其他藩王治病而被告发的话，淳于意根本不构成犯罪，实在是有些冤屈，但又不得不科处刑罚稳定藩王情绪。早已打算废除肉刑的文帝在处理此案的过程中发现了机会，具有多重意义的笞刑可以作为处理此案的良计。即笞既可作为家法来惩戒滋扰者，尤其是依附在藩王刘将闾门下的淳于意，又可扩展为国法来惩罚不法者。即便淳于意难以定罪，文帝亦可借用笞刑加以管教惩戒。与此同时，缇萦上书救父又出现了，文帝感动其孝行，恰好为动用笞刑提供了一个两全其美的理由，即以孝和仁的名义来废除肉刑。如此操作，既考虑到了缇萦的孝行以及淳于意的前程，让淳于意暂时遭受皮肉之苦，加上淳于意精通医术，不日即可康复；又照顾到了诸侯的情绪，还能让全国百姓享受到雨露均沾，凸显帝王恩典，可谓明智之举。

总之，文帝借此协调家族事务之际改革刑罚，从家事直接跨越到国事，给尚在争夺稀缺高级医疗资源的地方藩王们一个措手不及，让地方藩王完全没有反对或应对的机会，迅速争取到了民心。再则，废除肉刑是基于缇萦救父的孝行，处理家族藩王之间的纷争也是文帝身为家长为孝之德，在此过程中，文帝亦将国事与家事融合在一起，这为向来宣称以孝治天下的文帝在执政中期进一步赢得了政治资本，巩固了统治基础。文帝立国之初即对诸侯王或友或慈，便是力行孝道，以化解宗室之间的权力之争。因此，文帝首先是用孝道调节宗室内部关系，共治天下，而后才是教导民众、移风易俗。到了文帝十三年的淳于意案，利用缇萦上书的机会废除肉刑，即是将调节宗室关系和教导并惠及民众合为一体，这亦标志着利用孝道调解宗室关系的任务基本完成。

在淳于意案发的前一年（文帝十二年，公元前168年）三月，文帝"除关无用传"，即等同于解除了汉廷与王国之间敌对（防范）关系。其原因在于，文帝即位以后优容诸侯王,力图以"仁义恩厚"的方式实现"天下同姓一家"。[1] 既然是"天下同姓一家",中央王朝和诸侯王国之间就不应该是带有敌对性质的"国与国"的关系,原来严格身份审查、禁止人口和违禁物品流出关外、禁止诸侯王国人娶"汉人"为妻等禁令应当解除。文帝在"以孝治天下"的名义下"除关无用传"是西汉前期中央和诸侯王国关系的历史转折,也是西汉前期政治变迁的一大标志。直到平定吴楚"七国之乱"以后,景帝见诸侯王公然抛弃了"天下同姓一家"的目标,于是大规模地削藩,同时"复置诸关用传出入"[2],标志着对诸侯王国政策的由文帝的"仁义恩厚"和"权势法制"并举(贾谊之建议)、倚重"仁义恩厚",改为专用"权势法制"以打击诸侯王国势力,加强中央集权。[3]"除关无用传"作为文帝废除肉刑前的惠及诸侯王(借机做大做强)和百姓(主要是市场商贸流通获利)[4] 的一大良政,可以说是文帝借用"天下同姓一家"这一孝道化解皇权和王权紧张的关系的预演,进而将这种孝道惠及天下,启动了更广泛更深入的肉刑改革,为确立皇权对王权的更大优势提供了民心保障,这就进一步证明了文帝废除肉刑并非仅因缇萦孝行感动所为,原本即是汉廷为获得相对于诸侯绝对优势而作的战略布局之关键一环。

---

[1]《汉书·荆燕吴传》。

[2]《汉书·景帝纪》。

[3] 臧知非:《论汉文帝"除关无用传"——西汉前期中央与诸侯王国关系的演变》,载《史学月刊》2010 年第 7 期。

[4] 关于汉初关中和关外人财物流动的限制,参见臧知非:《张家山汉简所见汉初中央与诸侯王国关系略论》,载《陕西历史博物馆馆刊》(第 10 辑),三秦出版社 2003 年版。

第二节　以立法解决司法困局的政治考虑

一、推行西汉朝廷法律统一之良策

贾谊曾一再指出汉朝法令在诸侯国行不通，正如《新书·亲疏危乱》所言：

> 诸侯王虽名为人臣，实皆布衣昆弟之心，虑无不帝制而天子自为者。擅爵人，赦死罪，甚者或戴黄屋，汉法非立，汉令非行也。

"汉法非立，汉令非行"是汉初王国的普遍现象。对此现象的批评，文帝以前未见，文帝以后则屡见不鲜。这应当是由于文帝收夺了王国二千石的任命权，并明确要求王国用汉法所激起的争论。[1]约文帝三年到六年间，薄昭受文帝命写信指责淮南王刘长言道："汉法，二千石缺，辄言汉补，大王逐汉所置，而请自置相、二千石。"这成为刘长的罪状之一——"不用汉法，出入警跸，称制，自作法令，数上书不逊顺。"[2]由此可见，诸侯王至迟在文帝六年甚至早到文帝三年前官吏自置权逐渐缩小。然而，违反此法者多有，如直到景帝时赵王彭祖依旧想方设法抵制汉廷派来的两千石官员：

> 相、二千石欲奉汉法以治，则害于王家。是以每相、二千石至，彭祖衣皂布衣，自行迎，除二千石舍，多设疑事以作动之，得二千石失言，中忌讳，辄书之。二千石欲治者，则以此迫劫；不听，乃上书告，及污

---

[1] 陈苏镇：《汉代政治与〈春秋〉学》，中国广播电视出版社 2001 年版，第 87–88 页。
[2]《汉书·淮南厉王长传》。

以奸利事。彭祖立五十余年，相、二千石无能满二岁，辄以罪去，大者死，小者刑，以故二千石莫敢治。[1]

就此而言，在文帝以前，王国仍拥有很大的独立性，在某种程度上各自为政，各行其是。王国吏民的一般犯罪行为通常不受汉法约束。并且，西汉初年的汉廷法律不是全国普遍通行的法律，只在朝廷直辖地区普遍适用，对王国事务的干预则限于诸侯王及其亲属的犯罪行为，普通吏民的谋反等重罪，以及后妃、宫禁、二千石以上职官等重要制度。除此之外，大量有关王国一般事务和制度的规定，可能都在各王国的法律中。因此，陈苏镇断定文帝以前王国吏民在本国的一般违法行为受汉法制裁的最早例证便是淳于意案。淳于意若不涉嫌谋反的话，按照缇萦上书所言"妾父为吏""坐法当刑"，其所犯之罪最有可能是一般职务犯罪。[2]前述已经论证，淳于意系被藩王诬告，并非职务犯罪。不过陈苏镇的观点提醒我们注意文帝如此急切废除肉刑可能考虑的另一种动因。以汉法的超前性和人本性，逼迫地方王国适用汉法，否则在文帝"除关无用传"后，汉廷与王国之间的人口流动更加自由，文帝率先发力，以废除肉刑争取民心，"斯天下之民至焉。"地方诸侯不得不向文帝靠拢，即向汉法靠拢，打破汉法与王国之法的界限，为实现郡国一体的实质性统一提前布局。

二、司法案件转为立法事件的政治智慧

在历史上，汉文帝确实是玩弄政治的超级高手，如治飞扬跋扈贪赃枉法的舅舅，用"祭活人"等方式逼其自尽。对于这个带有强烈政治色彩的淳于意案，他运用高超的政治智慧将之玩弄于股掌之间。从司法案件到政治事件，皇权一直在军功政治集团和亲贵政治集团之间进行精细博弈，汉文帝不仅需要淳于意这样的特殊人物来发起，更需要齐孝王刘将闾和赵吴等东方藩王的介入挑动，还要缇萦这样的孝女参加才能实现标志性事件的完整呈现。总之，文帝如同其父刘邦的重要谋士张良一样"运筹帷幄之中，决胜千里之外"[3]，成功阻击了来自地方藩王的政治挑衅，巩固了汉廷中央的权威地位。

---

[1]《史记·五宗世家》。
[2] 陈苏镇：《汉初王国制度考述》，载《中国史研究》2004 年第 3 期。
[3]《史记·高祖本纪》。

文帝朝政的运行班底乃刘邦留下的功臣集团，文帝发挥作用的空间有限。晁错曾在文帝十五年（前 165 年）九月的贤良对策中指出：

> 窃闻战不胜者易其地，民贫穷者变其业。今以陛下神明德厚，资财不下五帝，临制天下，至今十有六年，民不益富，盗贼不衰，边竟未安，其所以然，意者陛下未之躬亲，而待群臣也。今执事之臣皆天下之选已，然莫能望陛下清光，譬之犹五帝之佐也。陛下不自躬亲，而待不望清光之臣，臣窃恐神明之遗也。日损一日，岁亡一岁，日月益暮，盛德不及究于天下，以传万世，愚臣不自度量，窃为陛下惜之。昧死上狂惑廱茅之愚，臣言唯陛下财择。[1]

晁错敢冒天下之大不韪直接尖锐地指出文帝期待的国泰民安并未实现，其根源在于依赖群臣治国，未能亲政。这是因为景帝以前的官吏队伍占主体的还是当年和刘邦打天下的军功贵族及其后代——即李开元所说的军功受益阶层，他们在中央和地方郡国首相以上的官吏中所占比率在高帝、惠吕、文帝分别是 96%、81%、50%[2]，此种执政局面促使文帝不得不对黄老之学无比青睐，在执政期间需要时刻谨慎，因为在这样的君臣格局中，文帝作为"外来者"始终处于弱势。文帝的诏书及其日常君臣对答首先都是以自责谦逊的态度检讨己过开头，对待藩王的态度也是处处留情，以宣扬孝道显示存在。晁错可谓一语中的，当时"贾谊已死，对策者百余人，唯错为高第，繇是迁中大夫。"虽然文帝对晁错所言极为赏识，但各种建议却难以落地，像贾谊、晁错这般的宠臣施展政治抱负的空间就极为有限。文景父子总体上的统治格调依然是清静无为，政务清简平淡。此种政风偶尔会被打破，贾谊的出现便是这样的偶然。当贾谊改正朔、易服色、定官名、兴礼乐等造作之事后，遭到了功臣的联合抵制：

> 于是天子议以谊任公卿之位。绛、灌、东阳侯、冯敬之属尽害之，乃毁谊曰："洛阳之人年少初学，专欲擅权，纷乱诸事。"于是天子后亦疏之，不用其议，以谊为长沙王太傅。[3]

---

[1]《汉书·晁错传》。
[2] 李开元：《汉帝国的建立与刘邦集团：军功受益阶层研究》，生活·读书·新知三联书店 2000 年版，第 59 页。
[3]《汉书·贾谊传》。

功臣们认为所有轻妄造作、企图打破现状的建议都是"纷乱诸事"。文帝对贾谊的疏远则是向列侯大臣们表明一种姿态，说明自己并未准备打破当前的政治平静局面。在文帝四年（前176年）贾谊左迁为长沙王太傅，被打发到帝国的边缘，标志着文帝试图通过重用新人、分解功臣权力的尝试失败了。[1] 直到文帝十五年（前165年），文帝才名正言顺地召回公孙臣主持贾谊十多年前所论改正朔、易服色、定制度之事：

> 苍为丞相十余年，鲁人公孙臣上书言汉土德时，其符有黄龙当见。诏下其议张苍，张苍以为非是，罢之。其后黄龙见成纪，于是文帝召公孙臣以为博士，草土德之历制度，更元年。张丞相由此自绌，谢病称老。[2]

"更元年"之后，功臣集团的权力自然受到了削弱，在前君臣相处的过程中，皇帝与功臣集团都没有面对直接的冲突，无论是功臣集团巩固权势还是文帝扩张皇权，双方都保持着一定的克制。在律法革新上，双方都要面对解决秦法繁苛的问题，因此很容易得到对方的理解，也不会有太大冲突。文帝关于法制建设的行动以废除秦代苛法为主要目标，执政之初即明确提出对前代法令公正性的思考。正是在这样的原则下，文帝连颁诏书，废连坐、除肉刑、除诽谤妖言等律条。[3] 尤其是在废除肉刑的决定上，功臣集团反应迅速且高效支持。

地方藩王作局诬陷淳于意，作为中央一方的文帝直接跳过了司法的"诬告反坐"，故意不接地方借力司法挑衅中央之计谋，而是通过废除肉刑这一立法举措，获得更多的民间支持，建立属于平民皇帝自己的政治资本。这比利用司法方法去发现所谓的真相，以"诬告反坐"治罪地方藩王之策要高明许多。如果采用伸冤的司法策略，文帝派人到地方查案，定然会受阻，而且极易给地方藩王乘机作乱制造理由——一旦文帝相信黄口小儿缇萦的一面之词，贸然赴地方"查明真相"，地方藩王不仅会事先订立攻守同盟，以人多势众的证据优势完胜文帝，而且会借此发难，借文帝不相信亲族（藩王）而偏向外人（缇萦）发动类似于"清君侧"的暴乱，这反而会让文帝处理淳于意案变得更加被动，不仅要严惩淳于意，而且还要因妨碍司法惩治缇萦，更可能会深究淳于意背后的刘将间等人。无论如何，

---

[1] 薛小林：《汉文帝时期的权力结构与政治斗争——以臣立君为中心的考察》，载《南都学坛》2014年第3期。
[2] 《史记·张丞相列传》。
[3] 杨允：《汉文帝、武帝诏书浅论》，载《中国社会科学院研究生院学报》2016年第2期。

采取司法策略营救淳于意都是下下策，此乃文帝、仓公和齐王都应该明白的道理。文帝欲进行司法反击肯定处于下风，极易变成"欲加之罪"，给地方借机反抗中央以口实。倒不如直接将此司法难题顺势转化为立法革新，化被动为主动。

对汉文帝而言，智慧地处理缇萦上书，必须要达到以下三个效果：一是，作为对民间疾苦有切身体验的皇帝，必然要解救缇萦及其父于水火之中。二是，对地方藩王并不能立马下手，只能静待时机。而且与地方藩王毕竟有血缘关系，在安抚地方藩王的同时，还得给地方藩王找好台阶。否则，地方藩王必然会因诬告陷害名人在齐地威望不保。往小了说，势必会强化地方藩王对一方黎明百姓的剥削和压迫。往大了说，甚至会激起民变或反叛。三是，借机为自己赢得民望，即政治资本，巩固帝位。因此，汉文帝在承认了地方藩王对该案的处理意见后，巧妙地把一个司法难办案件，转移到立法革新上。从源头上废除肉刑，以免地方藩王再次借肉刑做文章，挑战皇帝的仁慈之心，是为上上策。

第三节　平衡各方利益和调整央地关系之妙招

一、在地方势力政治博弈中平衡各方利益

汉文帝在皇室大家族中是个大家长，当皇族内部各支系发生利益冲突时，文帝要利用政治手腕调和矛盾，摆平各方诸侯。淳于意案明显具有三个地方藩王国——吴国、赵国和齐国，三国相斗的政治背景。

史料明确记载淳于意案的成立是因为有控告者——权且称为反方，而将其升格为诏狱案处理，也就必然存在支持者（保护者）——权且称为正方，且正反两方势力强大到必须由皇帝出面才能最终解决问题的程度。因此，判断淳于意案背后存在着强大的正反两方权力的较量之必要条件便是诏狱案的特殊性质。即诏狱案的背后必然有极其复杂的政治关系干扰，而复杂的权斗必然表现为诏狱的形式。前述分析已经清晰地表明，淳于意并非因担任仓公这一公职被控告举报，缇萦上书所言其父"廉平"基本属实，这是因为淳于意在摆脱贫困之后为功名才暂时离开刘将闾而回到临淄谋得齐国太仓长之职。淳于意离开刘将闾是汲取了早年接触叛乱者刘兴居而几乎被牵连的教训，故而要选择一个既能隶属于地方又能时刻沟通中央的职位，太仓长无疑是最佳选择。淳于意获任此职应当得力于刘将闾的举荐，不过齐文王刘则应对刘将闾的门客有所防范，尽管淳于意已经是小有名气的医者——连齐国之外的赵王和吴王也慕名而来，然因其过于直率的性格以及对御医阶层潜在的危险，定当受到了整个官医群体的排挤，齐文王刘则病重期间淳于意都未曾有机会接近为其诊治足以证明。在淳于意即将遭受肉刑后，作为淳于意最倚重的王侯刘将闾定然会出手相救，这是淳于意案存在保护者（正方）

的最大合理性。不论是作为医者还是身为体制内太仓长的淳于意，都深知遭受肉刑对他意味着什么，其苦心经营得来的功名利禄都会付诸东流，所以才会对女儿们歇斯底里地怒吼，可以说表现出了极强的求生欲。照此说来，其必然会尽最大可能向刘将间寻求帮助，因为刘将间是他曾经精心挑选的最信任之靠山。

作为反方的地方藩王实力最强者当属吴赵二国，吴王刘濞发动叛乱时围攻齐国，齐国被围后，齐孝王刘将间曾犹豫不决，"阴与三国通谋，约未定，会闻路中大夫从汉来，喜，及其大臣乃复劝王毋下三国。"而后被告发，"已而复闻齐初与三国有谋，将欲移兵伐齐。齐孝王惧，乃饮药自杀。景帝闻之，以为齐首善，以迫劫有谋，非其罪也，乃立孝王太子寿为齐王，是为懿王，续齐后。"[1]刘将间虽然被景帝宽宥，视为"迫劫有谋，非其罪也"，然当时晁错曾有言：

> 春秋之法，君亲无将，将而必诛。故臣罪莫重于弑君，子罪莫重于弑父。日者，淮南、衡山修文学，招四方游士，山东儒、墨咸聚于江、淮之间，讲议集论，著书数十篇。然卒于背义不臣，使谋叛逆，诛及宗族。[2]

只可惜晁错在"七王之乱"爆发前已经为景帝平藩献出了自己的首级。景帝对齐孝王及其子孙的宽宥，显然是考虑到文帝与齐孝王刘将间关系非同一般的因素，当然也是为了稳定齐国之人心的政策选择，这再次表明了刘将间与汉廷皇帝之间的深厚交情，这一亲密关系是文帝能够借缇萦救父而废除肉刑，让淳于意免受皮肉之苦，精神之痛的关键原因。

吴王在叛乱前定然熟知东方诸侯的各国情况，才可能联合其他刘王叛乱，且亲自约见胶西王，并视其为最佳"合伙人"，因此，以吴王为首的东方诸侯势必对新任的齐孝王刘将间多有了解，先礼后兵，逼迫造反。就此而言，在王国积极争夺游士人才资源上——"招四方游士"，以吴王为代表的东方王国定然展开了激烈的竞争。当淳于意声名鹊起后，东方势力强大的诸侯定然会想方设法争取这一重要的医疗资源。早年间即成为刘将间门客的淳于意势必感受到了当时藩王之间的人才资源争夺熊熊战火，他为了避免卷入东方诸侯王的人才争夺战而沦为政治牺牲品，应该是主动选择离开刘将间，经刘将间推荐回到临淄，从游医一跃成为

---

[1]《史记·齐悼惠王世家》。
[2]《盐铁论·晁错》。

具有固定编制的齐国中高层官吏，让自己彻底淡出藩王人才资源争夺的视野。原本由医入官已经可以畅享人生的他却将从医作为爱好，甚至一度超过了本职工作，不经意间一再显露自己高超的医技，从未像其师父阳庆一般隐瞒高明的医术，无欲无求，恬静生活，反倒是低调为官，高调行医，先后引来东方诸侯王的屡次征召，但却敬而远之，退避三舍。在东方诸侯王看来，淳于意"不敢前往"应召无非是受到了刘将闾的蛊惑或阻拦——当时门客来去自由，多有先后侍奉不同主人的门客。淳于意的拒绝无疑是激起赵吴等藩王与刘将闾矛盾的根源，因为东方诸侯王原本对淳于意志在必得，未曾想遭受到如此冷遇，只能构陷司法，罗织罪名，俨然是出于"自己得不到，就亲手毁掉"的险恶用心。

　　以废除肉刑作为解局之策，是文帝化解此场诏狱官司的绝佳选择。当时除了肉刑就是死刑，从缇萦对淳于意即将面临的肉刑叙述可以发现，所谓"刑者不可复续"当指的是有伤肌肤的黥、劓或斩趾刑。缇萦的上书连定罪和量刑都不在乎，显然是对代父受刑这一孝行定会感化文帝信心十足，这种信心当是事前早已定下的计策所赋予的。对于文帝而言，只有废除肉刑，他才能对维护淳于意的刘将闾等人与加害淳于意的赵王等人都有一个合理且易接受的交代。吴国势力与中央相差无几，吴王之子被文帝之子误杀后，更是全然不顾藩臣之礼，不仅诈病不朝，还私下拉拢其他诸侯，渐与中央形成反目之势。当时以文帝为代表的新的中央势力不够强大，文帝对吴王的种种僭越行为只能采取容忍优抚政策。汉文帝只有小心谨慎对待淳于意案，才能正确处理地方藩王纠纷而不至于引火上身。加上文帝向来宽仁的执法态度，换一种说法便是一贯不喜欢严苛执法，这是给文帝选择废除肉刑找到的一个来自于个人习惯的解释。文帝要在藩王势力最为强大的赵、齐和吴之间寻找平衡——后来的七王之乱几乎都是来自于这三个王国，还要为朝廷威严和个人威望争取民心支持，唯独选择看似消极回避的方式枉顾司法正义而转向立法革新，才能转移注意力，消除藩王之间形式上的法律纷争。这是文帝没有选择赦免和允许淳于意赎刑的另一层考虑。缇萦在上书中并未提到请求赦免或赎刑，已然表明缇萦及其背后的智囊团早已考虑到了其父受到"莫名其妙"的诏狱会带来的政治效果对文帝裁决的影响，故而采取代父受刑的认罪模式，才能给地方诸侯和文帝都找到一个台阶。

　　缇萦上书言其父"今坐法当刑"以及太史公评论淳于意"匿迹自隐当刑"都不能言明到底淳于意是犯了文帝的哪条律令，因为归根结底淳于意深陷官场政治，较早地就选择"站队"而招惹了其他王侯权贵，可以说淳于意牵动了齐、赵和吴三家最强大王国的敏感神经，让汉文帝设想不动声色依次渐进削藩的策略提前经受考验，可谓冒犯了帝王之家期盼的一团和气的家法。如此说来，争论淳于意因何犯罪受刑，以及有无义务为其他王侯看病已经没有意义了。赵王等人迫不得已告御状的原因十分简单，只有文帝才能让仓公现身，而且只有文帝才能令刘将闾献出仓公作为公共资源供刘氏共享。初审的廷尉自然是明白这一点，所以才定了淳于意肉刑，并未直接剥夺淳于意的一切，这是文帝无法否决廷尉意见的根本原因。

淳于意案已经从一个刑事案件转变成了刘氏家族事务，是地方王侯之间因争夺医疗资源而引发的皇室家族纷争，这与汉初启动诏狱的性质和功能相符。从文帝后来诏问淳于意的内容可以看出，文帝并没有将淳于意的医术作为公共医疗资源共享给其他诸侯，仍然将淳于意放在刘将闾的齐国临淄居家行医，不再行游诸侯，这样便可避免赵、齐、吴借共享医疗资源而相互串联，拉拢摇摆不定的刘将闾共同反叛。退一步讲，文帝绝不可能强迫淳于意给其他藩王治病，能治好便罢，倘若治不好或者治死，文帝脱不了毒杀藩王的干系，倒不如接受廷尉的定罪建议，为了平息藩王的怒气，以淳于意受肉刑来答复藩王是较为稳妥之法。由此可见，廷尉在拟定审判意见时定考虑到了判决的社会效果。

二、调整国家结构中的央地关系

国家结构是指国家整体和局部之间，中央机关和地方机关之间的相互关系。这里主要指后者。汉文帝登基之初，汉廷与地方王国的关系非常复杂，地方诸侯自治权力膨胀，中央政府的政令在几个藩王国不是畅通无阻。文帝根基未稳，急需借助宗室的力量来平衡朝堂与诸侯之间的关系。于是文帝元年分封了诛吕有功的齐哀王刘襄、朱虚侯刘章为城阳王、东牟侯刘兴居为济北王。文帝四年，刘兴居叛乱被诛后，文帝再次表明自己的态度，将齐悼惠王诸子封侯。文帝六年，爆发淮南王刘长叛乱，在其后文帝将其四子封侯。文帝十二年，为了表示自己不贪淮南地，文帝封刘喜为淮南王。可以发现，在文帝与诸侯的多次交锋中，文帝的策略多为退让和安抚，尽量减少和地方势力的正面冲突。到了淳于意案发时，文帝已经不是第一次面对诸侯的挑衅和为难了。淳于意案显然只是诸侯的第一波试探，如果文帝难以招架，接下来便会有第二个第三个淳于意案，必须有万全之策方能逼退咄咄逼人的地方藩王。而废除肉刑改革刑罚对文帝有两个好处：一是有利于塑造一直以改革为习的皇帝仁政形象。文帝将缇萦的孝行巧妙地转化成了改革的信号，让诸侯们猝不及防。二是有利于为中央对抗地方争取民心。文帝后来削弱诸侯的手段说明了他对诸侯的骚动已有预感，欲借肉刑改革来为自己增添助力。

　　经由 13 年的执政经验之积累，当有足够的经验应对来自地方的各种法政挑战，尤其是涉及到地方藩王的法政纠葛，必然会牵动其抑制地方的敏感神经。表面仁和而内心阴险的帝王统治之术让文帝在处理这一皇族医疗资源纠纷时综合考虑多方因素，以立法改革化解司法挑战，背后应当有文帝欲支持的继任齐王刘将闾的贡献。这从景帝对刘将闾谋叛之后的宽宥态度即可看出。文帝欲通过东方强大藩王借诊治疾病而不得为由迁怒淳于意及其靠山刘将闾行诬告陷害一事，敲山震虎，在废除肉刑这一行仁政的外衣包裹下断绝了地方藩王此后不行王法而滋事滥权之念想，并且在削弱齐国之国力的同时，依靠刘将闾的势力稳定了东方诸侯国欲反之势。文帝通过缇萦救父的孝行废除肉刑等于是支持了刘将闾力保淳于意的主张，其直接目的当然是为了显示支持刘将闾的汉廷决心，间接目的则是进一步激励刘将闾积极发挥制约齐地诸侯及其东方强势诸侯之作用。如此说来，淳于意案背后的法律问题（案由、程序和结果）已经不再重要，因为法政紧紧勾连在一起，法律只是政治角逐和地方治理的一环而已。用什么样的智慧来化解纠纷背后的政治冲突，重整地方秩序才是文帝决策考虑的重中之重。

三、将淳案作为皇族内部争夺医疗资源的纠纷

　　淳于意虽然极力做廉平之官，然禁不住为人治病的"诱惑"，不经意间便会主动显露医术，遭到了御医群体的抵制。作为高度稀缺的医疗资源，淳于意引来了诸多强大地方藩王的人才争抢，他们先后以征召的名义向淳于意发出了邀请。在洞悉当时央地关系和政治时局，以及各藩王的习性志向后，淳于意不敢前往应召。这些藩王们怀恨在心，将怒火发泄到淳于意及其背后的刘将闾甚至齐文王身上，最终选择诬告陷害。文帝早已将此刑案视为皇家内部争夺战略性医疗资源的纠纷，故在此案的处理上并未遵循一贯的审判程序，放弃了用司法解纷的常用思路来平息纠纷，因为在淳于意案的审理过程中，形式上的主审官员廷尉失声，作为最终处理方案的废除肉刑决定连丞相和御史大夫也无权干预。在汉廷的高级官员看来，

如此仓促地废除肉刑大可不必，但这一最高决策符合文帝一贯的执政态度。

案结之后，淳于意继续投靠了新任齐王刘将间，成为最受刘将间信赖的门客，只不过他不再涉足官场，而且开始广收门徒，逐步退居幕后，甚至为了保持在齐国王公贵族的影响力安排弟子接任侍医之位。文帝之所以在案结三年后选择专门诏问淳于意，一则是为了了解享受废除肉刑利好的第一人是否为欲改过自新的人树立了榜样，当时文帝应当了解到其改革刑制后造成了"外有轻刑之名，内实杀人"的后果，故而选择诏问淳于意来回应改革刑制的批评；二则是为了检验文帝将淳于意这一极度稀缺的医疗资源专门放在齐王身边是否发挥了作用，三则是为了单纯检验淳于意的医术，同样追求长生不朽的文帝需要看看淳于意是否有实现自己成仙得道愿望的真本事。

第六章
淳于意案的里程碑意义与现实启迪

　　淳于意案在中国法律制度史上具有重要的里程碑意义，并给后世的法治实践带来了不少启迪。本章开头指出肉刑的废除标志着刑罚由野蛮走向文明，分析了汉文帝全面废除肉刑的历史必然性，回顾了关于汉文帝是否废除宫刑的争论和肉刑被文帝废除后的历史反复，指出汉文帝第一次全面废除了包括宫刑在内的所有肉刑，探讨了太史公对废肉刑轻描淡写的原因；接着指出了缇萦申请代父受刑对汉庭开创古代代亲受刑制度的意义；然后进一步探讨淳于意案的其他标志性意义，如标志着汉承秦制的基本结束、标志着皇帝录囚制度的萌芽、标志着中央法律权威的树立、标志着帝王法外开恩的滥觞；最后强调了淳于意案对后人的启迪，指出法律具有滞后性应及时弃旧创新、司法审判应服务于国家发展大局，主张运用新型重大个案推动立法，提出应善于用法律特别是知识产权制度挖掘、扩大、保护战略性医疗资源。

第一节　肉刑的废除标志着刑罚由野蛮走向文明

一、汉文帝全面废除肉刑的历史必然性

正如钱钟书所说："天下就没有偶然，那不过是化了妆的、戴了面具的必然。"[1]文帝废除肉刑改革刑制是偶然中的必然。文帝废除肉刑，并不是单纯受孝女的感动，而是汉初的整个形势发展的必然结果，是统治者推行减刑政策的必然产物。

汉文帝废除肉刑以前沿袭的奴隶制五刑是指墨、劓、刖、宫、大辟五种主要刑罚方式。除了大辟是直接剥夺生命的刑罚外，其它都是对犯罪者身体进行残害的肉刑。肉刑起源于"杀人者死，伤人者创"的原始同态复仇习惯。有的学者认为肉刑起源于苗族的习惯，最早适用于战俘和外族人。从夏代开始逐步确立，于西周时期写入吕侯编著的《吕刑》，至夏商周成为国家常刑。秦及汉初相沿不改。

历史的脚步跨入汉文帝时代，为什么肉刑就退出历史舞台了呢？

第一，肉刑作为法律制度这种上层建筑的组成部分必然会随着封建社会的生产关系的确立以及当时的政治、经济、文化、风俗、传统等社会经济条件的变化而相应改变。中国古代肉刑制度具有终身奴役的特点。作为上层建筑的刑罚制度，其发展必须顺应社会生产关系的发展。随着生产力的发展，人的劳动力价值日益提高，统治阶级的统治经验也日益完善，特别在封建经济制度已经取代奴隶制的情况下，由于肉刑的特点，它越来越不适应小农经济的要求。新的经济基础不仅要求完整的劳动力，而且要求劳动力有相对的人身自由，割损人的身体并限制人的自由的肉刑越来越不适应社会的发展。汉初统治者已经从长期的实践中体会

[1] 钱锺书：《围城》，人民文学出版社 1991 年版，第 98 页。

到，劳动力具有使用价值，统治者由于战争、发展经济及其奢侈生活的需要，应该使用健康而又完整的劳动力，而不是肢体残缺者，既要使犯罪者受到惩罚，又要保存罪犯的劳动能力，因此必须废除肉刑。

第二，统治者逐渐接受的儒家仁政和德主刑辅的思想必然要求刑罚由繁杂残酷向简明轻缓转变。从简单的同态复仇到夏、商时期奴隶制刑罚，及至演变到封建社会的"五刑"，刑罚的变化，同当权者的统治思想有着密切的联系。肉刑是野蛮残酷的刑罚，先秦和秦朝时期的统治者崇尚刑法，重视刑罚，不管民事、行政、刑事的制裁，无一例外地采用肉刑的手段，试图凭借严酷的刑罚手段惩办危及统治秩序的政治性犯罪和扰乱社会秩序的普通刑事犯罪。汉初统治者特别是汉文帝鉴于秦二世而亡的教训，不再迷信肉刑的威慑力，在遵循无为而治的黄老之术的同时，赞赏"以德配天"、"明法慎罚"的的理念，强调"用刑宽缓"，将教化和刑罚结合起来，推行仁政孝治。

第三，在社会生产力发展、社会秩序稳定以后，客观上具备了废除肉刑的条件。《尚书·吕刑》中说"轻重诸罚有权，刑罚世轻世重"，"刑新国用轻典，刑平国用中典，刑乱国用重典"。汉初经过休养生息，社会趋于稳定，因为西汉发展到汉文帝时期，社会经济得到了恢复和发展，阶级矛盾得到缓和，统治阶级内部较稳定，人民生活也相对安定。因此汉文帝废除严刑酷法。这一时期，文帝自身谦逊自守，而将相大臣都是老功臣，少文采而多质朴。君臣以导致秦灭亡的弊政为鉴诫，议论国政讲究以宽厚为本，耻于议论别人的过失；这种风气影响到全国，改变了那种互相检举、攻讦的风俗。官吏安于自己的官位，百姓乐于自己的生业，府库储蓄每年都有增加，人口繁衍。风俗归于笃实厚道，禁制法网宽松，有犯罪嫌疑的，从宽发落。早些年廷尉张释之为政执法时的"刑罚大省"表明肉刑没有存在的必要性。"及孝文即位……选张释之为廷尉，罪疑者予民，是以刑罚大省，至于断狱四百，有刑错（措）之风。"[1]大意是：于是选用张释之为廷尉，（证据不足的）疑犯被释放，因此（全国的）刑罚（事件）大减，使得断案才四百宗，大有善用法规之风尚。这样社会出现了停止动用刑罚的景象。这些良好的社会氛围为改革刑罚制度提供了一个比较好的社会条件。

肉刑既然已经可以刑措不用，废除肉刑也就顺理成章了。对于文帝而言，只是需要恰当的时机昭告天下即可，而文帝十三年的淳于意案为此提供了契机。之后，

---

[1]《汉书·刑法志》。

汉文帝认为全面废除肉刑势在必行，因此不同意张苍和冯敬的意见，雷厉风行地将肉刑制度扫地出门，送进历史的博物馆。

虽然我们不能认为汉文帝当初废除肉刑是高瞻远瞩，文帝并没有站在历史的高位预见到废除肉刑会永垂史册彪炳千秋，但毫无疑问，文帝废除肉刑客观上适应了历史发展，保护了社会生产力，缓和了社会矛盾，也使得古代刑罚向文明人道的方向迈进了一大步。近世史家对文景刑制改革多给予好评，例如杨鸿烈曾言："汉文帝废除肉刑，可算是中国刑法上空前的一大改革，真能实行儒家论王者应爱民如赤子的主张。"[1]吕思勉评价道："（文帝）除肉刑之举，为千古仁政。"[2]

二、奴隶制五刑向封建制五刑的转变

汉文帝废除肉刑在世界史无前例，是中国刑法发展史上的分水岭，在古代中国象征着奴隶制刑法体制的肉刑不被复用，奴隶制五刑开始转变为封建制五刑（汉文帝废除肉刑标志着中国古代奴隶制五刑"开始转变为"但不是"已经变成为"封建制五刑），它标志着古代中国的刑罚由野蛮走向文明。

奴隶制五刑，是指我国奴隶时代长期存在的墨、劓、剕、宫、大辟等五种法定刑。奴隶制五刑中除了大辟即死刑外，其他四种又叫做肉刑（狭义的肉刑），因为这四种刑罚是对肉体的刑罚，而且受刑后无法复原。大辟也会毁损身体，属于广义的肉刑。因此奴隶制五刑以肉刑为中心，由轻到重，构建了中国早期法律中完备的刑罚体系。是一种野蛮的、残忍的、不人道的、故意损伤受刑人肌体的刑罚。在汉文帝废除肉刑以前，虽然当时的社会已经迈入封建社会门槛，但司法机关对罪犯适用的刑罚仍然是奴隶制的五刑。

封建制五刑在汉文帝时开始形成，到了隋唐正式定为法定刑罚。汉文帝废除肉刑，中国逐渐演化出了新的五种主刑，分别为笞、杖、徒、流、死。

第一，笞刑，即用法定规格的荆条责打犯人的臀或腿，自10—50分为5等，每等加10,是五刑中最轻的一刑,用于惩罚轻微或过失的犯罪行为。部分学者认为，淳于意后来虽不受肉刑处罚，但可能易刑了笞刑，汉文帝用打屁股的方式泄了举报者的心头之恨，稳定了几个地方藩王的情绪。

---

[1] 杨鸿烈:《中国法律思想史》,商务印书馆 2017 年版,第 3 页。
[2] 吕思勉:《秦汉史》,商务印书馆 2010 年版,第 78 页。

第二，杖刑，是指用荆条或大竹板拷打犯人的一种刑罚，即用法定规格的"常行杖"击打犯人的臀、腿或背，自 60—100 分为 5 等，每等加 10，稍重于笞刑。学界多认为杖刑作为刑种始自东汉，汉文帝时是否在制度上确立了杖刑尚不清楚。北齐北周，将杖刑列为五刑之一。杖以荆条制成，分大杖、法杖、小杖三等。

第三，徒刑，是指剥夺犯罪人的人身自由，监禁于一定的场所并强制劳动的刑罚方法，属自由刑的一种。早在奴隶社会的商周时期，凡是受肉刑的犯人，都要从事一定的工作，执行劳役。如《周礼·秋官·掌戮》："墨者使守门，劓者使守关，宫者使守内，刖者使守囿，髡者使守积。"说明奴隶制时代，对罪犯判处肉刑后，同时还要束缚其自由，附加罚处劳役。秦代的徒刑与肉刑合并使用，汉初沿用秦制，仍继续使用墨、劓、刖、宫等残害犯人肢体的肉刑。汉文帝废除了肉刑，以笞刑代替肉刑，另外建立了一套有期徒刑（1 至 5 年）制度。其徒刑制度除此五等有期徒刑外，还有"输作左校"、"输作右校"、"输作若卢"等不定期刑。由此可见，汉代已经有了一套比较完整的徒刑制度。但汉文帝废除肉刑后确立的封建制徒刑，与原来奴隶制刑法中的徒刑一样，还是以惩罚性劳动为主，并且适用范围有限，不属于刑罚体系的中心。

第四，流刑，即把犯人遣送到边远地方服劳役的刑罚。流刑起源于氏族社会后期，在奴隶社会就已存在，但仅适用于奴隶主贵族和同族人的某些犯罪。商朝从汤至太甲（汤嫡长孙）期间，掌权的元老伊尹就在太甲即位之初，流放太甲于桐宫这个地方。"帝太甲既立三年，不明，暴虐，不遵汤法，乱德，于是伊尹放之桐宫"。[1] 大臣流放国王，前无古人，后无来者。此事多有争议。有的学者认为流刑始于秦汉，但秦汉时期叫迁刑、徙刑，我们认为迁刑、徙刑类似于流刑，或者说是流刑的雏形，并且其适用对象比较特定，也比较狭窄，并非广泛使用的刑种。流刑上升为法定刑，首次用于对普通人犯罪进行处罚是在南北朝时期。流刑在封建制五刑中是仅次于死刑的一种较重的刑罚。妇女犯流罪的在原地服劳役 3 年。封建社会里湖南郴州以南的地方被一些人视为南蛮之地，中原地方的人犯罪后有的被流放到了古时的番禺（今日的广东）。

第五，死刑，即剥夺犯人生命的刑罚，是五刑中最重的一种，分为斩、绞两等，绞因得以保全遗体而稍轻于斩。

汉文帝通过淳于意案进行刑罚体系改革，废除了以肉刑为中心的刑罚体系，

---

[1]《史记·卷三·殷本纪第三》。

改革后刑罚体系中除仍然存在死刑以外，奴隶制五刑中的其他肉刑即狭义的肉刑全部废除了。从身体伤害改为了限制人身自由的刑罚，比起野蛮残酷的奴隶制五刑来显然进步多了。从此，古代中国的刑罚告别了野蛮残酷时代。

三、汉文帝是否第一次全面废除了宫刑

宫刑，男子割势，女人幽闭，奴隶制五刑中次死之刑。宫刑使受刑者丧失性能力，从而断子绝孙，宫刑还摧残受刑者的身体与精神，使受刑者终生受辱，生不如死，所以宫刑是残酷性仅次于大辟的一种肉刑。当时的人们认为生殖器的价值仅次于脑袋的价值。中国最早的去势据考证发生在商朝，甲骨文中已出现"凸刀"字，其形状为用刀去势，商王武丁时期就出现了被去势的阉人。秦汉时期施行阉割的场所称为"蚕室"，"凡养蚕者，欲其温而早成，故为密室蓄火以置之。新腐刑亦有中风之患，需入密室乃得以全，因呼为蚕室耳"[1]，一般人在受宫刑以后，因创口极易感染中风，若要苟全一命，须留在似蚕室一般的密室中，在不见风与阳光的环境里蹲上百日，创口才能愈合。所以，宫刑又称蚕室刑，另称腐刑、阴刑。[2]

宫刑的最初作用，只限于惩罚不正当的男女性关系，这在人类的婚姻制度刚刚跨入文明门槛的当时是现实的。但是，在奴隶主阶级和封建统治者残暴的统治下，宫刑的施刑范围违背初衷，它成为镇压平民和思想异己者的一种严酷手段。最迟到周穆王时，已规定"宫罪五百"，西周时受宫刑的罪名已相当多，而且受刑对象是广大奴隶和一般平民，对奴隶主贵族则是"不剪其类"，就是不绝他们的后代，奴隶主贵族即使犯了当宫之罪，也只服髡刑，即将犯人剃光头发，锁住颈项服劳役。中国史学之父司马迁在触怒汉武帝，被处以宫刑之后，在写给朋友的信中便说："故祸莫憯于欲利，悲莫痛于伤心，行莫丑于辱先，而诟莫大于宫刑。刑余之人，无所比数，非一世也，所从来远矣。"可以说，宫刑是比死还要难受的最耻辱的惩罚。

学术界绝大多数学者认为，汉文帝不是全面废除肉刑，因为他没有废除肉刑中的宫刑。北朝西魏在大统十三年（547年）最早下诏禁止宫刑："自今应宫刑者，直没官，勿刑。"隋文帝制订《开皇律》正式废除了自古以来令男人羞辱、灭绝人

---

[1]《汉书·张安世传》，颜师古注。

[2] 宫刑又称腐刑，这是因为，对受害者来说，不但肉体痛苦，而且心灵受辱，从此像一株腐朽之木，有杆但不能结实。另一种说法是，宫刑的人像腐朽的木头不能开花一样。宫刑又称阴刑，是指对男子或女子的阴处施刑。称为椓刑，见于《尚书·吕刑篇》，"椓"据《说文》释是以棍击伐之意，据马国翰《同耕帖》载，古有椓窍之法，谓用木棍敲击女性下身，以破坏其生育机能。

道的宫刑。但此观点也受到部分人的质疑。他们认为，虽然在汉文帝废除肉刑的诏令中只是明确规定了废除墨、劓、刖三种肉刑，而没有涉及宫刑，但汉文帝在位期间确实曾废除了宫刑。

第一，汉文帝以及当时的人没有把宫刑归入到肉刑的类别里。《汉书刑法志》记载汉文帝说过"今法有肉刑三，而奸不止，其咎安在？"（现在刑法有三种肉刑，但邪恶仍然没有停止，过失到底在哪里？）三种肉刑即当时推行墨、劓、刖三种肉刑。由此可见汉文帝与当时其他人一样，没有将宫刑看成是肉刑。明确宫刑是肉刑的史料为《唐律·名例》："昔者，三王始用肉刑。"长孙无忌等疏："肉刑：墨、劓、刖、宫、大辟。"可见，过了几百年人们才将宫刑归入肉刑中。

第二，虽然汉文帝十三年废除肉刑的诏令中没有提及废除宫刑，但《孝文本纪》末尾提到汉文帝的儿子汉景帝说他父皇即汉文帝废除了宫刑：

> "孝景皇帝元年十月，制诏御史："盖闻古者祖有功而宗有德，制礼乐各有由。闻歌者，所以发德也；舞者，所以明功也。高庙酎，奏武德、文始、五行之舞。孝惠庙酎，奏文始、五行之舞。孝文皇帝临天下，通关梁，不异远方。除诽谤，去肉刑，赏赐长老，收恤孤独，以育群生。减嗜欲，不受献，不私其利也。罪人不帑，不诛无罪。除[宫]刑[1]，出美人，重绝人之世。"[2]

这段话的大意是：孝景皇帝元年（前156）十月，下诏给御史："我听说古代帝王，有取天下之功的称为'祖'，有治天下之德的称为'宗'，制定礼仪音乐各有其根据。还听说歌是用来颂扬德行的，舞是用来显扬功绩的。在高庙献酒祭祀，演奏《武德》《文始》《五行》等歌舞。在孝惠庙献酒祭祀，演奏《文始》《五行》等歌舞。孝文皇帝治理天下，开放了关卡桥梁，处处畅通无阻，边远地区也是一样；废除了诽谤有罪的法令，取消肉刑，赏赐老人，收养抚恤少无父母和老而无子的贫苦人，以此来养育天下众生；他杜绝各种嗜好，不受臣下进献的贡品，不求一己之私利；处治罪犯不株连家属，不诛罚无罪之人。废除宫刑，放出后宫美人，对使人断绝后代的事看得很重。"[3]

---

[1] 此处《史记》有的版本有宫字，有的版本没有宫字，有的版本有肉、宫两个字，但所有的译文中都有宫字。
[2] 《史记·孝文本纪》。
[3] 译文引自陈曦、王珏、王晓东译：《史记传世经典文白对照》第五册，中华书局2019年版。

从原文"重绝人之世"（很重视绝人后嗣这件事）一句来看，本句前段即使没有宫字，这里的"刑"无疑应是指宫刑。

第三，晁错在文帝十五年上书中称颂文帝："除去阴刑（即宫刑），害民者诛；……大功数十，皆上世之所难及，陛下行之，道纯德厚，元元之民幸矣。"[1]因文帝下诏废除宫刑与晁错上书有关，晁错上书的时间为文帝十五年，那么文帝废除宫刑应该在文帝十五年以前。有的学者认为，汉文帝元年（前179年）废除了宫刑。

从以上资料来看，汉文帝在位时已废除宫刑，但废除宫刑是否与淳于意案所引发的废除肉刑的刑法改革有直接关联，并不确定。

四、太史公对废肉刑为何轻描淡写

汉文帝将废除肉刑与此前除去收孥相坐、诽谤之法同等视之，将其均作为"正法"之方式，未能意识到废除肉刑所触及到的核心问题，即改变已有千年的刑罚体系。在此之前根本没有人敢说肉刑酷虐，不能不说具有一定的盲目性。同时，他既没有像废除其他法律那样召集群臣讨论，更没有将改革方案留给群臣制定，而是早已为张苍、冯敬等设立改革条框。由此看来，汉文帝废除肉刑就很难给人以有计划、有组织的刑制改革印象。[2]司马迁或许认为文帝废肉刑不够彻底或成功，故而废除肉刑之功不太适合宣扬。只是今人在纵观中国刑罚史后才对文帝废除肉刑的巨大贡献给予升华和拔高，而司马迁当时并不具备这样纵观历史的评价条件。因此，司马迁在总结文帝统治的23年政绩时，却对今人视为重大刑罚改革的废除肉刑事件只字不提。据《史记·孝文本纪》载：

> 孝文帝从代来，即位23年，宫室苑囿狗马服御无所增益，有不便，辄弛以利民。……南越王尉佗自立为武帝，然上召贵尉佗兄弟，以德报之，佗遂去帝称臣。与匈奴和亲，匈奴背约入盗，然令边备守，不发兵深入，恶烦苦百姓。吴王诈病不朝，就赐几杖。群臣如袁盎等称说虽切，常假借用之。群臣如张武等受赂遗金钱，觉，上乃发御府金钱赐之，以愧其心，弗下吏。专务以德化民，是以海内殷富，兴于礼义。

---

[1]《汉书·晁错传》。
[2] 汤玉枢：《论汉文帝废除肉刑及其影响》，载《华侨大学学报（哲学社会科学版）》1989年第2期。

文帝肉刑改革后刑罚的轻重失当之弊自景帝有所弥补后直到东汉末年才再次被关注，其唯一合理的解释即废除肉刑之事在后世看来并不重大，只是文帝个人一贯行事的结果。司马迁对此事的记载并不全面，而且多有冲突和矛盾之处，显然对废除肉刑之事不甚关心，根本忽视了淳于意案的法制意义，对淳于意案审判经过和处理结果几乎没有关注。作为司马迁的后来者，班固虽对汉文帝废除肉刑这一法制史上的重要事件的叙述较司马迁详细，为我们更加细致且清晰地了解废除肉刑之事的来龙去脉提供了进一步的资料，但他的叙述重点是围绕仁义展开，对改革后的刑罚制度具体如何规定以及适用问题并不关心。比如班固在《汉书·刑法志》载："诸当完者，完为城旦春；当黥者，髡钳为城旦春。"对处罚细则的叙述并不明确，以致今人对"髡""黥"字的完整含义都不理解，也不能对律文整体进行解读。刑罚制度的具体规定应该怎样，多种处罚方式之间符合何种条件才可转化适用，后人单凭班固这一简略的论述还是无法知晓文帝刑法改革的具体情况。这当然与班固很少分析法律条文内容及其利弊，而是着重阐释君主颁布法律是否仁义，官方话语中是否体现礼制等等写作偏好有关。[1] 当然，这一模糊的表述也很可能与废除肉刑事件本身在当时没有带来如此强烈的社会关注度和影响力有关，废除肉刑与此前文帝及其前任推行的其他五大法律改革之影响并无二致。

表 14　西汉初年法律改革一览表

时间	改革内容	出处
惠帝五年	省法令妨吏民者；除挟书律。	《汉书·惠帝纪》
高后元年	至高后元年，乃除三族罪、妖言令。	《汉书·刑法志》
文帝二年	孝文二年，又诏丞相、太尉、御史："法者，治之正，所以禁暴而卫善人也。今犯法者已论，而使无罪之父、母、妻、子、同产坐之及收，朕甚弗取。其议。"左、右丞相周勃、陈平奏言："父、母、妻、子、同产相坐及收，所以累其心，使重犯法也。收之之道，所由来久矣。臣之愚计，以为如其故便。"文帝复曰："朕闻之，法正则民悫，罪当则民从。且夫牧民而道之以善者，吏也；既不能道，又以不正之法罪之，是法反害于民，为暴者也。朕夫见其便，宜熟计之。"平、勃乃曰："陛下幸加大惠于天下，使有罪不收，无罪不相坐，甚盛德，臣等所不及也。臣等谨奉诏，尽除收律、相坐法。	《汉书·刑法志》

[1] 邓建鹏、杨潇：《儒学视界与法制叙事的局限：〈汉书·刑法志〉再研究》，载《法治现代化研究》2019 年第 6 期。

文帝三年	古之治天下，朝有进善之旌，诽谤之木，所以通治道而来谏者也，今法有诽谤、訞言之罪，是使众臣不敢尽情，而上无由闻过失也。将何以来远方之贤良？其除之。民或祝诅上，以相约而后相谩，吏以为大逆，其有他言，吏又以为诽谤。此细民之愚无知抵死，朕甚不取。自今以来，有犯此者勿听治。	《汉书·文帝纪》
文帝五年	除盗铸钱令。	《汉书·文帝纪》

在日本学者冨谷至看来，随着肉刑被汉文帝废止，墨、劓、刖等肉刑中的一部分为死刑（斩右趾升为弃市）所吸收，大部分转变为髡钳城旦舂等强制劳动刑，此后建立起以死刑、劳役刑、赎刑、罚金刑相互配合的刑罚体系，但死刑作为终极肉刑（斩首、腰斩）的原理并没有变化，"刑"仍以毁损身体，或在某种意义的驱逐、隔绝为基本理念。如此说来，汉文帝并没有彻底废除以肉刑为中心的刑罚体系。真正彻底终结肉刑的当是北魏，北魏将绞刑引入了传统刑罚体系，作为死刑的行刑方式，绞刑不再是终极毁损身体的肉刑，也不是作为从生物界驱逐、隔绝的死刑，而只作为剥夺生命的死刑。[1] 司马迁对文帝废除肉刑功劳的忽视当然没有冨谷至这一刑罚变迁理论作为依据，但其对文帝废除肉刑之意义的感知或评判与冨谷至的观点不谋而合。

五、肉刑被文帝废除后的历史反复

汉文帝全面废除肉刑以后，肉刑有过回光返照，死灰复燃的时候，譬如汉武帝对司马迁所施宫刑。魏晋隋唐，都没有此刑，但五代和宋又恢复，辽金元明清都有刺面刑，有的轻罪则刺胳膊。到清末光绪末期，肉刑才彻底废除。

文帝的肉刑改革与其说是立法上的自觉，倒不如说是执法（司法）上的关怀。毕竟，文帝之际的法律改革均是以法律适用宽简为目的的，但却走向了形同杀人的极端；景帝对文帝的修正则走向了另外一个极端，非轻即重；武帝则完全激活秦代苛法，重用酷吏，严刑峻法，但民不畏死，又步入了后果更严重的极端，之后历任皇帝积重难返，逐渐造成直到终汉之世都未曾消除的法繁之弊，与苛秦无异。总之，文景武三代在极端的法制改革上一脉相承，只不过文景以"治大国若烹小鲜"的谨慎与民休息，暂时掩盖了矛盾而已。

---

[1] [日] 冨谷至:《从终极的肉刑到生命刑——汉至唐死刑考》，周东平译，载中南财经政法大学法律文化研究院编:《中西法律传统》(第七卷)，北京大学出版社 2009 年版，第 45–47 页。

当时民众看不到改革的进步性，以致批评之声不绝于耳，其一认为刑制改革违背了古道，颠覆了传统；其二认为刑种轻重失衡。于是，复肉刑之议在东汉初就曾掀起讨论，终无结果。经过大约 80 年后，及至汉末魏晋之时，复肉刑之议再次复兴，讨论之声不绝。此后围绕复肉刑的争论时有发生，主张恢复肉刑者不乏其人。

主张恢复肉刑的理由大致可概括为三点：

第一，肉刑乃古制，根深蒂固，千古不变有其存在的合理性。所谓"先圣之经，不刊之典"[1] 是也。

第二，对犯人施予肉刑，一方面可以使犯人失去犯罪能力，"绝其为恶之具"，防止罪犯再度犯罪，另一方面可以警示世人，刑一人而儆百人，前车之鉴，后人不敢以身试法。

第三，将肉刑作为代死之刑使用，不但可以宣扬帝王的仁心仁政，而且可以减少劳动力的损耗，即"尚不至死，无防产育"。[2]

历观数次围绕肉刑存废的论辩，反对恢复肉刑的一方往往人数占优势，而且反对的强有力理由就是肉刑"非悦民之道"。[3] 随着笞、杖、徒、流、死新五刑制度的出现，较好地解决了刑种失衡的问题，肉刑的恢复也就没有太大必要了。

汉文帝废除肉刑后肉刑之所以又卷土重来，是因为肉刑历史悠久，在人们脑海里根深蒂固，某个历史阶段社会矛盾激化后统治集团的路径依赖心理作祟，封建统治者试图运用肉刑来恐吓民众。另外，当初汉文帝废除肉刑缺乏计划性、科学性，缺乏对废除肉刑之必要性的深刻论证，理论支撑和现实准备都不充足。

---

[1]《晋书》卷一百二十八。

[2] 欧阳询:《艺文类聚》卷五十四"刑法部"。

[3]《三国志·魏书·钟繇传》。

第二节　缇萦代父受刑促使古代代亲受刑制度形成

一、代亲受刑标志着儒家思想登堂入室

代亲受刑制度是中国封建宗法社会中儒家孝悌观念、亲亲相隐思想的产物。代亲受刑是与当时的社会主流思想、价值观相一致的。正是由于古人推崇"孝"、"悌"观念，强调"三纲五常"，另外又有凌驾于法律之上的皇权的存在，使得代亲受刑具有一定的合理性和独特的历史意义。

儒家认为"孝悌"是修身齐家治国平天下的基础，是做人做事的基本前提，只要家庭中做到了"父慈子孝，兄友弟恭"，那么这个家庭就可以被看做是忠孝贤德的家庭，是皇帝及政府旌表的对象，是乡里的模范代表。孟子将孝悌作为伦理道德的中心，将孝悌作为德性的最高表现。"孝子之至，莫大乎尊亲"，作为儒家关于孝道的专论，《孝经》把孝的地位与作用推到极致，成为儒家极其重要的经典。《孝经》认为如果能以孝治天下，便会出现尧舜在位时那种百官政绩卓著，万邦诸侯和谐，民众安居乐业的太平盛世。

代亲受刑是儒家孝悌理念的实践产物。汉文帝受理并准许缇萦代父受刑的申请，标志着汉朝法制指导思想开始从汉初奉行黄老学说逐步向儒家德主刑辅思想过渡，这一转变过程到汉武帝听从董仲舒建议"罢黜百家，独尊儒术"时终于尘埃落定。

二、缇萦救父是代亲受刑滥觞的标志

代亲受刑制度是东汉明帝以诏令正式确立的。缇萦之前亦有代亲受刑之人，但代亲受刑以前没有得到皇帝或国家立法机关的正式认可，没有建章立制，即没有上升为法律制度。缇萦申请代

父求刑是史上第一次由皇帝主导的案件，因此变得如此"至高无上"，先声夺人。淳于意案中缇萦舍身为官奴救父的事迹促成了代亲受刑制度的问世，缇萦申请代父受刑以及汉文帝对此事首肯并所采取的措施对东汉明帝正式确立代亲受刑制度奠定了基础，因此可以说代亲受刑制度滥觞于汉文帝时代，缇萦救父是代亲受刑滥觞的标志，这一制度对后世影响深远。

缇萦救父成了文帝废除肉刑最好的宣传文案，可以作为打造圣君仁德形象的策划方案。文帝的良好口碑及其子孙的力推，都让缇萦救父成了孝子和仁君的典型代表。于是，后人争相模仿缇萦的代亲受刑，例如明太祖常以情屈法，使得民间对代刑趋之若鹜。史称："国初犯大辟者，其家属多请代刑，上并宥之。……至有弱媳代其阿翁。"[1]

东汉永平八年（65 年）汉明帝"诏三公募郡国中都官死罪系囚，减罪一等，勿笞，诣度辽将军营，屯朔方、五原之边县；妻子自随，便占着边县；父母同产欲相代者，恣听之。"[2] 即死囚减罪一等而徙边时，其"父母同产"者可代刑，代受的仅是"徙边"刑。"父母同产"实是"父母之同产"，即指同父母的兄弟姐妹而非父母去代子女戍边，否则有违孝道。

按照范晔的理解，代刑请求者并不必然同被代者一并免刑，否则不至于发出"进退无所措也"的感慨。一旦朝廷以法令正式肯定代刑，一些潜在代刑者压力就更大，因此，汉代以后多以司法惯例的形式默认代刑，因代刑而免所代者刑的情况较多，因代刑而减所代者刑的处理最为普遍。[3]

---

[1] [明] 祝允明：《野记》（上卷），载车吉心主编：《中华野史》（明朝卷），泰山出版社 2000 年版。
[2] 《后汉书·明帝纪》。
[3] 方潇：《中国古代的代亲受刑现象探析》，载《法学研究》2012 年第 1 期。

第三节 淳于意案的其他标志性意义

一、标志着汉承秦制的基本结束

西汉高祖（前 202—前 195 年在位）、惠帝（前 195—前 188 年在位）、吕后（前 188—前 180 年称制）三代，表面上奉行的是无为而治的黄老之道，实际上在法律制度方面仍是汉承秦制，外甥打灯笼照旧（舅）。这一点只要对比 1975 年出土的睡虎地秦简中的秦代律令和 1983 年出土的张家山汉简中的吕后二年律令，就可一目了然。换句话说，汉初 20 多年间，尽管老百姓受益于轻徭薄赋政策，得以休养生息，但统治者未能真正走出一条属于汉代自己的治国之路。

汉初统治集团在法制建设的指导思想上存在着一个悖论。一方面，统治集团看到秦二世而亡，庞大的秦帝国大厦顷刻间轰然倒塌，意识到为了避免重蹈覆辙必须改弦更张，不能像秦朝那样实行严刑峻法；另一方面，汉初统治集团又维持"汉承秦制"局面。这种自相矛盾的尴尬局面在汉文帝手上通过淳于意案得以根本性扭转。文帝是中国历史上一位杰出的政治家，改革家，他的杰出之处就在于成功地进行了改革，从而使西汉前期出现了繁荣昌盛的景象，史称"文景之治"。经过了几十年的"无为而治"，休养生息，经济得到了恢复和发展，人民生活比较安定，各种社会矛盾已趋于缓和，政权已相当巩固，出现了"吏安其官，民乐其业，畜积岁增，户口浸息"的繁荣景象。

淳于意案这一偶然事件成为了文景刑制改革的直接导火索。汉文帝在"缇萦上书"后下令进行刑制改革，具体措施包括：把黥刑（墨刑）改为髡钳城旦舂（筑城舂米的徒刑附加剃光头发，脖子上套铁圈的刑罚），把劓刑改为笞三百，把斩左趾改为笞五百，把斩右趾改为弃市。再就是在改革过程中文帝废除了终身劳役，实行"罪人有期"，明确规定了各种徒刑的刑期。文帝刑制改革揭开了废除肉刑运动的序幕，从法律上宣布废除肉刑，对传统的刑罚体系产生了深刻的影响，汉朝不再沿袭秦朝适用奴隶制五刑的传统，革故鼎新，汉朝法制建设翻开了新的一页，"汉承秦制"从此一去不复返。

二、标志着皇帝录囚制度的萌芽

录囚又称虑囚，是皇帝和各级官吏定期或不定期巡视监狱，对在押犯的情况进行审录，以防止冤狱，监督监狱管理的司法制度。它是中国古代监狱史和司法制度史上的一项重要制度。西周时期就有司法官吏每年仲春三月省视监狱的制度。西汉王朝建立以后，鉴于秦朝法峻刑残，囹圄成市而激起人民反抗的历史教训，吸取儒家的慎罚思想，并在省视监狱的制度的基础上正式建立录囚制度，法史学界公认录囚制度作为上级司法机关定期对下级司法机关结案后对在押犯人进行询问，核实罪状以平雪冤狱的制度创立于西汉，但当时仅限于州郡刺史太守定期巡视所部狱囚。汉代录囚有皇帝录囚、刺史录囚及郡守录囚。关于皇帝录囚，一些学者认为始于东汉明帝时期。但实际上，汉文帝在淳于意被定罪判刑之后，收取并审阅其女儿缇萦的上书，最终通过诏令废除肉刑给淳于意免于刑事处罚或易刑笞刑。这带有录囚的性质，至少是东汉皇帝录囚制度的前身，或者说汉文帝这种以诏令纠正冤假错案的方式标志着录囚制度的萌芽，其影响极其深远。《后汉书·百官志》载："诸州常以八月巡行所部郡国，录囚徒。"《汉书·何武传》记载，何武有"行部录囚徒。"颜师古曰："省录之，知其情状有冤滞与不也。"[1]《后汉书·寒朗传》载，东汉明帝"车驾自章洛阳狱录囚徒，理出千余人。"魏、晋、隋、唐、宋等各有录囚之制。唐太宗于贞观六年，"亲录囚徒，阅死罪者390人，纵之还家"。[2]录囚在唐代由大理寺掌，还有监察御史巡行地方录囚。明清时皇帝一般不再亲自录囚。

三、标志着中央法律权威的树立

淳于意案不仅是一起刑事犯罪案件，还是一起涉及汉初中央与地方关系的政治事件。

[1]《汉书·隽不疑传》。
[2]《新唐书·刑法志》。

汉代建国后，刘邦吸取秦亡教训复兴封建，广封诸王。在国家结构上采取"郡国制"，郡县和封国并存，在中央实行与秦朝相同的郡县制，地方实行分封制。皇帝分封侯国和王国，其中侯国只享有封地内的税收权，无军事和行政权并受郡的管辖，而王国则拥有独立的政治和军事权力。地方上的分封制导致地方势力尾大不掉，威胁到中央政府的权威，到汉文帝时，已经形成诸侯各据一方、尾大不掉的政治格局，以致文帝的儿子当政时发生了"七国之乱"，但仅一年就被平息了。其实汉文帝在世时就觉察到地方诸侯势力的离心倾向并加以防范，力图通过改进和优化制度，强化中央政府的法律权威。

淳于意案发生在齐地，那里正是地方诸侯实力最强的地方之一，群雄称霸，纵横捭阖。淳于意作为一位全国知名的医生，成了各种政治集团争夺的稀有医学人才。由于得罪某几个地方诸侯，蒙受不白之冤。淳于意案最初作为医疗资源（人才与人脉）争夺纠纷已经演变成来自地方诸侯王公然挑衅汉廷的政治事件。在文帝看来，东方强大的藩王是借用刑案之名试探汉廷对地方治理的政治态度，颇有挑衅汉廷法律权威之意。因此，文帝采用釜底抽薪之策，以刑制改革的立法手段解决了地方藩王发起的司法难题，取得了多重政治效果，为实现实质性的国家统一扫清了障碍，并有助于杜绝藩王此后利用司法继续挑战汉廷的可能，为景武之际利用法律削藩树立了榜样。这是文帝将此案从司法转向立法最后落脚到央地政治博弈的主要用意。

通过淳于意案，汉廷进一步明确一些重大案件专属中央司法机关管辖，各地不得自行审判。淳于意此类案件虽由地方官吏纠举，但须押送首都长安由中央司法机关审理；皇帝乃国家最高立法者和司法官，有权纠正各种刑事判决，以利于全国法制的统一和树立中央的法律权威。从淳于意案结案以后，地方诸侯难以再借此类刑事案件向中央发难，中央政府的法律权威得以确立，心怀鬼胎的各地藩王不得不三思而行。

四、标志着帝王法外开恩的滥觞

在封建专制社会里，法自君出，狱由君断，法治与人治的矛盾始终是无法解决的。皇帝的感情和判断在司法审判中起着举足轻重的作用。汉文帝其实多次随心所欲，不喜欢依法办案。有一次，汉文帝出巡，"上行出中渭桥，有一人从桥下走，乘舆马惊。于是使骑捕，属之廷尉。释之治问。曰：'县人来，闻跸，匿桥下。久之，以为行已过，即出，见乘舆车骑，即走耳。'尉奏当，一人犯跸，当罚金。文帝怒曰：'此人亲惊吾马，吾马赖柔和，令他马，固不败伤我乎？而廷尉乃当之罚金！'释之曰：'法者，天子所与天下公共也。今法如是，更重之，是法不信于民也。且方其时，上使诛之则已。今已下廷尉，廷尉'天下之平也，一倾，天下用法皆为之轻重，民安所措其手足？唯陛下察之。'上良久曰：'廷尉当是也。'[1] 大意是：皇帝出巡经过长安城北的中渭桥，有一个人突然从桥下跑了出来，皇帝车驾的马受了惊。于是命令骑士捉住这个人，交给了廷尉张释之。张释之审讯那个人。那人说："我是长安县的乡下人，听到了清道禁止人通行的命令，就躲在桥下。过了好久，以为皇帝的队伍已经过去了，就从桥下出来，一下子看见了皇帝的车队，就立即逃走。"然后廷尉向皇帝报告那个人应得的处罚，说他触犯了清道的禁令，应处以罚金。文帝发怒说："这个人本来使我的马受惊，我的马幸亏驯良温和，假如是别的马，难道不会弄坏车马使我受伤吗？可是廷尉才判处他罚金！"张释之说："法律是天子和天下人应该共同遵守的。现在法律就这样规定，如果改变加重它，这样法律就不被百姓相信了。而在那时，皇上您让人立刻杀了他也就罢了。既然把这个人交给廷尉，廷尉是天下公正执法的带头人，稍一偏失，天下执法者都会任意或轻或重，老百姓把他们的手足放在什么地方呢？愿陛下明察。"许久，皇帝才说："廷尉的判处是正确的。"

没过多久，小偷在祭祀汉高祖刘邦的庙里偷了个玉环。后来张释之按照法律条文关于"偷盗宗庙服装用品"的规定，只判罪犯本人在闹市处死刑。汉文帝看了张释之的判词愤愤不平，要求株连九族。张释之拒不改判，最后皇太后赞同张释之的判决，汉文帝才没吭声。[2]

---

[1]《汉书·张冯汲郑传》。

[2]《汉书·张冯汲郑传》记载：其后有人盗高庙坐前玉环，捕得，文帝怒，下廷尉治。释之案律盗宗庙服御物者为奏，奏当弃市。上大怒曰："人之无道，乃盗先帝庙器，吾属廷尉者，欲致之族，而君以法奏，非吾所以共承宗庙意也。"释之免冠顿首谢曰："法如是足也。且罪等，然以逆顺为差。今盗宗庙器而族之，有如万分之一，假令愚民取长陵一抔土，陛下何以加其法乎？"久之，文帝与太后言之，乃许廷尉当。是时，中尉条侯周亚夫与梁相山都侯王恬开见释之持议平，乃结为亲友。张廷尉由此天下称之。大意是：后来，有人偷了高祖庙神座前的玉环，被抓到了，文帝发怒，交给廷尉治罪。张释之按法律所规定偷盗宗庙服饰器具之罪奏报皇帝，判处死刑。皇帝勃然大怒说："这人胡作非为无法无天，竟偷盗先帝庙中的器物，我交给廷尉审理的目的，想要给他灭族的惩处，而你却一味按法律条文把惩处意见报告我，这不是我恭敬奉承宗庙的本意啊。"张释之脱帽叩头谢罪说："依照法律这样处罚已经足够了。况且在罪名相同时，也要区别犯罪程度的轻重不同。现在他偷盗宗庙的器物就要处以灭族之罪，万一有愚蠢的人挖长陵一捧土，陛下用什么刑罚惩处他呢？"过了一些时候，文帝和薄太后谈论了这件事，才同意了廷尉的判决。当时，中尉条侯周亚夫与梁国国相山都侯王恬开看到了张释之执法论事公正，就和他结为亲密的朋友。张释之由此得到天下人的称赞。

　　文帝通过淳于意案迅速且急切地全面废除肉刑，连丞相和御史都难以接招，这种仓促的废刑行动致使刑罚改革轻重失当，反映了君权凌驾于法律之上的"霸道"，使得圣旨君意就是法律的现象和皇权大于国法的现象成为此后西汉政治的常态。汉文帝对既定法律的肆意更改即便与社会文明发展的大趋势相吻合，但也只是他随性而发，并未经过严格审慎的法律制定程序，体现的是汉文帝所占有的皇权至高无上的地位和权威。此前被张释之极力维护的先秦法家提倡的法律平等用，在这一时期内更多地被笼罩在以国君个人意志为转移的集权政治之下。在淳于意案的处理中，虽然汉文帝运用高超的政治智慧废除了肉刑保护了被告人，但有法不依，法外开恩，使得当时的法律形同虚设，法律的落实和权威受到了严重的影响。这种负面影响在历史的长河中也为后来的皇帝们玩弄法律带了一个坏头。

第四节　淳于意案对后人的启迪

一、法律具有滞后性应及时弃旧创新

在淳于意案中，汉承秦制，司法机关判处的刑罚照搬秦朝的肉刑，这种肉刑甚至是千年前奴隶社会的老古董。汉文帝大胆改革，抛弃了不合时宜的陈规陋习。从中我们可以得到启发：

第一，法律是对过去已经普遍发生的社会问题进行处理的行为规则体系，如没有出现贩毒现象以前，刑法中不可能预先规定贩毒罪，而社会又是快速发展的，原来制定的法律对于新出现的新情况可能不相适应，难以适用。司法机关面对新情况可能束手无策，无法可依。如 2007 年，许霆因上年在广州因盗窃行为被抓，后来一审判无期，二审改为 5 年。这里实际上涉及法律滞后性问题。因为 ATM 机也是银行的对外服务方式，与银行柜台并无本质上的区别，然而 ATM 机也会出错，这却是立法时所没能预见到的情况。一审法院的判决体现了法律的滞后性，因为在立法时 ATM 机尚未普及，立法者不可能预见到 ATM 机会发生类似的故障，因此法院不得不将其定性为"盗窃金融机构"的现金，从而判了无期徒刑。

第二，社会生活的复杂性决定了法律不可能面面俱到，穷尽社会生活的各个方面，总有"漏网之鱼"，法律对已经发生的某些社会关系没有做出调整。司法机关处理司空见惯的社会问题也可能在现行法律中找不到依据。

第三，法律的稳定性决定了法律不能朝令夕改，以适应不断发展变化的复杂社会现实。法律不能不改，但又不能三天两头地改。特别是现代社会，制定法律要经过严格的立法程序，有的法律颁布后还要规定等一段时间才生效。汉初的基本法律形式是"律"，虽然皇帝临时可以"令"的形式补充修改法律，但皇帝的诏令也不能朝令夕改，否则人们无所适从。法律颁布后社会成员有一个学习熟悉的过程，不能"不教而诛"。皇帝颁布诏令一般也要经过深思熟虑，要留有一段时间征询身边大臣的意见，甚至要大臣们先提出方案。

第四，限于立法者的认知水平和立法技术水平，已经制定的法律可能具有法律漏洞，不能正确地反映社会发展的规律和统治集团的整体意志。司法机关运用这些具有漏洞的法律来调整社会关系，无论是新问题还是老问题，处理的结果有时很难做到公平正义。

面对法律的滞后性，我们可以借鉴淳于意案的历史经验教训。信息时代经济社会发展迅猛，必须与时俱进，及时调整变化中的社会关系和法律关系。我们应坚定不移地坚持依法行政、依法办案，但必须同时关注法律的漏洞，关注法律与现实的脱节，不断提高立法技术水平，除加强法律的司法解释外，还应及时进行法律的立、改、废，不断完善法律制度。

二、立法和司法应服务于国家发展大局

汉文帝处理淳于意案，与法律人办案判若云泥，他站位高远，抓住了改变"汉承秦制"的历史机遇，不仅考虑到了该案的法律问题而且关注到了该案的政治问题，通过淳于意案的处理，妥善调整了国家结构中的央地关系，加强了中央的法律权威，解决了废除肉刑这项法制建设中重大问题。我们现在的立法、司法和其他法律工作都必须正确认识和处理法律与上层建筑其他领域的关系，善于从政治上、全局上观察形势，以人民利益为中心，服务于国家发展的大局，立足于促进国家经济建设和人民幸福安康。立法应该围绕党和国家的中心工作进行立法规划，提前布局，及时就社会生活中的重大问题建章立制，解决"有法可依"的问题。就司法工作而言，司法审判应该追求公平正义，审判结果要坚持"合目的性原则"，即必须符合法律基本原则体现的价值目标和公平正义的理想追求。法官在行使自由裁量权时，要始终围绕"合理性"来审时度势，正确司法，审判工作应"努力让人民群众在每一个司法案件中感受到公平正义。这就要求人民法院在依法公正高效行使审判权的同时，必须将人民性、党性、政治性等非法律因素融入到司法审判过程中，

实现法律效果与社会效果相统一、依法审判与人民意愿相统一、依法审判与党的政策相统一、依法审判与政治要求相统一、依法审判与服务大局相统一。"[1]

三、运用新型重大个案推动立法

亚里斯多德三段论第一格也叫"审判格"，是法官判案的典型推理方式。大前提是法律规则，小前提是案件事实，以法律为准绳，以事实为根据，最后得出判决结果。司法官分析案件必须经过的一步就是寻找大前提即法律依据。如果适用法律规则错误，则判决肯定是错的。淳于意案告诉后人，当依据现行法律处理案件得不到公平正义的结果时，就应该思考源头即判决依据的法律的合理性。廷尉嘉照搬千年的老古董，依律判处淳于意肉刑，从形式上是依法办案，似乎维护了法律的权威，但本质上是按照错误的规则做出了错误的判决，没有实现实体正义，审判的社会效果不尽人意。虽然"恶法亦法"，但法治的前提之一是要制定良法。汉文帝抓住了淳于意案这个契机，掀起了法制改革，发布了废除肉刑的诏令，从司法个案推动废除肉刑的立法活动，从源头上改变审判的依据，才釜底抽薪，达成了该案的社会效果与法律效果的统一。如果死磕法律条文，机械地教条式地运用法律条文办案，则经不起历史的检验，难以使民众心悦诚服地接受审判结果，无法取得良好的社会效果。

我国改革进入深水区后，因个案引发的立法或修法契机不断涌现。我们不能熟视无睹，放弃修法契机。只有从个案中发现法律的漏洞与滞后性，及时推动立法工作，才能确保个案审判的实体正义，才能克服"死磕"某个法律条文而违背法律的基本原则忽略公平正义价值的现象。

四、善于用知识产权法等法律挖掘、扩大、保护战略性医疗资源

在某种意义上，淳于意案原本是地方藩王为了争夺高级稀缺性医疗人才（人才也属于奇缺资源）资源而引起的皇族纠纷。汉文帝废除肉刑保护一代名医淳于意，是从国家利益出发，排除地方诸侯的干扰，推动以淳于意为代表的齐医学派的发展壮大，使之培养更多的高级医学人才。汉文帝处理此案的客观效果之一是保护

---

[1] 江必新:《司法审判中非法律因素的考量》,《人民司法》2019 年第 34 期。

了当时国家急需和紧缺的战略性医疗资源。

自从地球上出现人类以后，疾病就一直伴随着人类，挥之不去。有病就需要医生和医疗物资，战略性医疗物质资源和优秀的医务人员在相当长的时间里都是稀缺的。目前国际社会因为新冠疫情而展开的医疗物质争夺此起彼伏，屡见不鲜。在新冠疫情肆虐的当下，如何争夺医疗资源（包括医疗人才、医疗物资在内）成为许多国家重要的政策重心。疫情初期，一些国家甚至连口罩也对我们封锁，后来一些国家新冠疫苗的进出口管制异常严格。我们在今后的工作中，应立足长远，未雨绸缪，综合运用各种正当的手段，特别是要学会运用古时没有的药物专利制度、商业秘密保护制度等法律手段挖掘、扩大、保护好战略性医疗资源。

综上所述，我们对西汉初年淳于意案本身的全方位探讨，包括对原本由争夺稀缺性高级医务人才引发的淳于意案背后错综复杂的权力关系与政治博弈之分析，不是发思古之幽情，而是要古为今用，鉴往知来，从淳于意案中汲取前人处理棘手问题的智慧，改变按套路出牌的习惯性思维方式和行为模式，顺应时代潮流，把握历史机遇，理顺社会主体之间的权利义务关系，追逐公平正义，在推进社会变革、铸就人类文明成果的伟大事业中高瞻远瞩，砥砺奋进。

参考文献

一、史料

[1]《史记》。

[2]《汉书》。

[3]《西汉会要》。

[4]《列女传》。

[5]《后汉书》。

[6]《汉纪》。

[7]《资治通鉴》。

[8] 张家山二四七号汉墓竹简整理小组:《张家山汉墓竹简（二四七号墓）》（释文修订本），文物出版社 2006 年版。

二、著作

[9] 陈苏镇:《〈春秋〉与"汉道"——两汉政治与政治文化研究》，中华书局 2020 年版。

[10] 侯旭东:《宠:信—任型君臣关系与西汉历史的展开》，北京师范大学出版社 2018 年版。

[11] 杨鸿烈:《中国法律思想史》，商务印书馆 2017 年版。

[12] 杨海峥:《日本〈史记〉研究论稿》，中华书局 2017 年版。

[13] 葛剑雄:《西汉人口地理》，商务印书馆 2014 年版。

[14] 马孟龙:《西汉侯国地理》，上海古籍出版社 2013 年版。

[15] 沈家本:《历代刑法考》（上），中华书局 2012 年版。

[16] 许倬云:《汉代农业:中国农业经济的起源及特性》，江苏人民出版社 2012 年版。

[17] 廖育群:《繁露下的岐黄春秋——宫廷医学与生生之政》，上海交通大学出版社 2012 年版。

[18] 张金光:《秦制研究》，上海古籍出版社 2011 年版。

[19] 吕思勉:《秦汉史》，商务印书馆 2010 年版。

[20] 彭卫:《汉代婚姻形态》，中国人民大学出版社 2010 年版。

[21] 王勇:《中国古代农官制度》，中国三峡出版社 2010 年版。

[22] 瞿同祖:《中国法律与中国社会》，中华书局 2010 年版。

[23] 杨伯峻编著:《春秋左传注·宣公十二年》，中华书局 2009 年版。

［24］严耕望：《中国地方行政制度史——秦汉地方行政制度》，上海古籍出版社 2007 年版。

［25］李力：《"隶臣妾"身份再研究》，中国法制出版社 2007 年版。

［26］彭浩、陈伟、［日］工藤元男：《二年律令与奏谳书——张家山二十七号汉墓出土法律文献释读》，上海古籍出版社 2007 年版。

［27］［美］余英时：《东汉生死观》，侯旭东译，上海古籍出版社 2005 年版。

［28］沈刚：《秦汉时期的客阶层研究》，吉林文史出版社 2003 年版。

［29］徐复观：《两汉思想史》（第一卷），华东师范大学出版社 2001 年版。

［30］陈苏镇：《汉代政治与〈春秋〉学》，中国广播电视出版社 2001 年版。

［31］李开元：《汉帝国的建立与刘邦集团：军功受益阶层研究》，生活·读书·新知三联书店 2000 年版。

［32］张晋藩：《中国法制通史》（第二卷），法律出版社 1999 年版。

［33］杨振洪：《中华法系研究》，岳麓书社 1995 年版。

［34］曹旅宁：《秦律新探》，中国社会科学出版社 2002 年版。

［35］曹旅宁：《张家山汉律研究》，中华书局 2005 年版。

［36］曹旅宁：《秦汉魏晋法制探微》，人民出版社 2013 年版。

［37］黄惠贤，陈锋：《中国俸禄制度史》，武汉大学出版社 1996 年版。

［38］孙慰祖主编：《古封泥集成》，上海书店 1994 年版。

［39］［英］崔瑞德、［英］鲁惟一：《剑桥中国秦汉史：公元前 212 年—公元 220 年》，杨品泉等译，中国社会科学出版社 1992 年版。

［40］赵安郎：《孙子兵法百战韬略附赵注孙子》，东南大学出版社 1992 年版。

［41］［清］孙星衍等辑：《汉官六种》，周天游点校，中华书局 1990 年版。

［42］［日］泷川资言考证：《史记会注考证附校补》，［日］水泽利忠校补，上海古籍出版社 1986 年版。

［43］范行准：《中国医学史略》，中医古籍出版社 1986 年版。

［44］柳春藩：《秦汉封国食邑赐爵制》，辽宁人民出版社 1984 年版。

［45］郭沫若：《郭沫若全集·历史编〈太史公行年考有问题〉》，人民出版社 1984 年版。

［46］俞慎初：《中国医学简史》，福建科学技术出版社 1983 年版。

［47］《十一家注孙子》，杨丙安校理，上海古籍出版社 1978 年版。

［48］陈曦、王珏、王晓东译：《史记〈传世经典文白对照〉》，中华书局 2019 年版。

三、论文

［49］孙家洲：《助汉文帝上位的齐王刘襄三兄弟》，载《文史天地》2019 年第 12 期。

［50］邓建鹏、杨潇：《儒学视界与法制叙事的局限：〈汉书·刑法志〉再研究》，载《法治现代化研究》2019 年第 6 期。

［51］黄海：《由"笞"至"笞刑"——东周秦汉时期"笞刑"的产生与流变》，载《社会科学》2019 年第 4 期。

［52］余建平：《尊君卑臣：汉代上书体式及套语中的皇帝权威》，载《档案学通讯》2019 年第 2 期。

［53］门淑芬：《西汉名医淳于意研究》，兰州大学 2018 年硕士学位论文。

［54］阎强乐：《汉代廷尉考论》，兰州大学 2018 年硕士学位论文。

[55] 杨玲:《文本细读、春秋笔法与〈史记·扁鹊仓公列传〉释疑》,载《渭南师范学院学报》2018 年第 13 期。

[56] 余建平:《制造汉文帝——司马迁〈史记〉文本与汉文帝的形象建构》,载《唐都学刊》2018 年第 6 期。

[57] 张德美:《秦汉时期诏狱的审理程序》,载《河北法学》2018 年第 5 期。

[58] 徐双、严世芸、陈丽云:《医道与医术的再探讨——以〈史记·扁鹊仓公列传〉为中心》,载《中医药文化》
     2018 年第 3 期。

[59] 于赓哲:《分层时代的研究——汉宋之间医疗史研究的视角问题》,载《四川大学学报（哲学社会科学版）》
     2018 年第 1 期。

[60] 张朝阳:《〈史记·仓公传〉探微: 废除肉刑与齐文王之死》,载《中华文史论丛》2018 年第 1 期。

[61] 张朝阳:《缇萦如何能救父: 汉天子的软实力》,载《文史知识》2017 年第 8 期。

[62] 代玺国:《汉代章奏文书"需头"与"言姓"问题考论》,载《兰州学刊》2017 年第 8 期。

[63] 谢坤:《岳麓秦简涉仓诸律所见秦仓制考述》,载《中国农史》2016 年第 6 期。

[64] 杨允:《汉文帝、武帝诏书浅论》,载《中国社会科学院研究生院学报》2016 年第 2 期。

[65] 姚海燕:《仓公"坐法当刑"蠡测》,载《南京中医药大学学报（社会科学版）》2016 年第 2 期。

[66] 朱德贵:《岳麓秦简所见"隶臣妾"问题新证》,载《社会科学》2016 年第 1 期。

[67] 王尔春:《汉代宗室问题研究》,吉林大学 2015 年博士学位论文。

[68] 白坤:《"缇萦救父"新考》,载武汉大学历史学院主编:《珞珈史苑》2014 年卷），武汉大学出版社 2015 年版。

[69] 赵进华、黄涛涛:《汉文帝不除宫刑赘说》,载中国秦汉史研究会 / 咸阳师范学院编:《秦汉研究》(第九辑),
     陕西人民出版社 2015 年版。

[70] 黄静:《西汉"诏狱"与法制》,载《河北法学》2015 年第 7 期。

[71] 张永臣等:《淳于意及诊籍针灸学术思想探析》,载《山东中医药大学学报》2015 年第 5 期。

[72] 龙大轩:《孝道: 中国传统法律的核心价值》,载《法学研究》2015 年第 3 期。

[73] 张履鹏, 邹兰新:《西汉文景时期的粮食生产水平当议》,载《古今农业》2015 年第 2 期。

[74] 姚琪艳:《汉代女性研究综述》,载《中国史研究动态》2015 年第 1 期。

[75] 侯旭东:《西汉御史大夫寺位置的变迁: 兼论御史大夫的职掌》,载《中华文史论丛》2015 年第 1 期。

[76] 郭俊然:《出土资料所见汉代地方农官考论》,载《昭通学院学报》2015 年第 1 期。

[77] 湖南省文物考古研究所:《龙山里耶秦简之"徒簿"》,载中国文化遗产研究院编:《出土文献研究》(第 12
     辑),中西书局 2014 年版。

[78] 廖寅:《传法之外: 宋朝与周边民族战争中的佛寺僧侣》,载《中国文化研究》2014 年冬之卷。

[79] 张大可:《论汉文帝对时局的把握与政治改革》,载《渭南师范学院学报》2014 年第 22 期。

[80] 吕金伟:《汉初的医疗市场与医病关系——以淳于意医案为中心》,载《长江师范学院学报》2014 年第 4 期。

[81] 薛小林:《汉文帝时期的权力结构与政治斗争——以臣立君为中心的考察》,载《南都学坛》2014 年第 3 期。

[82] 宋洁:《汉文帝"除诽谤妖言诏"发覆》,载《史学月刊》2014 年第 3 期。

[83] 宋洁:《"具五刑"考——兼证汉文帝易刑之前存在两个"五刑"系统》,载《中国史研究》2014 年第 2 期。

[84] 庄坤成:《张汤研究》,"国立"中山大学 2013 年博士学位论文

[85] 范忠信:《传统中国法秩序下的人民权益救济方式及其基本特征》,载《暨南学报（哲学社会科学版）》

2013 年第 8 期。

[86] 郭俊然:《汉简所见的汉代中央官制杂考》,载《昆明学院学报》2013 年第 5 期。

[87] 朱子彦:《秦汉社会方技—医药学探析——兼论司马迁为扁鹊仓公立传的历史意义》,载《西安财经学院学报》2013 年第 4 期。

[88] 甄雪燕等:《淳于意与最早的医案——"诊籍"》,载《中国卫生人才》2013 年第 4 期。

[89] 彭海涛:《汉代宗室王侯犯罪研究》,首都师范大学 2012 年博士学位论文。

[90] 王雅丽:《从中医医案文献的发展史看医案的镌载体例》,载《中华医学图书情报杂志》2012 年第 2 期。

[91] 吴小红:《苛征、祠祀与地方利益: 元代金溪二孝女祠祀研究》,载《中国史研究》2012 年第 1 期。

[92] 方潇:《中国古代的代亲受刑现象探析》,载《法学研究》2012 年第 1 期。

[93] 沈澍农:《〈仓公传〉中的时间问题蠡测》,载《中华全国中医药学会医古文分会会议论文集》2011 年 8 月 5 日。

[94] 庄林丽:《论中国古代的间谍职官和机构》,载《濮阳职业技术学院学报》2011 年第 2 期。

[95] 姜辉:《先秦及秦汉时期医官称谓考》,载《中华文化论坛》2011 年第 2 期。

[96] 万尧绪:《〈二年律令·秩律〉所见汉初的奉常》,载《鲁东大学学报: 哲学社会科学版》2011 年第 1 期。

[97] 范正生:《淳于意与"救女坟"考辨》,载《泰山学院学报》2011 年第 1 期。

[98] 臧知非:《论汉文帝"除关无用传"——西汉前期中央与诸侯王国关系的演变》,载《史学月刊》2010 年第 7 期。

[99] 翟芳:《从〈二年律令〉看黥刑在汉初的运用》,载《史学月刊》2010 年第 6 期。

[100] 焦培民:《汉代医疗保障制度初探》,载《宝鸡文理学院学报 (社会科学版)》2010 年第 2 期。

[101] 夏增民:《从张家山汉简〈二年律令〉推论汉初女性社会地位》,载《浙江学刊》2010 年第 1 期。

[102] [日] 富谷至:《从终极的肉刑到生命刑——汉至唐死刑考》,周东平译,载中南财经政法大学法律文化研究院编:《中西法律传统》(第七卷),北京大学出版社 2009 年版。

[103] 王浩:《〈史记·扁鹊仓公列传〉所见汉初二三事》,载《文史知识》2009 年第 12 期。

[104] 黄玉燕、翟双庆:《淳于意决死生方法探析》,载《吉林中医药》2009 年第 11 期。

[105] 杨昉,包小丽:《从〈史记〉"仓公传"看〈黄帝内经〉的理论源头》,载《江苏中医药》2009 年第 11 期。

[106] 宋杰:《秦汉罪犯押解制度》,载《南都学坛》2009 年第 6 期。

[107] 李俊方:《汉代诸侯朝请考述》,载《社会科学》2008 年第 2 期。

[108] 宋杰:《汉代的廷尉狱》,载《史学月刊》2008 年第 1 期。

[109] 王健:《汉文帝时期的朝政制衡与施政精神》,载《咸阳师范学院学报》2007 年第 5 期。

[110] 陶亮:《"免隶臣妾"解》,载《文化学刊》2007 年第 5 期。

[111] 鞠传文:《汉代女性教育与文学》,载《中南民族大学学报 (人文社会科学版)》2007 年第 5 期。

[112] 邵正坤:《汉代仓储职官考述》,载《兰州学刊》2007 年第 4 期。

[113] 游逸飞:《汉初齐国无郡论——战国秦汉郡县制个案研究之三》,载中国地理学会历史地理专业委员会 /《历史地理》编辑委员会编:《历史地理》(第三十三辑),上海人民出版社 2006 年版。

[114] 张忠炜:《"诏狱"辨名》,载《史学月刊》2006 年第 5 期。

[115] 阎晓君:《汉初的刑罚体系》,载《法律科学》2006 年第 4 期。

[116]曾高峰、吴弥漫:《从〈史记·仓公传〉考察汉初诊法水平》,载《辽宁中医杂志》2006 年第 3 期。

[117]罗根海:《浅论两汉、魏晋儒医的隐迹现象》,载《南京中医药大学学报（社会科学版）》2006 年第 3 期。

[118]陈东枢:《淳于意与诊籍》,载《中医药学报》2006 年第 2 期。

[119]庄小霞,薛婷婷:《仓公犯的是什么罪》,载《春秋》2006 年第 2 期。

[120]苏卫国:《仓公狱事解析——〈史记·仓公传〉研读札记》,载《理论界》2005 年第 8 期。

[121]陈苏镇:《汉文帝"易侯邑"及"令列侯之国"考辨》,载《历史研究》2005 年第 5 期。

[122]孙闻博,周晓陆:《新出封泥与西汉齐国史研究》,载《南都学坛》2005 年第 5 期。

[123]朱维铮:《历史观念史:国病与身病——司马迁与扁鹊传奇》,载《复旦学报》（社会科学版）2005 年第 2 期。

[124]陈苏镇:《汉初侯国隶属关系考》,载《文史》2005 年第 1 期。

[125]高伟:《先秦两汉医官制度综述》,载《兰州大学学报（社会科学版）》2005 年第 1 期。

[126]孙家洲:《论齐鲁文化在汉代学术复兴中的贡献》,载王志民主编:《齐鲁文化研究》（第三辑），山东文艺
       出版社 2004 年版。

[127]高叶青:《汉代的罚金和赎刑——〈二年律令〉研读札记》,载《南都学坛》2004 年第 6 期。

[128]陈苏镇:《汉初王国制度考述》,载《中国史研究》2004 年第 3 期。

[129]沈刚:《汉代廷尉考述》,载《史学集刊》2004 年第 1 期。

[130]邬文玲:《汉代赦免制度研究》,中国社会科学院研究生院 2003 年博士学位论文。

[131]臧知非:《张家山汉简所见汉初中央与诸侯王国关系略论》,载《陕西历史博物馆馆刊》（第 10 辑），三
       秦出版社 2003 年版。

[132]阎步克:《从〈秩律〉论战国秦汉间禄秩序列的纵向伸展》,载《历史研究》2003 年第 5 期。

[133]白芳:《论秦汉时期"臣"称谓的社会内涵》,载《中山大学学报（社会科学版）》2003 年第 1 期。

[134]王泽武:《汉文帝"易刑"再考》,载《江西社会科学》2002 年第 8 期。

[135]陶广正:《中医医案学的历史与成就》,载《中医文献杂志》2002 年第 4 期。

[136]王培华:《汉文帝"施德惠天下"与汉朝政治"家风"》,载《青海社会科学》2002 年第 3 期。

[137]贾丽英:《论汉代妇女的家庭地位》,载《四川大学学报（哲学社会科学版）》2001 年第 6 期。

[138]王光辉等:《淳于意坟茔初步考证》,载《中华医史杂志》2001 年第 1 期。

[139]高敏:《论汉文帝》,载《史学月刊》2001 年第 1 期。

[140]王子今:《汉代的女权》,载《东方》1999 年第 3 期。

[141]韦正、李虎仁、邹厚本:《江苏徐州市狮子山西汉墓的发掘与收获》,载《考古》1998 年第 8 期。

[142]张建国:《汉文帝除肉刑的再评价》,载《中外法学》1998 年第 3 期。

[143]邵鸿:《西汉仓制考》,载《中国史研究》1998 年第 3 期。

[144]孙立亭:《从"诊籍"看淳于意病因及卫生思想》,载《管子学刊》1997 年第 2 期。

[145]吴弥漫:《从〈史记〉"仓公传"考证〈黄帝内经〉的成书年代和作者》,载《广州中医药大学学报》
       1996 年第 2 期。

[146]刘敏:《简论吴王刘濞之反》,载《南开学报》1994 年第 1 期。

[147]许志刚:《〈诗经〉"辞之怿矣,民之莫矣"正读》,载《社会科学辑刊》1993 年第 1 期。

[148]刘庆文:《齐医学派古代人物考略》,载《管子学刊》1990 年第 3 期。

[149]何爱华:《齐派医学简论》,载《管子学刊》1990 年第 1 期。

[150]汤玉枢:《论汉文帝废除肉刑及其影响》,载《华侨大学学报（哲学社会科学版）》1989 年第 2 期。

[151]施红:《试论西汉前、中期妇女地位》,载《北京师范学院学报（社会科学版）》1989 年第 2 期。

[152]彭卫:《汉代婚姻关系中妇女地位考察》,载《求索》1988 年第 3 期。

[153]田从豁、许培昌:《汉代医学家淳于意针灸学术特点》,载《山东中医学院学报》1988 年第 3 期。

[154]何爱华:《淳于意生平事迹辩证》,载《文献》1988 年第 2 期。

[155]刘笃才:《读〈汉书·刑法志〉札记两则》,载《辽宁大学学报》1987 年第 5 期。

[156]洪文旭、苏礼:《淳于意诊籍试析》,载《内蒙古中医药》1987 年第 3 期。

[157]余行迈:《西汉诏狱探析》,载《云南师范大学学报（哲学社会科学版）》1986 年第 3 期。

[158]长青:《淳于意》,载《山西中医》1985 年第 3 期。

[159]林培真:《淳于意生卒年和职任考辨》,载《中华医史杂志》1984 年第 2 期。

[160]李光军:《汉代"医官"考》,载《陕西中医学院学报》1983 年第 4 期。

[161]彭坚、周一谋:《论仓公》,载《湖南中医学院学报》1982 年第 3 期。

[162]俞慈韵:《略说汉文帝除肉刑》,载《社会科学辑刊》1981 年第 4 期。

[163]何爱华:《试论淳于意（仓公）在脉学上的成就》,载《中医药学报》1980 年第 Z1 期。

[164]陈维、陈可冀:《略谈对医史人物的评价问题》,载《中医杂志》1962 年第 11 期。

[165]陈邦贤:《古代名医——淳于意》,载《中医杂志》1960 年第 2 期。

[166]陈直:《玺印木简中发现的古代医学史料》,载科学史集刊编辑委员会:《科学史集刊》（第 1 辑）,科学出版社 1958 年版。

[167]宋向元:《祖国医学的病历起始问题》,载《中医杂志》1958 年第 7 期;何爱华:《关于"脉学研究"的几个问题》,载《上海中医药杂志》1958 年第 3 期。

附录一　淳于意传[1]

◎司马迁

太仓公者，齐太仓长，临菑人也，姓淳于氏，名意。少而喜医方术。高后八年，更受师同郡元里公乘阳庆。庆年七十余，无子，使意尽去其故方，更悉以禁方予之，传黄帝、扁鹊之脉书，五色诊病，知人生死，决嫌疑，定可治，及药论，甚精。受之三年，为人治病，决死生多验。然左右行游诸侯，不以家为家，或不为人治病，病家多怨之者。

文帝四年中，人上书言意，以刑罪当传西之长安。意有5女，随而泣。意怒，骂曰："生子不生男，缓急无可使者！"于是少女缇萦伤父之言，乃随父西。上书曰："妾父为吏，齐中称其廉平，今坐法当刑，妾切痛死者不可复生而刑者不可复续，虽欲改过自新，其道莫由，终不可得。妾愿入身为官婢，以赎父刑罪，使得改行自新也。"书闻，上悲其意，此岁中亦除肉刑法。

意家居，诏召问所为治病死生验者几何人也，主名为谁。诏问故太仓长臣意："方伎所长，及所能治病者？有其书无有？皆安受学？受学几何岁？尝有所验，何县里人也？何病？医药已，其病之状皆何如？具悉而对。"臣意对曰：

自意少时，喜医药，医药方试之多不验者。至高后八年，得见师临菑元里公乘阳庆。庆年七十余，意得见事之。谓意曰："尽去而方书，非是也。庆有古先道遗传黄帝、扁鹊之脉书，五色诊病，知人生死，决嫌疑，定可治，及药论书，甚精。我家给富，心爱公，欲尽以我禁方书悉教公。"臣意即曰："幸甚，非意之所敢望也。"臣意即避席再拜谒，受其脉书上下经、五色诊、奇咳术，揆度阴阳外变、药论、石神、接阴阳禁书，受读解验之，可一年所。明岁即验之，有验，然尚未精也。要事之3年所，即尝已为人治，诊病决死生，有验，精良。今庆已死10年所，臣意年尽3年，年39岁也。

齐侍御史成自言病头痛，臣意诊其脉，告曰："君之病恶，不可言也。"即出，独告成弟昌曰："此病疽也，内发于肠胃之间，后五日当臃肿，后八日呕脓死。"成之病得之饮酒且内。成即如期死。所以知成之病者，臣意切其脉，得肝气。肝气浊而静，此内关之病也。脉法曰"脉长而弦，不得代四时者，其病主在于肝。和即经主病也，代则络脉有过"。经主病和者，其病得之筋髓里。其代绝而脉贲者，病得之酒且内。所以知其后五日而臃肿，八日呕脓死者，切其脉时，少阳初代。代者经病，病去过人，人则去。络脉主病，当其时，少阳初关一分，故中热而脓未发也，及五分，则至少阳之界，及八日，则呕脓死，故上二分而脓发，至界而臃肿，尽泄而死。热上则熏阳明，烂流络，流络动则脉结发，脉结发则烂解，故络交。热气已上行，至头动，故头痛。

齐王中子诸婴儿小子病，召臣意诊，切其脉，告曰："气鬲病。病使人烦懑，食不下，时呕沫。病得之（少）〔心〕忧，数阢食饮。"臣意即为之作下气汤以饮之，一日气下，二日能食，三日即病愈。所以知小子之病者，诊其脉，心气也，浊躁而经也，此络阳病也。脉法曰"脉来数疾去难而不一者，病主在心"。周身热，脉盛者，为重阳。重阳者，逿心主。故烦懑食不下则络脉有过，络脉有过则血上出，血上出者死。此悲心所生也，病得之忧也。

齐郎中令循病，众医皆以为蹶入中，而刺之。臣意诊之，曰："涌疝也，令人不得前后溲。"循曰："不得前后溲三日矣。"臣意饮以火齐汤，一饮得前〔后〕溲，再饮大溲，三饮而疾愈。病得之内。所以知循病者，切其脉时，右口气急，脉无五脏气，右口脉大而数。数者中下热而涌，左为下，右为上，皆无五脏应，故曰涌疝。中热，故尿赤也。

齐中御府长信病，臣意入诊其脉，告曰："热病气也。然暑汗，脉少衰，不死。"曰："此病得之当浴流水而寒甚，已则热。"信曰："唯，然！往冬时，为王使于楚，至莒县阳周水，而莒桥梁颇坏，信则车辕未欲渡也，马惊，即堕，信身入水中，几死，吏即来救信，出之水中，衣尽濡，有闲而身寒，已热如火，至今不可以见寒。"臣意即为之液汤火齐逐热，一饮汗尽，再饮热去，三饮病已。即使服药，出入二十日，身无病者。所以知信之病者，切其脉时，并阴。脉法曰"热病阴阳交者死"。切之不交，并阴。并阴者，脉顺清而愈，其热虽未尽，犹活也。肾气有时闲浊，在太阴脉口而希，是水气也。肾固主水，故以此知之。失治一时，即转为寒热。

齐王太后病，召臣意入诊脉，曰："风瘅客脬，难于大小溲，尿赤。"臣意饮以火齐汤，一饮即前后溲，再饮病已，尿如故。病得之流汗出。者，去衣而汗晞也。所以知齐王太后病者，臣意诊其脉，切其太阴之口，湿然风气也。脉法曰："沉之而大坚，浮之而大紧者，病主在肾。"肾切之而相反也，脉大而躁。大者，膀胱气也；躁者，中有热而尿赤。

齐章武里曹山跗病，臣意诊其脉，曰："肺消瘅也，加以寒热。"即告其人曰："死，不治。适其共养，此不当医治。"法曰"后三日而当狂，妄起行，欲走；后五日死。"即如期死。山跗病得之盛怒而以接内。所以知山跗之病者，臣意切其脉，肺气热也。脉法曰："不平不鼓，形"。此五脏高之远数以经病也，故切之时不平而代。不平者，血不居其处；代者，时参击并至，乍躁乍大也。此两络脉绝，故死不治。所以加寒热者，言其人尸夺。尸夺者，形；形者，不当关灸镵石及饮毒药也。臣意未往诊时，齐太医先诊山跗病，灸其足少阳脉口，而饮之半夏丸，病者即泄注，腹中虚；又灸其少阴脉，是坏肝刚绝深，如是重损病者气，以故加寒热。所以后 3 日而当狂者，肝一络连属结绝乳下阳明，故络绝，开阳明脉，阳明脉伤，即当狂走。后 5 日死者，肝与心相去 5 分，故曰 5 日尽，尽即死矣。

齐中尉潘满如病少腹痛，臣意诊其脉，曰："遗积瘕也。"臣意即谓齐太仆臣饶、内史臣繇曰："中尉不复自止于内，则 30 日死。"后 20 余日，溲血死。病得之酒且内。所以知潘满如病者，臣意切其脉深小弱，其卒然合合也，是脾气也。右脉口气至紧小，见瘕气也。以次相乘，故 30 日死。三阴俱抟者，如法；不俱抟者，决在急期；一抟一代者，近也。故其三阴抟，溲血如前止。

阳虚侯相赵章病，召臣意。众医皆以为寒中，臣意诊其脉曰："迥风"。迥风者，饮食下嗌而辄出不留。法曰"五日死"，而后 10 日乃死。病得之酒。所以知赵章之病者，臣意切其脉，脉来滑，是内风气也。饮食下嗌而辄出不留者，法 5 日死，皆为前分界法。后 10 日乃死，所以过期者，其人嗜粥，故中脏实，中脏实故过期。师言曰"安谷者过期，不安谷者不及期"。

济北王病，召臣意诊其脉，曰："风蹶胸满。"即为药酒，尽三石，病已。得之汗出伏地。所以知济北王病者，臣意切其脉时，风气也，心脉浊。病法"过入其阳，阳气尽而阴气入"。阴气入张，则寒气上而热气下，故胸满。汗出伏地者，切其脉，气阴。阴气者，病必入中，出及瀺水也。

齐北宫司空命妇出於病，众医皆以为风入中，病主在肺，刺其足少阳脉。臣意诊其脉，曰："病气疝，客于膀胱，难于前后溲，而尿赤。病见寒气则遗尿，使人腹肿。"出於病得之欲尿不得，因以接内。所以知出於病者，切其脉大而实，其来难，是蹶阴之动也，脉来难者，疝气之客于膀胱也。腹之所以肿者，言蹶阴之络结小腹也。蹶阴有过则脉结动，动则腹肿。臣意即灸其足蹶阴之脉，左右各一所，即不遗尿而溲清，小腹痛止。即更为火齐汤以饮之，3 日而疝气散，即愈。

故济北王阿母自言足热而懑，臣意告曰："热蹶也。"则刺其足心各三所，案之无出血，病旋已。病得之饮酒大醉。

济北王召臣意诊脉诸女子侍者，至女子竖，竖无病。臣意告永巷长曰："竖伤脾，不可劳，法当春呕血死。"臣意言王曰："才人女子竖何能？"王曰："是好为方，多伎能，为所是案法新，往年市之民所，470 万，曹偶 4 人。"王曰："得毋有病乎？"臣意对曰："竖病重，在死法中。"王召视之，其颜色不变，以为不然，不卖诸侯所。至春，竖奉剑从王之厕，王去，竖后，王令人召之，即仆于厕，呕血死。病得之流汗。流汗者，（同）法病内重，毛发而色泽，脉不衰，此亦（关）内〔关〕之病也。

齐中大夫病龋齿，臣意灸其左大阳明脉，即为苦参汤，日嗽三升，出入五六日，病已。得之风，及卧开口，食而不嗽。

菑川王美人怀子而不乳，来召臣意。臣意往，饮以莨药一撮，以酒饮之，旋乳。臣意复诊其脉，而脉躁。躁者有余病，即饮以消石一齐，出血，血如豆比五六枚。

齐丞相舍人奴从朝入宫，臣意见之食闺门外，望其色有病气。臣意即告宦者平。平好为脉，学臣意所，臣意即示之舍人奴病，告之曰："此伤脾气也，当至春鬲塞不通，不能食饮，法至夏泄血死。"宦者平即往告相曰："君之舍人奴有病，病重，死期有日。"相君曰："卿何以知之？"曰："君朝时入宫，君之舍人奴尽食闺门外，平与仓公立，即示平曰，病如是者死。"相即召舍人（奴）而谓之曰："公奴有病不？"舍人曰："奴无病，身无痛者。"至春果病，至四月，泄血死。所以知奴病者，脾气周乘五脏，伤部而交，故伤脾之色也，望之杀然黄，察之如死青之兹。众医不知，以为大虫，不知伤脾。所以至春死病者，胃气黄，黄者土气也，土不胜木，故至春死。所以至夏死者，脉法曰"病重而脉顺清者曰内关"，内关之病，人不知其所痛，心急然无苦。若加以一病，死中春；一愈顺，及一时。其所以四月死者，诊其人时愈顺。愈顺者，人尚肥也。奴之病得之流汗数出，（灸）〔炙〕于火而以出见大风也。

蕃川王病，召臣意诊脉，曰："蹶上为重，头痛身热，使人烦懑。"臣意即以寒水拊其头，刺足阳明脉，左右各三所，病旋已。病得之沐发未干而卧。诊如前，所以蹶，头热至肩。

齐王黄姬兄黄长卿家有酒召客，召臣意。诸客坐，未上食。臣意望见王后弟宋建，告曰："君有病，往四五日，君要胁痛不可俛仰，又不得小溲。不亟治，病即入濡肾。及其未舍五脏，急治之。病方今客肾濡，此所谓'肾痹'也。"宋建曰："然，建故有要脊痛。往四五日，天雨，黄氏诸倩见建家京下方石，即弄之，建亦欲效之，效之不能起，即复置之。暮，要脊痛，不得溺，至今不愈。"建病得之好持重。所以知建病者，臣意见其色，太阳色干，肾部上及界要以下者枯四分所，故以往四五日知其发也。臣意即为柔汤使服之，18 日所而病愈。

济北王侍者韩女病要背痛，寒热，众医皆以为寒热也。臣意诊脉，曰："内寒，月事不下也。"即窜以药，旋下，病已。病得之欲男子而不可得也。所以知韩女之病者，诊其脉时，切之，肾脉也，啬而不属。啬而不属者，其来难，坚，故曰月不下。肝脉弦，出左口，故曰欲男子不可得也。

临蕃氾里女子薄吾病甚，众医皆以为寒热笃，当死，不治。臣意诊其脉，曰："蛲瘕。"蛲瘕为病，腹大，上肤黄粗，循之戚戚然。臣意饮芫华一撮，即出蛲可数升，病已，三十日如故。病蛲得之于寒湿，寒湿气宛笃不发，化为虫。臣意所以知薄吾病者，切其脉，循其尺，其尺索刺粗而毛美奉发，是虫气也。其色泽者，中脏无邪气及重病。

齐淳于司马病，臣意切其脉，告曰："当病迵风。迵风之状，饮食下嗌辄后之。病得之饱食而疾走。"淳于司马曰："我之王家食马肝，食饱甚。见酒来，即走去，驱疾至舍，即泄数十出。"臣意告曰："为火齐米汁饮之，七八日而当愈。"时医秦信在旁，臣意去，信谓左右阁都尉曰："意以淳于司马病为何？"曰："以为迵风，可治。"信即笑曰："是不知也。淳于司马病，法当后 9 日死。"即后 9 日不死，其家复召臣意。臣意往问之，尽如意诊。臣即为一火齐米汁，使服之，七八日病已。所以知之者，诊其脉时，切之，尽如法。其病顺，故不死。

齐中郎破石病，臣意诊其脉，告曰："肺伤，不治，当后 10 日丁亥溲血死。"即后 11 日，溲血而死。破石之病，得之堕马僵石上。所以知破石之病者，切其脉，得肺阴气，其来散，数道至而不一也。色又乘之。所以知其堕马者，切之得番阴脉。番阴脉入虚里，乘肺脉。肺脉散者，固色变也乘之。所以不中期死者，师言曰："病者安谷即过期，不安谷则不及期"。其人嗜黍，黍主肺，故过期。所以溲血者，诊脉法曰"病养喜阴处者顺死，养喜阳处者逆死"。其人喜自静，不躁，又久安坐，伏几而寐，故血下泄。

齐王侍医遂病，自练五石服之。臣意往过之，遂谓意曰："不肖有病，幸诊遂也。"臣意即诊之，告曰："公病中热。论曰'中热不溲者，不可服五石'。石之为药精悍，公服之不得数溲，亟勿服。色将发臃。"遂曰："扁鹊曰'阴石以治阴病，阳石以治阳病'。夫药石者有阴阳水火之齐，故中热，即为阴石柔齐治之；中寒，即为阳石刚齐治之。"臣意曰："公所论远矣，扁鹊虽言若是，然必审诊，起度量，立规矩，称权衡，合色脉表里有余不足顺逆之法，参其人动静与息相应，乃可以论。论曰'阳疾处内，阴形应外者，不加悍药及镵石'。夫悍药入中，则邪气辟矣，而宛气愈深。诊法曰'二阴应外，一阳接内者，不可以刚药'。刚药入则动阳，阴病益衰，阳病益箸，邪气流行，为重困于俞，忿发为疽。"意告之后百余日，果为疽发乳上，入缺盆，死。此谓论之大体也，必有经纪。拙工有一不习，文理阴阳失矣。

齐王故为阳虚侯时，病甚，众医皆以为蹶。臣意诊脉，以为痹，根在右胁下，大如覆杯，令人喘，逆气不能食。臣意即以火齐粥且饮，六日气下；即令更服丸药，也入六日，病已。病得之内。诊之时不能识其经解，大识其病所在。

臣意尝诊安阳武都里成开方，开方自言以为不病，臣意谓之病苦沓风，3岁四支不能自用，使人喑，喑即死。今闻其四支不能用，喑而未死也。病得之数饮酒以见大风气。所以知成开方病者，诊之，其脉法奇咳言曰"脏气相反者死"。切之，得肾反肺，法曰"三岁死"也。

安陵坂里公乘项处病，臣意诊脉，曰："牡疝。"牡疝在鬲下，上连肺。病得之内。臣意谓之："慎毋为劳力事，为劳力事则必呕血死。"处后蹴鞠，要蹶寒，汗出多，即呕血。臣意复诊之，曰："当旦日日夕死。"即死。病得之内。所以知项处病者，切其脉得番阳。番阳入虚里，处旦日死。一番一络者，牡疝也。

臣意曰：他所诊期决死生及所治已病众多，久颇忘之，不能尽识，不敢以对。

问臣意："所诊治病，病名多同而诊异，或死或不死，何也？"对曰："病名多相类，不可知，故古圣人为之脉法，以起度量，立规矩，县权衡，案绳墨，调阴阳，别人之脉各名之，与天地相应，参合于人，故乃别百病以异之，有数者能异之，无数者同之。然脉法不可胜验，诊疾人以度异之，乃可别同名，命病主在所居。

今臣意所诊者，皆有诊籍。所以别之者，臣意所受师方适成，师死，以故表籍所诊，期决死生，观所失所得者合脉法，以故至今知之。"

问臣意曰："所期病决死生，或不应期，何故？"对曰："此皆饮食喜怒不节，或不当饮药，或不当针灸，以故不中期死也。"

问臣意："意方能知病死生，论药用所宜，诸侯王大臣有尝问意者不？及文王病时，不求意诊治，何故？"对曰："赵王、胶西王、济南王、吴王皆使人来召臣意，臣意不敢往。文王病时，臣意家贫，欲为人治病，诚恐吏以除拘臣意也，故移名数，左右不修家生，出行游国中，问善为方数者事之久矣，见事数师，悉受其要事，尽其方书意，及解论之。身居阳虚侯国，因事侯。侯入朝，臣意从之长安，以故得诊安陵项处等病也。"

问臣意："知文王所以得病不起之状？"臣意对曰："不见文王病，然窃闻文王病喘，头痛，目不明。臣意心论之，以为非病也。以为肥而蓄精，身体不得摇，骨肉不相任，故喘，不当医治。脉法曰'年 20 脉气当趋，年 30 当疾步，年 40 当安坐，年 50 当安卧，年 60 已上气当大董。'文王年未满 20，方脉气之趋也而徐之，不应天道四时。后闻医灸之即笃，此论病之过也。臣意论之，以为神气争而邪气入，非年少所能复之也，以故死。所谓气者，当调饮食，择晏日，车步广志，以适筋骨肉血脉，以泻气。故年 20，是谓'易'，法不当砭灸，砭灸至气逐。

问臣意:师庆安受之？闻于齐诸侯不？"对曰："不知庆所师受。庆家富，善为医，不肯为人治病，当以此故不闻。庆又告臣意曰："慎毋令我子孙知若学我方也。'"

问臣意："师庆何见于意而爱意，欲悉教意方？"对曰："臣意不闻师庆为方善也。意所以知庆者，意少时好诸方事，臣意试其方，皆多验，精良。臣意闻菑川唐里公孙光善为古传方，臣意即往谒之。得见事之，受方化阴阳及传语法，臣意悉受书之。臣意欲尽受他精方，公孙光曰：'吾方尽矣，不为爱公所。吾身已衰，无所复事之。是吾年少所受妙方也，悉与公，毋以教人。'臣意曰：'得见事侍公前，悉得禁方，幸甚。意死不敢妄传人。'居有闲，公孙光闲处，臣意深论方，见言百世为之精也。师光喜曰：'公必为国工。吾有所善者皆疏，同产处临菑，善为方，吾不若，其方甚奇，非世之所闻也。吾年中时，尝欲受其方，杨中倩不肯，曰：'若非其人也"。胥与公往见之，当知公喜方也。其人亦老矣，其家给富。'时者未往，会庆子男殷来献马，因师光奏马王所，意以故得与殷善。光又属意于殷曰：'意好数，公必谨遇之，其人圣儒。'即为书以意属阳庆，以故知庆。臣意事庆谨，以故爱意也。"

问臣意曰:"吏民尝有事学意方,及毕尽得意方不?何县里人?"对曰:"临菑人宋邑。邑学,臣意教以五诊,岁余。济北王遣太医高期、王禹学,臣意教以经脉高下及奇络结,当论俞所居,及气当上下出入邪〔正〕逆顺,以宜镵石,定砭灸处,岁余。菑川王时遣太仓马长冯信正方,臣意教以案法逆顺,论药法,定五味及和齐汤法。高永侯家丞杜信,喜脉,来学,臣意教以上下经脉五诊,二岁余。临菑召里唐安来学,臣意教以五诊上下经脉,奇咳,四时应阴阳重,未成,除为齐王侍医。"

问臣意:"诊病决死生,能全无失乎?"臣意对曰:"意治病人,必先切其脉,乃治之。败逆者不可治,其顺者乃治之。心不精脉,所期死生视可治,时时失之,臣意不能全也。"

太史公曰:女无美恶,居宫见妒;士无贤不肖,入朝见疑。故扁鹊以其伎见殃,仓公乃匿亦自隐而当刑。缇萦通尺牍,父得以后宁。故老子曰"美好者不祥之器",岂谓扁鹊等邪?若仓公者,可谓近之矣。

附录二　附表

表 1　西汉初年齐系诸侯情况表

齐悼惠王刘肥	齐哀王刘襄	前济北王刘兴居	齐孝王刘将闾	后济北王刘志	济南王刘辟光	淄川王刘贤	胶西王刘卬	胶东王刘雄渠	城阳景王刘章
								前176年封白石侯	前186年封朱虚侯
		前179年封王					前176年封昌平侯		
						前176年封武城侯		前164年封为胶东王	
	前189—前179年		前176年封阳虚侯	前176年封安都侯	前164年封王		前164年封为胶西王		前164年封王
前201—前189年		前177年叛乱被诛，济北被除国一直到前164年				前164年封王			
				前164年分齐为六，封为济北王				前154年叛乱被诛	前177年死
	齐文王刘则		前164年封齐王		前154年叛乱被诛	前154年叛乱被诛	前154年叛乱被诛		
	公元前179—前165年次年将齐一分为六		前154年自杀	前154年徙为淄川王					

表 2　淳于意 25 例诊籍详情一览表

<table>
<thead>
<tr><th></th><th>序号</th><th>病人</th><th>病因判断及诊治方案和效果</th></tr>
</thead>
<tbody>
<tr><td rowspan="15">成功救治病例</td><td>1</td><td>齐王中子诸婴儿小子</td><td>召臣意诊切其脉，告曰："气鬲病。病使人烦懑，食不下，时呕沫。病得之忧，数忔食饮。"臣意即为之作下气汤以饮之，一日气下，二日能食，三日即病愈。所以知小子之病者，诊其脉，心气也，浊躁而经也，此络阳病也。</td></tr>
<tr><td>2</td><td>齐郎中令循</td><td>众医皆以为蹙入中，而刺之。臣意诊之，曰："涌疝也，令人不得前后溲。"循曰："不得前后溲三日矣。"臣意饮以火齐汤，一饮得前溲，再饮大溲，三饮而疾愈。病得之内。</td></tr>
<tr><td>3</td><td>齐中御府长信</td><td>臣意入诊其脉，告曰："热病气也。然暑汗，脉少衰，不死。"曰："此病得之当浴流水而寒甚，已则热。"信曰："唯，然！……"臣意即为之液汤火齐逐热，一饮汗尽，再饮热去，三饮病已。即使服药，出入二十日，身无病者。所以知信之病者，切其脉时，并阴。</td></tr>
<tr><td>4</td><td>齐王太后</td><td>召臣意入诊脉，曰："风瘅客脬，难於大小溲，溺赤。"臣意饮以火齐汤，一饮即前后溲，再饮病已，溺如故。</td></tr>
<tr><td>5</td><td>济北王</td><td>召臣意诊其脉，曰："风蹶胸满。"即为药酒，尽三石，病已。得之汗出伏地。</td></tr>
<tr><td>6</td><td>齐北宫司空命妇</td><td>众医皆以为风入中，病主在肺，刺其足少阳脉。臣意诊其脉……即更为火齐汤以饮之，三日而疝气散，即愈。</td></tr>
<tr><td>7</td><td>故济北王阿母</td><td>自言足热而懑，臣意告曰："热蹶也。"则刺其足心各三所，案之无出血，病旋已。病得之饮酒大醉。</td></tr>
<tr><td>8</td><td>齐中大夫</td><td>病龋齿，臣意灸其左大阳明脉，即为苦参汤，日嗽三升，出入五六日，病已。得之风，及卧开口，食而不嗽。</td></tr>
<tr><td>9</td><td>淄川王美人</td><td>怀子而不乳，来召臣意。臣意往，饮以莨锽药一撮，以酒饮之，旋乳。</td></tr>
<tr><td>10</td><td>淄川王</td><td>召臣意诊脉，曰："蹶上为重，头痛身热，使人烦懑。"臣意即以寒水拊其头，刺足阳明脉，左右各三所，病旋已。</td></tr>
<tr><td>11</td><td>齐王后弟宋建*</td><td>齐王黄姬兄黄长卿家有酒召客，召臣意。诸客坐，未上食。臣意望见王后弟宋建，告曰："君有病……"宋建曰："然，建故有要脊痛……至今不愈。"……臣意即为柔汤使服之，十八日所而病愈。</td></tr>
<tr><td>12</td><td>济北王侍者韩女</td><td>病要背痛，寒热，众医皆以为寒热也。臣意诊脉，曰："内寒，月事不下也。"即窜以药，旋下，病已。</td></tr>
<tr><td>13</td><td>临菑氾里女子薄吾</td><td>病甚，众医皆以为寒热笃，当死，不治。臣意诊其脉，曰："蛲瘕。"……臣意饮以芫华一撮，即出蛲可数升，病已，三十日如故。</td></tr>
<tr><td>14</td><td>齐淳于司马</td><td>臣意切其脉，告曰："当病迵风。迵风之状，饮食下嗌辄后之。病得之饱食而疾走。"淳于司马曰："我之王家食马肝，食饱甚，见酒来，即走去，驱疾至舍，即泄数十出。"臣意告曰："为火齐米汁饮之，七八日而当愈。"……臣意往问之，尽如意诊。臣即为一火齐米汁，使服之，七八日病已。</td></tr>
<tr><td>15</td><td>齐王（故阳虚侯）</td><td>病甚，众医皆以为蹶。臣意诊脉，以为痹，根在右胁下，大如覆杯，令人喘，逆气不能食。臣意即以火齐粥且饮，六日气下；即令更服丸药，出入六日，病已。</td></tr>
</tbody>
</table>

（说明 * ：齐孝王刘将闾王后当为宋昌之孙女，王后之兄宋建当为宋昌之孙。宋昌于秦二世元年（前 209 年）以家吏从汉高祖起兵山东，汉文帝元年（前 187 年）以功封壮武侯。据《元和郡县图志》载："壮武故城，在即墨县西六十里。"南朝宋任昉《地记》云："古夷国，汉壮武县，属胶东国。汉宋昌、晋张华皆封于此。"壮武与长安相距甚远，但距齐国国都却较近。加之胶东国、城阳国等为齐王子孙封国，壮武（蓝村）又为胶东地区的交通枢纽，齐王室与宋昌家族之间可能彼此存有交集。）

死亡或不治病例	1	齐侍御史成	自言病头痛，臣意诊其脉，告曰："君之病恶，不可言也。"即出，独告成弟昌曰："此病疽也，内发於肠胃之间，后五日当臃肿，后八日呕脓死。"成之病得之饮酒且内。成即如期死。所以知成之病者，臣意切其脉，得肝气。
	2	齐章武里曹山跗	臣意诊其脉，曰："肺消瘅也，加以寒热。"即告其人曰："死，不治。適其共养，此不当医治。"法曰"后三日而当狂，妄起行，欲走；后五日死"。即如期死。
	3	齐中尉潘满如	病少腹痛，臣意诊其脉，曰："遗积瘕也。"臣意即谓齐太仆臣饶、内史臣繇曰："中尉不复自止於内，则三十日死。"后二十余日，溲血死。
	4	阳虚侯相赵章	召臣意。众医皆以为寒中，臣意诊其脉曰："迥风。"迥风者，饮食下嗌而辄出不留。法曰"五日死"，而后十日乃死。病得之酒。
	5	济北王女子侍者竖	济北王召臣意诊脉诸女子侍者，至女子竖，竖无病。臣意告永巷长曰："竖伤脾，不可劳，法当春呕血死。"……王召视之，其颜色不变，以为不然，不卖诸侯所。至春，竖奉剑从王之厕，王去，竖后，王令人召之，即仆於厕，呕血死。
	6	齐丞相舍人奴	从朝入宫，臣意见之食闺门外，望其色有病气。臣意即告宦者平。平好为脉，学臣意所，臣意即示之舍人奴病，告之曰："此伤脾气也，当至春鬲塞不通，不能食饮，法至夏泄血死。"……至春果病，至四月，泄血死。
	7	齐中郎破石	臣意诊其脉，告曰："肺伤，不治，当后十日丁亥溲血死。"即后十一日，溲血而死。
	8	齐王侍医遂	自练五石服之。臣意往过之，遂谓意曰："不肖有病，幸诊遂也。"臣意即诊之，告曰："公病中热。论曰'中热不溲者，不可服五石'。"……意告之后百余日，果为疽发乳上，入缺盆，死。
	9	安阳武都里成开方	自言以为不病，臣意谓之病苦沓风，三岁四支不能自用，使人瘖，瘖即死。今闻其四支不能用，瘖而未死也。病得之数饮酒以见大风气。所以知成开方病者，诊之，其脉法奇咳言曰"藏气相反者死"。切之，得肾反肺，法曰"三岁死"也。
	10	安陵阪里公乘项处	臣意诊脉，曰："牡疝。"牡疝在鬲下，上连肺。病得之内。臣意谓之："慎毋为劳力事，为劳力事则必呕血死。"处后蹴鞠，要蹶寒，汗出多，即呕血。臣意复诊之，曰："当旦日日夕死。"即死。

表3 淳于意25例诊籍情况细表

序号	姓	名	性别	地域	身份	诊断机会	诊断结果
1	未知	成	男	齐国	齐侍御史	病者自行找淳于意就医	不治，如期死亡
2	刘	未知	男	齐国	齐王中子诸婴儿小子	齐王室召淳于意诊断	病愈
3	未知	循	男	齐国	齐郎中令	众医诊治不得法后使淳于意诊治	病愈

4	未知	信	男	齐国	齐中御府长	病者自行找淳于意就医	病愈
5	未知	未知	女	齐国	齐王太后	齐王室召淳于意诊断	病愈
6	曹	山跗	男	齐国	齐章武里	病者自行找淳于意就医	不治，如期死亡
7	潘	满如	男	齐国	齐中尉	病者自行找淳于意就医	不治，死亡
8	赵	章	男	杨虚国	阳（杨）虚侯相	众医诊治不得法之后召淳于意诊断	不治，死亡
9	刘	兴居	男	济北国	济北王	济北王召淳于意诊治	病愈
10	未知	未知	女	齐国	齐北宫司空命妇	众医诊治不得法后找淳于意诊治	病愈
11	未知	未知	女	济北国	故济北王阿母	病者自行找淳于意就医	病愈
12	未知	竖	女	济北国	济北王女子侍者	济北王召淳于意为其诊病	不治，如期死亡
13	未知	未知	男	齐国	齐中大夫	病者自行找淳于意就医	病愈
14	未知	未知	女	菑川国	淄川王美人	淄川王室召淳于意诊治	病愈
15	未知	未知	未知	齐国	齐丞相舍人奴	淳于意遇到病者后主动告知病情	不治，如期死亡
16	未知	未知	男	菑川国	淄川王	淄川王召淳于意诊治	病愈
17	宋	建	男	齐国	齐王后弟	淳于意遇到病者后主动告知病情	病愈
18	韩	未知	女	济北国	济北王侍者	众医诊治不得法后找淳于意诊治	病愈
19	薄	吾	女	齐国	临菑氾里	众医诊断不得法后找淳于意诊治	病愈
20	淳于	未知	男	齐国	齐司马	病者自行找淳于意就医	病愈
21	未知	破石	男	齐国	齐中郎	病者自行找淳于意就医	不治，死亡
22	未知	遂	男	齐国	齐王侍医	病者自行找淳于意就医	不治，死亡
23	刘	将闾	男	齐国	齐王（故阳虚侯）	众医诊治不得法后找淳于意诊治	病愈
24	成	开方	男	梁国	安阳武都里成开方	病者自行找淳于意就医	病重，但未如期死亡
25	项	处	男	长安	安陵阪里公乘项处	病者自行找淳于意就医	不治，如期死亡

表 4 汉文帝在位期间大纪事表

时间	事件	领域
高后八年 （前 180 年）	被诛诸吕之众臣迎立为帝。	皇位
文帝元年 （前 179 年）	1. 徙琅邪王泽为燕王，封赵幽王子遂为赵王。	藩国
	2. 陈平上书让贤，徙陈平为左丞相，太尉周勃为右丞相，大将军灌婴为太尉。	官员
	3. 诸吕所夺齐、楚故地，皆复与之。	藩国
	4. 袁盎劝谏文帝约束周勃之骄纵行为，文帝听从而周勃由此日益畏惧文帝。	官员
	5. 下诏除收帑诸相坐律令。	法律
	6. 有司请立文帝长子刘启为太子，文帝推脱后同意。	皇位
	7. 立太子母窦氏为皇后，将皇后之兄、弟安家于长安，在周勃、灌婴的劝谏下，选有德之人为其师傅、宾客，使其不要骄纵。	内政
	8. 诏振贷鳏、寡、孤、独、穷困之人。又发布诏令，供养年八十、九十以上者，并使各级官吏负责此事。	内政
	9. 拒绝有人所献之千里马，并下诏说："朕不受献也。其令四方毋求来献。"	内政
	10. 封宋昌为壮武侯。	藩国
	11. 先后问周勃、陈平政事，周勃表现不佳而文帝称赞陈平。周勃惶恐而在别人的劝说下请辞丞相位，文帝准许而将其免相。	官员
	12. 使陆贾使南越，南越王赵佗奉诏称臣。	外交
	13. 召河南守吴公为廷尉，在吴公推荐下，文帝召贾谊为博士。文帝欣赏贾谊而将其破格提升为太中大夫，不过贾谊建议改正朔，易服色，定官名，兴礼乐，以立汉制，更秦法，文帝认同但并未实行。	官员
文帝二年 （前 178 年）	14. 下诏使列侯离开长安回到封地任职，在朝做官的以及明诏除外的不用就国，但也需遣太子就国。	藩国
	15. 复周勃为丞相。	官员
	16. 出现日食而下诏群臣要求劝谏自己的过失，并要求举贤良、方正、能直言极谏之人，以匡正自己的过失。	内政
	17. 听从袁盎劝谏而放弃驰马下山的危险之举。	内政
	18. 听从袁盎劝谏而放弃宠幸慎夫人违礼之举。	内政
	19. 听从贾谊劝谏而重视农业生产，亲自耕种以为天下范。	内政
	20. 有司请立皇子为诸侯王，诏先立赵幽王少子辟强为河间王，硃虚侯章为城阳王，东牟侯兴居为济北王；然后立皇子武为代王，参为太原王，揖为梁王。	藩国
	21. 除诽谤、妖言之罪。	法律
	22. 下诏鼓励农耕，免除天下当年一半租税。	内政

文帝三年 （前177年）	23. 下诏敦促列侯就国，并要求丞相周勃做其表率，将其免除丞相位，遣其就国。	藩国
	24. 以太尉灌婴为丞相，并将太尉之职能归于丞相。	官员
	25. 淮南王刘长杀辟阳侯，文帝赦免其罪，后其日益骄纵，袁盎劝文帝对其约束，文帝不听。	藩国
	26. 匈奴犯边，文帝遣军应对。	军事
	27. 济北王刘兴居谋反，文帝进行镇压，并赦免济北吏民。	藩国
	28. 听从袁盎推荐以张释之为谒者仆射。听从张释之劝谏而放弃拜啬夫为上林令。拜张释之为公车令，后又拜其为中大夫、中郎将。听从张释之劝谏而轻判犯跸案以及高庙玉环被盗案。	官员
文帝四年 （前176年）	29. 以御史大夫张仓为丞相。	官员
	30. 众臣多反对文帝以贾谊为公卿，之后文帝对其疏远，以其为长沙王太傅。	官员
	31. 有人上告周勃谋反，文帝将其下狱，后被赦免而复爵。	官员
文帝五年 （前175年）	32. 造四铢钱，除盗铸钱令，使民得自铸。	内政
	33. 没有听从贾谊、贾山反对允许民间铸钱的建议。	内政
	34. 帝分代为二国，立皇子武为代王，参为太原王……徙代王武为淮阳王；以太原王参为代王，尽得故地。	藩国
文帝六年 （前174年）	35. 淮南王谋反被挫败，但文帝仍赦其死罪。	藩国
	36. 匈奴来书修好，文帝亦予书信修好。后又与匈奴和亲。	外交
	37. 贾谊上《治安策》，文帝深纳其言。	内政
文帝七年 （前173年）	38. 令列侯太夫人、夫人、诸侯王子及吏二千石无得擅征捕。	法律
	39. 赦天下。	法律
文帝八年 （前172年）	40. 封淮南厉王子安等四人为列侯。贾谊上书反对，但文帝没有听从。	藩国
文帝九年 （前171年）	无	
文帝十年 （前170年）	41. 将军薄昭杀汉使者，文帝不忍加诛，最后使其自杀。	官员
文帝十一年 （前169年）	42. 贾谊上疏……帝于是从谊计，徙淮阳王武为梁王……徙城阳王喜为淮南王。	藩国
	43. 上从其（晁错）言，募民徙塞下。	内政
文帝十二年 （前168年）	44. 除关，无用传。	内政
	45. 晁错言于上……帝从之，令民入粟边，拜爵各以多少级数为差……错复奏言……上复从其言，诏曰："道民之路，在于务本……其赐农民今年租税之半。"	内政

文帝十三年 （前 167 年）	46. 下诏鼓励农耕。	内政
	47. 下诏除祕祝之官。	鬼神
	48. 因淳于意案而废除肉刑。	法律
	49. 下诏鼓励农耕，免除田租。	内政
文帝十四年 （前 166 年）	50. 匈奴犯边，文帝遣军应对。	军事
	51. 拜冯唐为车骑都尉。	官员
	52. 下诏以后祭祀时，负责祭祀之人不要只是祈祷归福于皇帝而忽略百姓。	鬼神
文帝十五年 （前 165 年）	53. 将公孙臣拜为博士，听从其建议以汉为土德。	鬼神
	54. 赦天下。	法律
	55. 诏诸侯王、公卿、郡守举贤良、能直言极谏者，上亲策之。太子家令晁错对策高第，擢为中大夫。错又上言宜削诸侯及法令可更定者书凡三十篇。上虽不尽听，然奇其材。	内政
文帝十六年 （前 164 年）	56. 徙淮南王喜复为城阳王，又分齐为六国……立齐悼惠王子在者六人：杨虚侯将闾为齐王，安都侯志为济北王，武成侯贤为淄川王，白石侯雄渠为胶东王，平昌侯卬为胶西王，扐侯辟光为济南王。淮南厉王子在者三人：阜陵安为淮南王，安阳侯勃为衡山王，阳周侯赐为庐江王。	藩国
	57. 听信新垣平之言，始更以（文帝）十七年为元年。	鬼神
文帝后元元年 （前 163 年）	58. 有人上书告新垣平"所言皆诈"，文帝因此将其治罪，并此后不再重视鬼神、祭祀之事。	鬼神
	59. 下诏罪己，要求臣下议为政之得失。	内政
文帝后元二年 （前 162 年）	60. 匈奴犯边，文帝遣使修好，并恢复与匈奴和亲。	外交
	61. 免丞相张苍，以申屠嘉为相。	官员
文帝后元三年 （前 161 年）	无	
文帝后元四年 （前 160 年）	62. 赦天下。	法律
文帝后元五年 （前 159 年）	无	
文帝后元六年 （前 158 年）	63. 匈奴犯边，遣军应对。	军事
	64. 拜周亚夫为中尉。	军事
	65. 遭遇旱灾、蝗灾而令诸侯无入贡，并开粮仓赈济灾民。	内政
文帝后元七年 （前 157 年）	66. 帝崩于未央宫。太子即皇帝位。	皇位

后　记

　　往事越千年，淳案再窥探。在淳于意案发生 2188 年之际，我们不揣浅陋，三易其稿，终于杀青这部研究淳于意案的学术专著书稿，付梓出版。当我们从伏案写作的桌面抬头平视窗外美景时，六年磨一剑的心路历程得以释怀。我们庆幸在国泰民安的今天可以严肃地探寻淳于意案的真相，扪心自问，认为此书有助于还 2188 年前一代名医淳于意的历史清白。

　　我们曾就职于同一单位，同时出国或出境访学。我们对淳于意案的探讨始于 2015 年秋季，偶然中我们发现淳于意案件中缇萦救父这一西汉故事有诸多疑点可供探究。淳于意案到底是不是冤假错案，汉文帝为什么直接干预司法个案，缇萦救父为何没有采取伸冤的叙述策略，反倒直接认罪服判？一些学者怀疑淳于意是文帝安插在齐国的眼线，他每次利用病案这一特殊的加密技术来为中央削藩提供地方情报；淳于意创立的齐医学派发展和壮大了文帝在齐国的间谍体系，这些怀疑是不是空穴来风？法史学界公认淳于意案是中国古代法制进程中里程碑式的标志性案件，如何理解淳于意案标志着汉承秦制的基本结束，标志着奴隶制五刑开始转变为封建制五刑？

　　面对如此种种问题，我们广泛搜集了相关的史料和前人的研究成果，特别是收集近年来考古新发现的可资研究的信息，打通医学界、史学界和法学界相互隔绝的藩篱，综合运用多学科的研究方法，趁在国外境外访学之便，潜心研究，追根溯源，探赜索隐，初步发现汉初淳于意案不仅是一起刑事案件，而且是一起涉及汉初央地关系的政治事件；淳于意遭告发纠举，背后是地方诸侯权力在作祟；缇萦上书背后有高人指点，推测是仓公及其背后的智囊团操控了缇萦上书的整个过程；汉文帝巧妙地把一个司法"执行难"的问题转变为立法革故鼎新的导火索，釜底抽薪，从源头上杜绝地方藩王再次借肉刑向中央发难；汉文帝顺应历史潮流，不仅纾解了民众对于制度改良的渴求，全面废除了上千年的野蛮残酷的肉刑，还为强化中央政府法律权威进行一次颇为成功的政治营销；在某种意义上说，淳于意案原本是地方藩王为了争夺高级稀缺性医疗资源而引起的皇族纠纷。鉴往知来，中国古代法制进程中这一里程碑式的标志性事件给了后人不少启迪，例如战略性医疗物质资源和优秀的医务人员在相当长的时间都是稀缺的，当前国际社会因为新冠肺炎疫情对有关医疗资源的争夺如火如荼，前事不忘后事之师，我们应该运用各种正当法律手段包括古代社会没有的知识产权法保护好、使用好我们自己的战略性医疗资源。

由于客观上淳于意案的史料仍然多有阙如，从现有资料出发无法完全还原汉初淳于意案的事实真相，我们的研究具有难以克服的局限性，在个别问题上只能在多种可能性结果中主观推测比较稳妥的观点。我们相信，作为国内尝试全面研究淳于意案的专著会抛砖引玉，国内不同的学术圈对淳于意案多角度的研究将呈现百卉千葩。

本书的具体写作分工如下：写作大纲（目录）和绪论由二人共同撰写，二人提供并整理附录二和附录三；杨源哲独立完成第一章、第二章、第三章（第一节四和五两目除外）、第五章第一节、第三节；第六章第一、三、四节；沈玮玮独立完成第三章第一节四和五两目，第四章，第五章第二节，第六章第二节。杨源哲对全书正文做了修改并最终统稿。在修改过程中，得到了具有政治教育和法制史专业背景的法学教授杨振洪先生的悉心指导。

湖南师范大学出版社为本书的出版付出了辛勤的劳动，在此，深表谢忱。

作者 2021 年 10 月谨记于广州